U0037716

姜狼豺盡 著

目錄

江山代有才人出

二十多年前，大王還沒識多少字，更不敢冒冒然讀古書。作為古典文學的啟蒙，先是拿本《三國》湊數，隨後，就囫圇吞棗地開啃《水滸》。多說是少不看《水滸》，但對於施老爺子的筆桿子，當年青澀的大王非常佩服。一晃，多年過去，梁山好漢俺說不全（貓三狗四的綽號俗名太多，大王總記不住），開頭那首歪詩卻還記得：

朱李石劉郭，梁唐晉漢周，
都來十五帝，播亂五十秋。

施老爺一時興起而看似胡拉亂扯的這幾句，其實就是我們後世所稱的「五代十國」。

說起五代，真是個讓人人搖頭的「季世」，一個亂七八糟的、催人淚下的、鬼靈精怪的、讓人崩潰的時代——中原有後梁、後唐、後晉、後漢、後周，此外還有前蜀、後蜀、吳、南唐、吳越、閩、楚、南漢、南平以及北漢。這個讓中國人迷惘的時代，是繼兩晉南北朝之後的、歷史上第二個大亂世。亂的時間，雖沒有後者長，卻也一樣的積骨成山、血流成河。

後梁的朱溫，殘暴不仁，兒孫不肖，又喜歡與兒媳通姦。給自己兒子戴綠帽子，朱三真乃古今一大忍人、惡人。為此，氣得宋朝寫史的歐陽修老夫子摔筆而起，大罵：「天下惡梁久矣！」

後唐的李存勖，倒差一點複製漢光武劉秀的中興之路。沒想到，他初得中原，就開始驕淫亂政。特別是他身為皇帝，卻是個戲曲超級票友，重用伶官干政，信任腰下無柄的宦官，最終落得以九五至尊之身，死於蕪雜亂軍箭下。

後晉石敬瑭甘做「兒皇帝」，靠著契丹乾爹滅了後唐得中原，戰戰兢兢過把皇帝癮，卻落得個千古罵名。雖然這個沙陀爺們本人善終於床簣，國祚不過是二世而終。

後漢的劉知遠，志大才疏。其兒孫平庸如家犬，守住塊巴掌大的地盤就不錯了。偏出了個做事想為人先的兒子，結果讓人給做了。

後周的「郭雀兒」郭威有點本事，人還算厚道。他的家業，全拜他的內侄柴榮光大。這個柴爺，真是個讓時人、後人都傾倒的、千載難見的大帝級人物。如果上天給他二十年時間，或許一個不遜於漢唐盛世的強大帝國就將在東方噴薄而出。可惜柴榮命短，當了五年皇帝就撒手早逝，最終讓看似厚道的趙匡胤憑空揀了個大便宜！

歷史雖然不能假設。但是，大王依然要說，假如柴榮多活十年，肯定不會有宋朝的出現。

自朱溫滅唐到柴榮歸天，五十三年間，五家八姓，輪流坐龍廷。一家屁股沒坐熱，就又換一家。而五個朝代呢，都出奇短命，昏君還占多數。（當然明君倒也有幾個：李嗣源、郭威、柴榮。）加上周邊還有十「國」互相攻伐，那五十年，真是天下百姓的噩夢！回首那個時代，真應了張養浩的詞裡說的：「興，百姓苦！亡，百姓苦！」

這段歷史如同亂麻，翻史書實在讓人頭疼。這些草莽「天子」們當初打得挺熱鬧，倒沒想著後人編書麻煩。

回思二〇〇六年，大王忙活寫宋史《刀鋒上的文明》的時候，起初很想把這團亂麻的尾巴仔細梳理一下，結果，草稿一打就是十幾萬字！我暗忖道：要是五十二年歷史都耐心細緻地考證一番，要花多少功夫！

為了避難趨易，大王走捷徑，乾脆把五代史跳過去先放一邊，想倒吃甘蔗最後甜，很想等以後有空再寫這段歷史的專集。

幾年下來，紅塵勞碌，萬事奔波，大王也忙的夠戧。草上翻飛之餘，有時候愣悚，細思那個並不華麗的、讓人無限神往的五代亂世，感到有些心有餘而力不足。

沒料到，一日，大王登陸上著名天涯網站的煮酒欄目，忽然發現了有個叫「姜狼豺盡」的傢伙，正在大寫《五代十國》，且粉絲成群，鬧騰得特別熱鬧。

惴惴之餘，大王起初還不屑，自有大阿Q精神撐著：「大王我已經打通中國歷史脈絡大關，難道你小子還能比我牛！」豈料，細細一看，這個「姜狼豺盡」，真讓大王倒吸一口冷氣——如此讓人頭痛的、混亂無極的五十多年，在他筆下，整體脈絡清晰異常，敘事風格簡潔流暢，章節之間收放有度，每每吊人胃口，讓人讀之欲罷不能。

特別讓大王悵然的是，這廝語言幽默風趣，視角獨特不凡，看了姜狼豺盡的五代史，大王急火攻心，憂憤交加：憂者，這廝搶先我一步，把五代史給「弄」了；憤者，這廝寫到這份上，崔顥題詩在上頭，大王日後再不敢想這個題材了！

大王沉靜下來後，也稍許感到欣慰：江山代有才人出！

這個以「江郎才盡」諧音的「姜狼豺盡」，只能讓他出一頭第也！

真金必然發光。大王即使先於他寫了五代史，這廝也會後浪壓前浪，讓大王難堪。畢竟，他的文字太鮮活，他的史觀太獨特，他的鋪陳太有趣，他的宏大敘事太圓渾！

大王一直在中國互聯網對歷史寫作新人誨語諄諄：你要弄歷史，而不是被歷史弄！因為，不剔去鉛華，如何見得歷史真容？我一向覺得，出於興趣而不是出於功利的歷史寫手，就是要用有別於僵化的歷史教科書的角度，去回溯我們中華昔日的榮光和跌沉，並通過歷史的前因後果，推想沉思我們今天的一切。

但是，在汗牛充棟的各種史書中，剔除偏見、錯漏、編造，以及分清各個朝代統治者根據他們自己需要而莫名其妙添加的「佐料」，再把它梳理清楚，去偽存真，著實不易啊。

這個「姜狼豺盡」，他做到了！

歷史，既不是死亡的人與事物，也不是年代、數字、人名、名詞解釋的乾燥混合體。如果都能像「姜狼豺盡」能達到「精緻的寫作」，我們讀者在欣喜之餘能進行「趣味的閱讀」。結果，我們一定能夠得到一種猶如在沉睡的歷史深處突然發現珍寶奇物般的、超乎想像的驚喜。

是為序。

赫連勃勃大王（梅毅）

前言

在中國歷史上，漢朝和唐朝是大多數中國人最為驕傲的時代。漢家雄魂，唐家氣魄，自古以來便為史家所稱道。漢朝常被稱為第一帝國，唐朝被稱為第二帝國，漢唐對今日國民心態影響深遠。

漢唐之後各經歷了一次大分裂時期。一次是漢朝之後極為著名的三國，本和其他歷史時期並沒有兩樣的三國，經過羅貫中小說的開山之作《三國演義》的渲染，成為現代中國人最為熟悉的時代之一；唐朝之後是五代十國，五代十國和三國的歷史軌跡極為相似，但和三國的歷史知名度相比，五代十國則有些沒沒無聞，雖然羅貫中同樣也有一部《殘唐五代史演義》流傳於世，但在民間基本上沒有多少影響。

但對於現代中國而言，五代十國的歷史意義遠在三國之上。自從趙匡胤欺柴榮孤兒寡母，陳橋兵變建立宋朝以來，一懲五代君輕臣重之弊，加強了對權力的控制，開中國「重文輕武」之先河，重新塑造了民族的性格，自此中國人的血液中便不再知尚武為何物。晉高祖石敬瑭為一己之私，悍然出賣北方戰略屏障燕雲十六州，致使中原無險可守，受制於強悍的游牧民族。漢族政權兩次亡天下，極大地改變了中國歷史的進程。

五代是指唐朝滅亡後、宋朝建立前，在中原地區存在的五個政權：朱溫建立的梁，李存勖建立的唐，石敬瑭建立的晉，劉知遠建立的漢，郭威建立的周。在歷史上，這五個短命小朝廷都被視為正統。

正史皆以五代為正統，十國只是附於五代，知名度相對更低。不過要是提及一個人物，想必大家都會恍悟。中國詞史上的開山鼻祖李煜，正是五代後期十國之一的南唐末代皇帝。「問君能有幾多愁，恰似一江春水向東流」之後沒多長時間，李煜便被宋太宗趙光義下牽機藥毒死，只留下一闕闕帶著歷史血腥味的詞章，無言地在向歷史陳說李煜的悲劇。

十國是指楊行密建立的吳，李昪建立的南唐，錢鏐建立的吳越，王建建立的前蜀，孟知祥建立的後蜀，馬殷建立的楚，高季興建立的荊南，劉隱建立的南漢，王審知建立的閩以及劉崇在今山西建立的北漢。這還沒有包括劉守光建立的燕政權，李茂貞建立的岐政權，周行逢建立的湖南政權，留從效和陳洪進建立的清源軍，張氏和曹氏在大西北建立的歸義軍，以及契丹貴族耶律阿保機建立的遼，在雲貴高原一帶的大理政權。

從政權傳承的角度來看，五代開始於西元九〇七年朱溫廢唐稱帝，終於九六〇年趙匡胤廢周建宋，僅五十多年的時間。但從歷史發展的角度，五代十國應該從王仙芝、黃巢起義算起，一般是以西元八八〇年黃巢入長安為起點，到西元九七九年宋太宗趙光義滅北漢為止，近一百年的時間。類似地，如果把三國從西元二二〇年算起，那麼，三國歷史的韻味便至少去掉了十分之七，《三國演義》不僅缺少了呂布、貂蟬、曹操之間的男女風情。故事也沒有了官渡之戰和赤壁之戰的驚心動魄場面。

五代十國存在的時間長短雖然和三國大抵相當，但這一時期政權遠多於三國，所以過程之曲折、鬥爭之殘酷、命運之無常，讓歷史都為之震撼。歷史總是這樣，驚心動魄之後，是無限的感慨……

引一

當創建大唐開元盛世的玄宗皇帝李隆基和他的前兒媳楊玉環在華清池鴛鴦共浴、極盡纏綿的時候，是否想到了千里之外的范陽城裡，那個大腹便便的范陽節度使安祿山在幹什麼？也許想到楊貴妃的「祿兒」正在頂風冒雪，為自己守衛著大唐萬里江山，或者恭恭敬敬地給自己寫奏章，陳述對自己的忠誠。

李隆基想到這些，肯定會更加愜意，然後盡情享受楊玉環帶給他的無上快樂。做皇帝其實也很辛苦，一旦失了勢，比雞犬尚且不如，梁武帝一世英雄，最終卻落得個餓死台城的下場。李隆基能把皇帝做成這樣，已經很知足了。

安祿山也確實是個人物，以「少數民族」的身分，能做到范陽、平盧、河東三道節度使，手控重兵，生殺自如，成為名副其實的「東北王」，等閒人物是做不到的。安祿山的智商和情商都非常高，他知道想保住自己的地位，除了皇帝外，皇帝身邊的那些紅人同樣一個也得罪不起。

李隆基身邊三個最能說得上話的人：號稱唐朝第一美女的楊玉環、號稱唐朝第一奸臣的李林甫以及號稱唐朝第一太監的高力士，都被安祿山要盡手段籠絡過去，至少這三位不給安祿山穿小鞋。朝中唯一橫豎看安祿山不順眼的只有李隆基的大舅子楊國忠。楊國忠運氣好，因堂妹楊玉環入侍大內，這個只會賭錢撒潑的無賴之徒，平步青雲，做了宰相，主管財政，深得「妹夫」李隆基賞識。

不過自安祿山得寵之後，楊國忠不住地吐酸水，這也是小人常態。為了扳倒安胖子，楊國忠沒少說安祿山的壞話：「祿山陰懷首鼠，人心不測，陛下宜防其變。」李隆基以為楊國忠吃醋，大笑不信。

楊國忠不死心，又來嚼舌頭：「陛下若不信，可召其來見，祿山必不敢來！」李隆基也有些動搖，也想試試安祿山的忠心。天寶十三年（西元七五四年）正月，詔安祿山入朝。這時的安祿山尚沒有下定反心，說來便來。

安祿山知道這是楊國忠暗中搞鬼，便乘勢告了楊國忠的刁狀：「臣是個胡人，大字不識一個，本不念及此，賴陛下恩信，才做了節度使。只是楊國忠素嫉臣之功，早晚要害臣，怕以後再也見不到陛下了。」一說罷號哭——當然是裝出來的。

李隆基七十多歲的人，耳根子軟，安祿山對他這個「乾爹」極為孝敬，且顧及楊玉環的面子，好言相慰，勸回北京。皇太子李亨也嫌憎安祿山，屢勸父皇要提防安胖子，李隆基已經被安祿山灌了迷魂湯，打死也不信。

當是時，天下太平，盛世空前。杜甫有詩云：「憶昔開元全盛日，小邑猶藏萬家室。稻米流脂粟米白，公私倉廩俱豐實。」李隆基做了四十年太平天子，大唐國勢如日中天，李隆基以為李家天下將世世代代傳承下去。

可李隆基萬沒有想到，僅僅一年後，大唐帝國千秋萬代的夢想就在他眼皮底下徹底破滅。最殘忍的是，讓李隆基背上千古罵名的正是他最信任的乾兒子，會跳迴旋舞，會在楊乾娘身上撒嬌的祿兒——安祿山！

安祿山「專制三道，陰蓄異志，殆將十年」，久有反心，只是李隆基待自己恩重如山，心有愧疚，本打算等李隆基死後再反。但是安祿山的死敵楊國忠屢次構陷他，安祿山被逼得走投無路，狠了狠心，決定和李隆基撕破臉皮，至於老頭子難過，由他去吧。

唐天寶十四年（西元七五五年）十一月，唐范陽、平盧、河東三道節度使安祿山打著清除奸臣楊國忠的旗號，糾集奚、契丹、室韋各部，以及本部兵馬十五萬，號稱雄兵二十萬，氣勢洶洶地殺過黃河，要滅掉李家老頭子，成就他安氏的萬代基業。

由於天下承平日久，數十年不見刀兵，軍民人等，各安舊業，誰也不會想到，一場場天大禍向他們襲來。安祿山起兵南向，河北河南軍民驚駭不已，亂兵所到之處，州牧縣宰，均望風而逃，河北一帶，土崩瓦解。

楊國忠得信，歡天喜地地來報告安祿山造反的消息。由於事出楊國忠之口，李隆基不相信，等到告發安祿山造反的奏章雪片般飛送到李隆基的手上，老頭子才相信「乾兒子」真的反了，傷心、氣憤，又無可奈何。為了保住自己的老命，李隆基先後派出一時名將高仙芝、封常清、哥舒翰出關剿逆。沒想到這幾位都是銀樣鑞槍頭，中看不中使，全都被安祿山給收拾了。隨後安祿山在洛陽稱帝，國號大燕，自號為聖武大皇帝。「燕」軍又下河東、華陰，鋒鏑直逼長安門戶潼關。

噩耗傳來，李隆基差點沒被嚇死，潼關若失，老命難保。為了不做梁武帝第二，李隆基除了逃跑，沒第二個選擇。不過李隆基、安祿山這對活寶像極了二百年前的蕭衍老公和侯景，唯一不同的是，蕭衍餓死台城前還見過侯景，痛罵侯景負恩。而李隆基和安祿山則山水遙迢，永無相見之日。

楊國忠是蜀人，自然慫恿逃到西川，雖然隴西是李唐祖地，但隴西地勢平坦，不如蜀中地形險要易守。唐至德元年（西元七五六年）六月，李隆基帶著皇子皇孫、妃嬪美人、貴族大臣狼狽地朝西川逃去。最可笑的是，逃就逃吧，居然還弄個「西征」的名號。安祿山在東邊造反，他卻向西

「親征」，西邊有賊嗎？

李隆基活到這個歲數，還要受盡磨難，說來也是可憐。西逃路上，吃盡苦楚。最讓李隆基終生不能釋懷的是，他一生最愛的女人楊玉環在馬嵬坡被譁變的士兵逼死，楊國忠也被亂兵所殺。李隆基好不容易跑到成都，慶幸自己終於不必做「梁武帝」了，實在不行就做「劉備」吧。

這年七月，皇太子李亨在靈武（今寧夏靈武）沒有經過李隆基的同意，公然稱帝，奉李隆基為太上皇。李隆基顧命要緊，把這副爛攤子甩給兒子也好。

唐至德元年（西元七五六年）六月，安祿山的「燕軍」耀武揚威地進入長安，這場中華民族歷史轉捩點的安史之亂達到了高潮，但隨之也陷入低潮。安史起事注定只是一場戰亂、一個歷史轉捩點，而不是改朝換代。排除所謂唐朝氣數未盡的宿命論觀點，更重要的是安祿山等人面前的不再是封常清等水貨，而是以郭子儀、李光弼等人為代表的大唐名將。

安祿山天生不是皇帝的命。一年後，這場叛亂的第一主角安祿山被兒子安慶緒殺掉，安慶緒被史思明殺掉，史思明被兒子史朝義殺掉，史朝義被部下李懷仙殺掉，執頭獻與唐廷，一場大亂，就此收場。

雖然平定了安史之亂，但唐朝也自此一蹶不振，各地軍閥乘勢而起，自掌軍政財大權，開始武裝割據，奉唐朝皇帝為「精神領袖」，這就是唐朝歷史上著名的「藩鎮割據」。終唐之世，藩鎮之禍也沒有解決掉。雖然唐憲宗時平定淮西，藩鎮著實老實了一陣子，但這不過是狂潮洶湧前可怕的平靜而已。

李隆基雖然最終回到了長安，但受盡了兒子李亨和太監李輔國的氣，加上思念楊玉環，心力交瘁。唐代宗寶應元年（西元七六二年）四月，一代風流天子李隆基病逝於長安神龍殿，壽七十八歲。雖然他有幸沒有做梁武帝第二，但威赫千古的大唐帝國實際上在他手中徹底喪送。這個罪名，李隆基要永遠地背負下去。

引二

李隆基死後，大唐帝國也絲毫沒有復甦的希望。僅僅十三天後，威赫一時的大太監李輔國發動政變，捕殺悍后張氏、越王李係等人，所謂中興大唐的肅宗李亨聞變驚死，皇太子李豫繼位。李亨的「中興」和漢光武帝劉秀再造大漢江山並開創光、明、章盛世遠不能相比，《舊唐書》也只是把他比做了東遷雒邑的周平王姬宜臼和偏安江東的晉元帝司馬睿而已。

玄、肅之時，唐朝不過是出了一窩家賊，尚無外患。但唐代宗李豫時代，吐蕃趁著安史之亂東向發展，不僅攻陷河西千里形勢之地，還將西域百萬平方公里的土地盡數笑納，一躍成為西方強國。唐朝的西部邊境居然從巴爾喀什湖一線急速退至天水，距長安不過百里之遙。唐朝衰勢可見一斑。

唐大曆十四年（西元七七九年）五月，當了十七年皇帝的李豫病死，皇太子李適即位，就是唐德宗。李適即位伊始，便由宰相楊炎制定並實行了兩稅法。這次稅費改革對歷史的影響殊大，砍掉了許多亂七八糟的稅種，簡併為戶稅和地稅。兩稅法先算出國家財政總支出數，然後再確定國家財政收入的總數，中央政府將財政大權死死抓住，保證了李唐政權的存在。楊炎素有能名，只是他有個永遠也洗不清的歷史污點。楊炎黨附於權臣元載，和德宗時另一個理財高手——整頓漕運、改革鹽務的劉晏有仇，尋機害死劉晏，留下千載罵名，實在可惜。

我們多認為宋朝造就了現代中國社會形態之格局，其實這個格局發端於唐德宗時期，當然這時的形態發展還很不明顯。隨便舉個例子，名列唐宋八大家的韓愈和柳宗元在文風上與宋朝那幾位區別不甚大。宋朝文風不似唐朝雄渾，這與國勢有莫大的關係，看看此時唐朝的疆域圖就明白了，河西大片土地歸屬吐蕃就是成於德宗時代。

李適在位時間不算短，二十六年。永貞二十一年（西元八〇五年）正月，德宗皇帝「龍馭上賓」，殘疾兒子李誦繼位。唐順宗李誦在位不滿一年，在任內卻發生了一件驚天動地的大事件，讓名臣王叔文進行改革。因為這次改革觸動了宦官集團和權貴集團的利益，而被皇太子李純聯合兩派打倒，王叔文被殺，王伾死於貶所，其餘八人均被貶為邊州司馬，史稱二王八司馬事件。其中名氣最響的有兩個人：柳宗元和劉禹錫。

以前課本上有一篇《李愬雪夜入蔡州》，講的是唐憲宗李純派大將李愬平定淮西軍閥吳元濟的故事。李純「睿謀英斷」，不甘心李家天下被那夥藩鎮糟踐，對軍閥們實行鐵腕政策，打掉了一個吳元濟，換來了十幾年的相對和平。唐憲宗元和年間是唐詩「中興」的一個關鍵時期，唐詩史上著名的大詩人白居易、元稹、劉禹錫，以及韓愈、柳宗元都活動在這一時期。

可惜唐憲宗對外有餘，對內不足，宦官集團勢力在唐憲宗時日漸坐大，干預軍政，國勢日衰。元和十五年（西元八二〇年）正月，李純死於宦官陳弘志之手，這也開了唐朝宦官殺皇帝的先河，影響極其惡劣。

有史家說唐憲宗時才算是唐朝真正的中興，其實就元和年間的形勢來說，比肅、代、德諸朝稍好一些，但最終自毀前程，也不算是真正的中興，不過是迴光返照罷了。

之後的唐穆宗李恆更加沒用，昏庸透頂，內不能制宦侍，外不能制強藩，只知沉湎酒色，庸碌無為。長慶四年（西元八二四年）正月，三十歲的李恆便成了「古人」。唐敬宗李湛很有意思，他像極了七百年後的明武宗朱厚照。不過大明朝太師、鎮國公、總督軍備威武大將軍朱厚照想必一定對李湛這個頑童嗤之以鼻，任劉瑾權焰喧天，終被正德幹掉，而懵懂少年李湛卻醉後被太監劉克明幹掉，年僅十八歲。弟李昂繼位，史稱唐文宗。

李昂之世，宦禍日熾，連李昂的日常起居都要受宦官的約束，活得非常窩囊。李昂倒不似唐敬宗那般頑劣，也有恢復祖業的志向，但志大才疏，用人不明。他為了和以仇士良為首的宦官集團進行對抗，提拔了兩位「改革家」鄭注和李訓，準備除掉太監們，重新控制權力。

可哪知鄭注和李訓是繡花枕頭一包草，貪功心切，貿然發動政變，就是唐史上著名的甘露之變。可惜事機不密，被宦官們發覺，撲滅鄭李，關了李昂的禁閉。仇士良利用控制的禁軍對政敵進行殘酷的反報復，共殺死六百多人，宰相王涯也暴屍街頭。李昂名為皇帝，實為囚徒，生不如死。唐開成五年（西元八四〇年）正月，在位十四年的李昂鬱鬱死去。

佛教史上有個名詞稱作「三武一宗滅佛」，是說歷史上三個諡號或廟號為「武」的皇帝沉重打擊佛教勢力，分別是北魏太武帝拓拔燾（辛棄疾千古絕唱《永遇樂》中的佛狸就是他），北周武帝宇文邕，以及唐穆宗的五兒子唐武宗李炎。一宗是指五代後周世宗柴榮（以後會專門講到他的事情）。李炎在內政中抑制宦官，鬥倒了飛揚跋扈的大太監仇士良，基本控制最高權力。

武宗非常信任唐史著名的「牛李黨爭」的李黨黨首李德裕，充分放權，讓他大展拳腳。李德裕也確實有兩把刷子，秉承憲宗的鐵腕政策，打擊藩鎮，並對吐蕃採取戰略攻勢，大大改善了唐朝的生存環境。

武宗貶佛崇道，經常吃所謂的仙丹，結果吃壞了肚子。臨死之前，李炎下詔立叔父光王李忱為皇太叔，確定李忱皇位繼承人的地位。自古傳位，多傳於親生子，沒兒子的便立兄弟侄子，立叔父為「皇太子」的，李炎是史上獨一份兒。

唐會昌六年（西元八四六年）二月，唐武宗病死，皇太叔李忱繼位，就是史稱小太宗的宣宗皇帝。雖然宣宗在位十三年間，天下粗安，但這些多是武宗時打下的底，李忱不過吃了現成飯。就李忱的作為來看，別說無法和真正版本的太宗李世民相比，就是和他的父親憲宗李純相比，也遜色不少。

可能是因為出身和少年經歷的原因，李忱性格上有些缺陷，氣度狹窄。他的母親鄭氏本是淮西鹽鐵使李錡的侍女，後來李錡作亂被唐憲宗平定，鄭氏沒入大內，受到憲宗臨幸，生下宣宗。鄭氏曾經受過憲宗皇后郭氏的氣，在兒子當皇帝後，開始進行報復，把個名門出身的郭氏皇太后活活氣死，死後還不準備把郭太后與唐憲宗安葬在一起，確實做得有些過了。

這個郭氏皇太后出身可非常不一般，很具有傳奇色彩，她的祖父是郭子儀，她的父親是郭暖，她的母親是升平公主。京劇中有出名段《打金枝》，現在許多電視劇經常播放的醉打金枝的情節，說的就是郭暖和升平公主。

第一章

金色蛤蟆爭努眼　翻卻曹州天下反

——兩個鹽販子領導的唐末農民大起義

一

盛極一世的唐朝帝國走到了它的末路。李忱死後，皇太子李漼即位，便是唐懿宗，史稱唐懿宗「姿貌雄傑」。就唐懿宗在位的十四年間的表現來說，這句評價是典型的阿諛吹捧。李漼當上皇帝後，嗜酒漁色，成天胡吃海喝，好不快活。唐朝在宣宗時有所好轉的局面被唐懿宗徹底破壞掉了。懿宗在朝十四年，竟然用了二十一個宰相，平均一個宰相只當政半年不到，這樣超高的換人率，是肯定做不出來什麼事情的。唐懿宗朝令夕改，進小人、退賢臣，大唐帝國已經不可避免地走向滅亡。

唐懿宗咸通九年，即西元八六八年，桂林地區突然爆發了一次兵變。兵變在唐朝安史之亂後屢見不鮮，有的是因為當官克扣糧餉，有的是當兵的驕橫跋扈，而且基本上都發生在藩鎮控制地區，而咸通年間發生的這次兵變卻是朝廷言而無信激出來的。

六年前，因南詔作亂，朝廷調徐泗觀察使崔彥曾率八百徐州兵駐守桂林，事先講好條件的，三年後徐州兵可以回家。徐州兵信以為真，遠離故土，苦守了三年。

哪知道六年過去了，直到咸通九年（西元八六八年），朝廷也沒有讓他們回家的打算，天知道何時才能還鄉。領軍尹戡曾勸崔彥曾再讓徐州兵多守一年，反正還能從徐州兵身上多撈點油水出來，崔彥曾樂得其成。

徐州兵終於忍無可忍：「朝廷言而無信，兩及瓜代，不得還家，汝等無母妻兒女子乎?!」弟兄們徹底失望了，原來皇帝說話也可以不算數的，既然皇帝不讓弟兄們回家吃頓團圓飯，那就用武力解決這一問題。

這年的七月，桂林戍軍牙官許佶、趙可立等人殺掉都頭王仲甫，推立戍軍主管糧草的判官龐勛為主，強行北上回徐州，這就是唐史上著名的龐勛兵變，這其實也吹響了唐王朝真正走進歷史墳墓的號角。

十月，龐勛起義軍終於攻到徐州，殺掉崔彥曾等人。龐勛勢力如滾雪球般越來越大，嚴重威脅到了唐朝的經濟生命線——江淮糧道。這下唐懿宗可真急了，以神策大將軍康承訓為徐州行營招討使，神武大將軍王晏權為徐州北面行營招討使，羽林將軍戴可師為徐州南面行營招討使，發諸路兵馬，直進江淮，剿滅「亂匪」。康承訓召來了居住在定襄（今山西定襄）的沙陀部大酋長朱邪赤心，以朱邪赤心為太原行營都討，帶著萬餘沙陀精悍騎兵部隊隨軍東進。

唐軍自恃強大，沒把龐勛這幫烏合之眾放在眼裡；作為回報，龐勛同樣瞧不上官軍。唐咸通九年底，徐州軍王弘立部數萬人來到泗州（今江蘇盱眙），趁大霧瀰天漫際之時，向唐軍戴可師部發動狂攻。唐軍剛嚇跑了一支徐州軍，志驕意滿，被王弘立偷襲得手，死傷萬餘人，戴可師戰死陣中。

經此大捷，龐勛聲威大震，傳檄江淮，準備做場大買賣。江淮一帶的土豪劣紳們害怕龐勛找他們算帳，舉家逃到江東避難。唐淮南節度使令狐綯知道龐勛此時氣勢正盛，不宜直攖其鋒，便派人去騙龐勛：「兄弟何必如此？做個草頭王終究不是個正途。聽老哥我一句話，就此罷兵。我上奏朝廷，給你個大鎮，如何？」龐勛貪圖一時小利，居然相信了令狐綯的鬼話，就暫時收手。令狐綯見龐勛上了當，忙爭取時間修整戰備，以期自守。

龐勳能把買賣做得這麼大，已經接近了他能力的極限。得志之後，龐勳沒有逃脫歷代農民起義失敗的規律，開始奢侈自大。跟隨龐勳在桂林起事的幾百個大爺也自恃大功，驕橫跋扈、為所欲為、欺人妻女、剽人錢財，人皆怒怨，龐勳對此也不聞不問。要做得大事，必須軍心民心一把抓。雖然兵權在手，能逞一時之快，但軍需糧秣盡出於民間，得罪了老百姓，終究要壞事的。

李漼覺得王晏權太不中用，改以泰寧軍節度使曹翔取代王晏權，遊弋在魯蘇一帶，尋找戰機。唐懿宗此時手頭上最重要的事情還不是平定龐勳，而是嫁女兒。唐懿宗有八個女兒，其實最受寵的是大女兒同昌公主。這年年底，李漼舉行盛大婚禮，風風光光地把同昌公主嫁給了右拾遺韋保衡。李漼是天下頭一號大財主，自然不缺錢，僅公主的嫁妝錢就達到了駭人的五百萬貫，其他金珠寶貝更是不計其數。

奉命「剿匪」的唐軍各部可沒這般閒心情，和徐州軍進行極為艱苦的作戰，咸通十年（西元八六九年）二月，唐軍主將康承訓領兵準備渡過渙水（今天的澮河），不料被徐州軍發現，王弘立部三萬餘人隨即包圍唐軍，因勢圍殺。康承訓屢次突圍未果。正危急時，朱邪赤心帶著十五歲的三兒子，領著五百沙陀騎兵操胡語、橫戈矛，縱入陣中。徐州軍拿這夥胡人沒辦法，陣腳被沖亂，唐軍見狀，裡外合擊，徐州軍大敗，戰死兩萬多人，王弘立腳長溜了。

唐軍緩過氣來，連戰連捷，康承訓部攻下臨渙（今安徽濉溪臨渙鎮），連兵直進，北路的曹翔部也攻下滕縣，南下豐、沛，南北兩路唐軍遙相呼應，對徐州形成半弧形包圍。龐勳為了鹹魚翻身，喪心病狂地下令將控制區內的十五歲以上男女都抓到軍中為他賣命。如果沒有武器，就抗著鋤頭，號稱「霍錐軍」。膽敢藏匿不從軍者，誅滅其家，即使這樣，也只生拉硬湊了三萬多人。

這樣的軍隊也能打仗？八月，唐軍攻克徐州，龐勳帶著兩萬多弟兄南下亡命。唐軍豈能放過他？康承訓派朱邪赤心前鋒先行，自率八萬馬步精銳緊緊追趕。咸通十年九月，朱邪赤心在蘄縣（今安徽宿州蘄縣鎮）渙水邊追上龐勳，隨後數萬唐軍進圍龐勳，徐州軍殘部被殺萬餘人，龐勳溺水身亡。

龐勳沒有正確的戰略指導方針，只顧逞一時之快，行軍無方，又不得民心，所以只堅持一年多就宣告失敗。而且唐朝的整體實力並沒有受到多大損失，但龐勳起義卻產生了一個副產品：突厥後裔沙陀部從此坐大。李漼為了表彰朱邪赤心的功勞，拜朱邪赤心為單于大都護、振武軍節度使，並賜姓名為李國昌，許入宗籍，並改李國昌三子名為李克用。

龐勳被滅後，李漼覺得天下太平，又開始花天酒地。可此時唐朝的國勢已經夕陽西下，內亂不止、外患方興。南詔驃信（南詔王）酋龍也對大唐帝國動手動腳。南詔本是漢朝哀牢國後裔，因為當地語言稱王為詔，所以也稱南詔國。

懿宗時政局混亂，內政外交一塌糊塗。唐定邊節度使李師望擅殺南詔使者楊酋慶，酋龍大怒。唐咸通十年十月，酋龍傾國之力入寇唐朝，聲勢浩大。唐軍屢敗，南詔軍連連得手，甚至殺到了西南首鎮成都城下。幸虧新上任的唐劍南東川節度大使顏慶復善用兵，與眾將合謀力，大敗南詔軍。酋龍覺得無利可圖，只得罷手。

對李漼來說，這些都不重要，只要能保住自己的地位，管他天崩地裂！在唐史上公認的頭一號的昏君是唐僖宗李儇，其實唐朝昏君不少，比如唐中宗李顯、唐穆宗李恆、唐敬宗李湛，還有這位唐懿宗李漼。歐陽修痛責李漼：「器本中庸，流於近習。所親者巷伯，所昵者桑門；以蠱惑之侈言，亂驕淫之方寸。」

昏君往往也很兇暴，唐咸通十一年（西元八七〇年）八月，李漼最疼愛的同昌公主病死。同昌公主得病故去，按道理說和別人沒有什麼關係。唐懿宗卻不這樣認為，唐懿宗哭女的同時，下詔誅殺了御醫二十多人，並收御醫家屬三百多人下獄。文武苦勸，李漼喪心病狂，不聽。

唐朝的局勢從安史之亂就已經開始走下坡路，唐宣宗時代勉強算得上「中興」，可大唐的「中興」到了李漼手裡，全都給糟蹋了，形勢益發不可收拾。各地起義接連不斷，各方的藩鎮軍閥也趁這個機會擴張勢力。後來的五代十國雖然是唐朝藩鎮割據的延伸和擴大，但就五代十國歷史而言，真正形成的時期卻在唐懿宗時，因為李克用出世最早，所以也可以說是李克用打響了五代十國的第一槍！

在唐朝之後如走馬燈般的五個中原政權中，有兩個是沙陀人所建，即後唐、後漢。沙陀本是突厥的一支，源於西突厥的處月部，李克用的本姓朱邪就是「處月」的音譯。處月所居的地區在今新疆烏魯木齊以北的古爾班通古特沙漠一帶，當時有一個大沙磧叫沙陀磧，所以就稱為沙陀突厥。第一個沙陀王朝後唐的建立者是唐莊宗李存勖，但真正奠定後唐基業的卻是李存勖的父親李克用。

李克用，唐宣宗李忱大中八年（西元八五四年）生於神武川（今山西定襄）。李克用初出江湖時只有十五歲，但因為生在將門，而且又是胡人，所以從小就要習武。胡人身體強壯，尚武抑文，胡人家的孩子，如果不學武藝，要被人家取笑的。李克用資質甚好，一學即熟，性情悍勇，縱陣折鋒，取上將首級，人皆服之，呼為「飛虎子」。及壯，李克用被唐朝封為雲中（今山西大同）牙將，從此青雲直上。

唐咸通十四年（西元八七三年）七月，李漼病死，時年四十一歲。李漼昏庸了一輩子，也被罵了一輩子，歐陽修評價道：「朝廷者天下之本也，人君者朝廷之本也，始即位者人君之本也。其本始不正，欲以正天下，其可得乎？」

按封建時代的嫡庶長幼的繼承規則，有嫡立嫡，無嫡立長，唐懿宗所生子如魏王李佾、涼王李侹、蜀王李佶、威王李侃、普王李儼等都非正宮所出，無所謂嫡庶，只能以長幼順序。魏王李佾是懿宗長子，本該繼位，但握有兵權的宦官劉行深和韓文約看上生性頑劣的皇五子普王李儼，二人趁懿宗彌留之際，假傳懿宗詔：「立儼為皇太子，權勾當軍國政事。」並改名李儇，就是唐僖宗。

相對於東漢和明朝這兩個宦官禍烈甚劇的時代，唐朝的宦官之禍有個最大的特色，就是唐朝太監有兵權，能行廢立大事。唐穆宗以下八個皇帝，有七個是太監擁立即位的，最後一個唐哀帝是大軍閥朱溫挑中的，足見唐朝太監權勢大到何種程度。

清人趙翼歎道：「東漢及前明宦官之禍烈矣，然猶竊主權，以肆虐天下。至唐則宦官之權反在人主之上，立君、弒君、廢君，有同兒戲，實古來未有之變也。推原禍始，總由於使之掌禁兵、管樞密，所謂倒持太阿而授之以柄，及其勢已成，雖有英君察相，亦無如之何矣！」

二

唐僖宗李儇是中國歷史上著名的昏君，唐朝滅亡的「功勞」有很大一部分要記在唐僖宗的頭上。唐朝真正意義上的亡國之君就是李儇，後來的昭宗李曄、哀帝李柷不過是在為李儇做墊背。

李儇既昏且愚，他居然認大太監田令孜做「乾爹」，呼為「父」，這便是唐史上有名的「十軍阿父」。田令孜本姓陳，蜀人，幼年入宮持役，李儇做皇子時，田令孜就跟著他，關係極親密，經常同臥同起。等到李儇繼位後，田令孜自然跟著發財，拜左神策軍中尉，主掌禁軍。

皇帝拜太監當乾爹，歷史上除了漢靈帝劉宏大言不慚高呼「張常侍（太監張讓）乃我父」外，估計就是這位李爺了。明英宗也不過稱呼大太監王振為「先生」，換成現代話就是老師或師傅，也不如李儇玩得出格。田令孜早就琢磨透了李儇的脾性，知道這個皇帝沒用，所以飛揚跋扈，目中無人。李儇對田令孜言聽計從，不敢少忤。

我們都知道宋徽宗趙佶是著名的「足球皇帝」，而李儇則是著名的「馬球皇帝」。一般觀點認為唐朝的馬球運動是由吐蕃傳入的。唐朝民風尚武，馬球極受唐朝王公貴族所喜愛，擊馬球同時也可以鍛鍊騎馬技術，以利於騎兵作戰。

唐僖宗最有名的故事就是他通過打馬球的水準來決定劍南西川節度大使人選。結果田令孜的哥哥陳敬瑄打得最出色，李儇大喜，便封陳敬瑄為西川節度使。雖說陳敬瑄球技最好，但陳敬瑄的勝出則很可能是田令孜已經事先決定好的，畢竟肥水不流外人田。而且他們本就是蜀人，能回到家鄉當官也是一件非常風光的事情，或者說給自己留條後路也說不定。

唐朝到了僖宗時，政治極度腐敗，藩鎮連年戰亂，老百姓活得極端痛苦，真是「皇帝山莊真避暑，百姓仍在熱河中」。雖然封建社會的所謂明君賢臣和底層人民依然是對立的關係，但他們知道民間疾苦，減輕人民負擔。老百姓在有飯吃的情況下，不會有人去造反。

現在昏君在上，佞臣豎子當道，加上各地軍閥多數貪婪無度，老百姓實在活不下去了，只有選擇暴力對抗，「百姓流殍，無所控訴。相聚為盜，所在蜂起」。其中以在山東爆發的一場起義聲勢最為浩大。

唐僖宗李儇乾符元年（西元八七四年）十二月，濮州人（今河南鄄城）王仙芝在與朋友尚讓、尚君長等聚眾三千人在長垣（今河南長垣），揭竿而起，王仙芝登高讀起事檄文，指責唐朝「吏貪遝，賦重，賞罰不平」。

王仙芝自稱「天補平均大將軍」，眾人激動萬狀，高呼口號，聲勢如山搖。提出「平均」的口號，這在中國歷史上的農民起義中是第一次，具有劃時代的意義。

唐乾符二年（西元八七五年）六月，王仙芝大軍攻克曹州（今山東）和濮州。唐天平軍節度使薛崇聽說境內有「賊」，忙率兵來剿，結果被王仙芝揍了個落花流水春去也，逃了。此時曹州冤句（今山東曹縣莊寨鎮）人黃巢也率領一部人馬前來投奔王仙芝。黃巢富有謀略，能文能武，家世豪富，王仙芝自然是「倒履」歡迎。

後世有人戲言，說唐朝和清朝最愚蠢，因為唐朝和清朝在科考中，黜落了兩個秀才，從而引出兩個中國歷史極為著名的人物和中國歷史上影響極大的兩個大事件：清朝的落第秀才洪秀全屢試不中，一怒之下，成立拜上帝會，在金田發動起義，發起了轟轟烈烈的太平天國起義；而唐朝的落第秀才黃巢也是屢試不中，最終走上了一條不歸路，扯旗造反。

有意思的是，王仙芝和黃巢都是私鹽販子。黃巢祖輩都是鹽販子出身，但由於當時鹽政屬於官辦，壟斷經營，所以黃家的鹽販子們肯定只能走黑道，販賣私鹽，聽說也賺了大把的銀子。

封建時代，商人備受歧視，居四民「士農工商」之末，更何況黃家還是販私鹽的。為了「漂白」自己的「黑道」身分，黃巢決定花錢買點學問，然後參加科舉。萬一祖墳上冒了青煙，混個進士及第，不比成天提心吊膽的販私鹽光彩？

黃巢的文化水準如何？史稱「稍通書記」，可能就是半瓶醋，但這也不錯了，於是黃巢就去長安趕考。不知是黃巢的能力差，還是當考官的伸手要錢，反正把黃巢給黜落了。

黃巢失望憤恨之餘，寫下了一首反詩，這便是著名的《不第後賦菊》：「待到秋來九月八，我花開後百花殺。沖天香陣透長安，滿城盡帶黃金甲。」黃巢已經對朝廷不抱任何希望，所以王仙芝大軍一到，黃巢就和王仙芝合為一路，弟兄們一起闖天下，混出個大富大貴出來。

這夥強人「橫行山東，民之困於重斂者爭歸之，數月之間，眾至數萬」。在這些人中，有一個來自宋州碭山（今安徽碭山）的青壯漢子，剛入起義軍中，他只是一個普通嘍囉兵。後來風雲際會，因勢成事，叛變黃巢後成為唐朝的方面大員，佔據中原廣大地區。三十多年後，這個人滅唐建梁，正式拉開了五代十國的大幕，他就是梁太祖朱溫。

當時在山東地面上流傳著一句讖語，說是「金色蛤蟆爭努眼，翻卻曹州天下反」，指的就是王仙芝起義。客觀來說，這句讖語很有煽動性，氣勢十足。近四百年後，元朝末年紅巾軍起義時，便抄了過來，不過改成了「石人一隻眼，挑動黃河天下反」。

唐朝政府得知山東一帶「暴民作亂」，那還了得！必須剿滅這幫「亂匪」，不然大家都得完蛋。唐朝徵調河南、山東等五道兵力前往對付王仙芝，由平盧軍節度使宋威為「剿匪總指揮」，節制河南諸鎮，統一作戰。

要說宋威也確實不是吃乾飯的。唐乾符三年（西元八七六年）七月，王仙芝率眾來攻沂州（今山東臨沂）。唐軍與起義軍在城下大戰，可能是起義軍作戰經驗不足，被唐軍擊敗。好在王仙芝是個聰明人，也許是農民有著擅長「游擊戰」的天賦，打得過就打，打不過就跑，以消滅敵人有生力量為主，不計一城一地之得失（這些游擊戰略我們聽起來好耳熟啊）。

宋威能力不錯，但人品太差，為了邀功，宋威欺騙朝廷說已經斬殺王仙芝。李儇歡呼：「打球去嘍！」百官聯翩入賀大捷。李儇下詔解散各道兵馬，哪來的回哪去，宋威回到青州繼續享福。

可李儇沒高興三天，消息傳來，王仙芝根本沒有死，而是繼續在各地發威，李儇只好詔令各道集兵再戰。唐軍弟兄們剛回安樂窩，又要去幹苦差事，無不痛罵宋威：「媽的！有這麼耍人的嗎？」

王仙芝自知短時間內難以得勢，便把部隊從山東拉到河南，避開宋威的主力部隊，攻擊唐朝兵力比較薄弱的河南和山東交界一帶。河南地處中原，四面通風，進退自如。果然，起義軍一路西進，連克陽翟（今河南禹縣）、郟城（今河南郟縣）等地，鋒鏑直指洛陽南部門戶汝州（今河南臨汝）。

唐乾符三年九月，起義軍攻克汝州，生俘宰相王鐸的弟弟、汝州刺史王鐐，取得起義以來的重大勝利。汝州一失，東都洛陽便直接暴露在起義軍的攻擊範圍之內。洛陽是唐朝的第二國都，地位類似於明朝永樂以後的南京。汝州失守的噩耗傳來，洛陽人震，東都百官蜂擁出逃。

李儇見起義軍聲勢浩大，心裡也有些發毛，不知聽了誰的主意，決定招安王仙芝。唐乾符三年九月，李儇下旨赦免王仙芝的「罪過」，並許諾封給高官。

王仙芝比猴子還精，他知道現在自己手中的籌碼太少，鬧得越厲害，自己將來得到的就更多。

王仙芝沒有去取洛陽，率眾攻打鄭州，結果吃了一個敗仗。又轉戰湖北，連克郢州（今河南郢縣）、唐州（今河南泌陽）、郢州（今湖北鐘祥）、復州（今湖北天門）。這年年底，王仙芝決定東向進軍。唐軍的弟兄們已經領教了王仙芝的厲害，都沒敢玩硬的，起義軍一到，唐軍要麼死守，要麼逃跑。

起義軍又連續攻下淮河以南、長江以北的申州（今河南信陽）、光州（今河南潢川）、廬州（今安徽合肥）、壽州（今安徽淮南）、舒州（今安徽潛山）等地。王仙芝的勢力急驟膨脹。

當王仙芝準備攻打蘄州（今湖北蘄春）的時候，因為蘄州刺史裴渥是宰相王鐸的門生，所以身為俘虜的王鐐便勸王仙芝：「將軍雖然神武，但朝廷立國三百年，豈是說破便破？裴渥是家兄門下，僕不才，願以書報裴渥，讓他開門迎入大軍，僕再請吾兄奏聞朝廷，許將軍大官，將軍意如何？」王仙芝這回覺得有資格和朝廷講條件了，便也想就此收手，撈個肥差使，不比這樣四處流蕩的強。

王鐐寫信把情況告訴裴渥，裴渥也不想白白給昏君送死，當然樂從。裴渥開門請進王仙芝，然後上表請朝廷招安王仙芝，王鐐也寫家信讓老哥王鐸從中撮合，畢竟自己的性命還在王仙芝手中。

李儇會議群臣：「此事當如何處置？」眾人覺得沒必要招降王仙芝，當年龐勳鬧翻了江淮，也不過一年就被撲滅了，王仙芝還不如龐勳呢，何必自屈？王鐸擔心弟弟安危，極力反駁：「賊起二年間，中原深受其禍，至今朝廷都拿這幫草賊沒辦法，怎麼能說不如龐勳？陛下招降王仙芝，賞他個芝麻大的官，就能平定禍亂，划算的買賣，為什麼不做？」李儇也被王仙芝給打煩了，耽誤了他好多玩馬球的時間，巴不得順坡下驢，便封王仙芝為左神策軍押衙、監察御史，並實授蘄州刺史。

三

王仙芝對朝廷扔出的肥肉非常滿意，這些年四處奔走不就是為了這個嗎？水滸中宋大哥所走的道路和王仙芝幾乎如出一轍，所謂起義，都成了大頭領撈取個人利益的犧牲品。可笑的是，前不久還是王仙芝俘虜和敵人的王鐐、裴渥都跑到前臺恭喜王大人高升，王仙芝心情好極了，人設宴席，眾人推杯換盞，稱兄道弟，好不快哉，這等場面何等滑稽。

可王仙芝哪知道自己的一桌好酒席生生的被他的一個朋友給壞掉了，他的這個朋友就是鹽販子黃巢。黃巢見唐朝只封王仙芝一個人，暗想自己這幾年為王仙芝上刀山下火海，居然一文錢都沒有撈到，當下就火冒三丈。

黃巢可能喝多了，仗著酒勁跳將出來，指著王仙芝的鼻子大罵：「我們剛開始起事的時候，是立下死誓的，奪取天下，為民除賊。現在我們的事業剛剛起步，你就要接受唐朝的招安。你倒是自在，當了唐朝的官兒，留下五千多個苦命的弟兄怎麼辦？你把弟兄們交給我，我帶他們去謀富貴，你留在這裡享福吧。」

黃巢不僅「稍通書記」，他還「稍通拳腳」，覺得罵人不解氣，乾脆衝上前去將王仙芝摁倒在地，劈頭蓋臉就是一頓胖揍，王仙芝被揍得吱哇亂叫。義軍弟兄們覺得黃巢說出了他們的心裡話，都是一片附和：「哥哥忒不地道，你自個享福，讓我們去喝西北風！」

要說王仙芝也真是個人物，處變不驚，看到弟兄們都對他有意見，知道如果手上無兵，就算當上節度使，皇帝早晚也會把他吃了。王仙芝立刻向弟兄們狠狠批判了錯誤的投降主義路線，決定回到正確的革命路線上來。王仙芝當場宣布不接受唐朝的招安，繼續做「賊」。旁邊的王鐐和裴渥見狀嚇得魂飛魄散，這夥強人也太不講道上規矩了。裴渥腳長，趁人不備，溜出來騎馬便逃。王鐐運氣太差，沒逃成功，第二次做了王仙芝的俘虜。

經過這一番鬧劇，王仙芝和黃巢心中已經有了隔閡，乾脆好合好散。當下商定，把起義軍一分為二，王仙芝帶一部分部隊留在荊襄一帶，黃巢帶一部分軍隊北上回山東。

黃巢有自己的打算，自己跟在王仙芝屁股後面當小跟班總不是個辦法，這樣下去，永遠都不會有出頭之日。事實證明，黃巢的單飛是正確的。黃巢和王仙芝分道揚鑣之後，乾符四年（西元八七七年）二月，黃巢攻下鄆州（州治在今山東東平），殺掉唐鄆州節度使薛崇，進而又克沂州。

也許是黃巢和王仙芝的緣分還沒有走到盡頭，乾符四年四月，王仙芝派心腹尚讓率眾北上嵖岈山，黃巢知道後，也帶著弟兄們來到嵖岈山，與尚讓會合。不久王仙芝也來了，兩處義軍又合兵一處。同年七年，兩路起義軍合力攻打宋州（今河南商丘），將吹牛不上稅的平盧節度使宋威困在城中。

唐朝在這個時候漸漸恢復了一些元氣，右威衛上將軍張自勉率兵與起義軍交戰，唐軍大勝，起義軍損失慘重。關於這次失敗的原因，史無明載。但分析一下，可能是王仙芝和黃巢各行其政，號令不一，所以被唐朝援軍打了個措手不及。

朝廷得勝後，宰相王鐸和兵部尚書盧攜打算把張自勉劃到宋威手下，可另一個宰相鄭畋知道張自勉和宋威向來不和，怕宋威對張自勉下黑手，不同意。王鐸、盧攜和鄭畋是政敵，乾脆利用這個機會扳掉鄭畋，二人上奏僖宗，請罷免鄭畋。鄭畋大不服氣，假意要請僖宗准自己歸老家鄉，這三位爺都是宰輔重臣，片刻離不開的，兩方之議，都不准。

這時的義軍已經南下了，不過王、黃二部仍然是各自行軍，分家過了。王仙芝率本部兵攻佔隨州（今湖北隨州），活捉唐隨州刺史崔休徵，稍有起色。唐朝知道王仙芝比黃巢好對付，決定先敲掉王仙芝。唐乾符四年十一月，唐招討使太監楊復光寫信勸王仙芝歸降朝廷，上次王仙芝被黃巢砸了場子，沒有機會「痛改前非」，這次他不想再放過機會了。

王仙芝派親信尚君長前往長安談判，哪想到尚君長半路上被平盧節度使宋威給捉了，宋威把無恥當成了習慣，謊稱擒賊有功。楊復光知道要是把王仙芝招降了，他是首功，哪能平白讓不要臉的宋威給搶了去？楊復光極力向僖宗說明：「尚君長是來代王仙芝議降的，宋威謊報軍功，著實可恥。」宋威咬口不放，李儇向來無主見，哪裡分辨得真切？一番扯皮之後，誰也說不清楚，李儇被弄煩了，乾脆將尚君長殺掉。尚君長死的這個地方名字也特難聽，叫什麼狗脊嶺，尚君長這個冤啊。

王仙芝得知尚君長被殺，感覺自己又一次被愚弄了，不禁大怒：「昏君！白送給你的你都不吃，那就對不住了。」乾符四年十二月，王仙芝部轉戰江陵。

駐守江陵的荊南節度使楊知溫實在是個搞笑人物，這位楊大人是位文學家。當王仙芝的人馬已經攻破外城的時候，將士請楊知溫上前督戰，楊大人卻衣帽整齊，望著漫天大雪，有感而發，寫了幾首詩，讓屬下評評寫得比李杜如何。不過楊知溫雖然迂腐，卻也不傻，派人去請救兵。山南東道節度使李福接到急報，忙出兵去救。半路上遇上了駐守襄陽的沙陀兵，便一起去抄王仙芝的後院。沒想到王仙芝吃虧不長記性，又被唐軍從背後插上一刀，大敗而去。

乾符五年正月，王仙芝北上去攻申州（今河南信陽），結果被唐軍招討副使曾元裕打敗。這次慘敗比王仙芝經歷過的任何敗仗更加慘烈，王仙芝在申州丟下了近萬具義軍將士的屍體，同時又有一萬多義軍被唐軍招降。捷報傳到長安，李儇大喜，他早就嫌宋威是個飯桶，正好趁此大捷，罷免了宋威，改任曾元裕。

曾元裕得了彩頭，更加賣命。曾元裕率軍緊追王仙芝，在黃梅（今湖北黃梅）追上了王仙芝的部隊。乾符五年（西元八七八年）二月，唐軍和義軍在黃梅展開了生死決戰。起義軍來回行軍，盡顯疲態，被唐軍全殲，起義軍僅戰死的就有五萬多人，曾經轟轟烈烈做下一場大事業的鹽販子王仙芝也戰死於陣中。

今人提及唐末農民大起義，基本上頭一個想到的旗幟性人物便是黃巢，黃巢是唐史上與安祿山齊名的大惡人，名頭甚是響亮。其實我們更應該記住在黃巢之前，還有一個王仙芝。

另一支起義軍早已經折回北方去了，當尚讓等人帶著王仙芝戰死的消息投奔黃巢的時候，黃巢正在攻打亳縣（今安徽亳州）。聽說王仙芝死了，畢竟曾經是出生入死的弟兄，黃巢也未免戚戚然。不過值得高興的是，尚讓此行帶來不少王仙芝的殘部，自己的實力暴漲。

此時黃巢躊躇滿志，乾符五年二月，黃巢在亳州城外立纛稱王，自號「沖天大將軍」，改元王霸，設置官屬，黃巢要建立一個屬於自己的政權。

黃巢先是攻佔了沂州和濮州，準備沿河西進攻取洛陽，但被唐軍給趕了出來。這時唐朝要招安黃巢，封他為右衛將軍，這個級別是正三品，遠比當初封王仙芝一個八品的監察御史闊氣多了。但條件是黃巢必須解散部隊，這黃巢哪能答應？槍桿子裡面出政權。軍權一交，就要任人宰割，傻子才會幹，黃巢沒有答應。

黃巢見唐朝並不好對付，便學起王仙芝，放棄進攻洛陽，轉而進入河南腹地，尋找戰機。在攻下宋州、汴州，補充給養之後，黃巢繼續南卜，佔領陽翟，準備從南部攻打洛陽，但黃巢發現唐軍主力聚集洛陽，又改變戰略。黃巢決定渡過長江，進軍江南，以戰養戰。

乾符五年三月，黃巢軍南渡進入江西。由於唐軍主力多集中在江北，尤其是關中河南一帶，江南守軍力量薄弱，何況幾十年未見刀戈，哪是久經沙場的黃巢起義軍的對手，饒州（今江西鄱陽）、信州（今江西上饒）、吉州（今江西吉安）、虔州（今江西贛州）先後失守，起義軍在大江之南縱橫馳騁。

這時唐朝的統治已經腐爛不堪，當年唐太宗皇帝「天可汗」的盛世氣象早就不見了蹤影。到了唐僖宗時，局面更是混亂至極，起來和唐朝鬥爭的也不僅是被統治階級受剝削壓迫的貧苦農民，統治階級內部也在爭權奪利、鉤心鬥角。甚至唐武宣之際相對平穩的邊境也開始出現反抗唐朝的力量，除了西南的南詔屢向唐朝挑釁，北方還有一股勢力也向唐朝示威，誰呢？就是前面提到的李克用。

李克用自從參加平定龐勳兵變有功，唐朝封他為雲中牙將，後來升為雲中守捉使。唐朝的大同防禦史段文楚貪暴跋扈，克扣軍餉，為將士所恨怨。李克用此時正駐守蔚州（今河北蔚縣），他看到天下大亂，唐朝已經是強弩之末，準備在亂世大幹一票，李克用招兵買馬，暗中增強實力。

雲州衙校李盡忠、康君立、李存璋等人覺得跟段文楚實在沒什麼出息，想趁亂世做番事業，康君立對眾人說：「天下紛亂久矣，唐室積弱不能自振，這正是我等建功立業之時。不過我們實力太弱，成不了多大氣候，必須找個好漢帶頭。」眾人問：「誰合適？」康君立笑道：「縱觀天下之強兵，無出沙陀軍，現在李國昌父子英武，雄踞雁、代，不如跟著他們闖江湖。」

眾人大喜，連夜去蔚州見李克用，勸李克用起事：「段文楚僕豎小人，擅奪軍需，欺凌將士，人皆恨欲而誅之。將軍何不起兵，先除掉段文楚，據代北以成大事？」

李克用對這些人的底細還沒摸透，一時不敢大意，假惺惺地說：「我家世仕唐室，不敢造越行事，你們不要亂說話。」眾人想出頭已經瘋了，不容李克用多說，強行推立李克用為軍中帥，李克用心中暗喜。

康君立密報雲州城中的李盡忠，李盡忠率本部兵發動兵變，活捉段文楚等人，開城獻於李克用，推李克用為大同軍防禦留後。李克用初治雲州，當然先要收買軍心，李克用下令剮死段文楚，以洩軍憤。隨後眾人上表長安，請拜李克用為大同節度使。

李儇見這夥強人居然敢擅殺朝廷命臣，大怒不止。這時李克用的父親李國昌（就是朱邪赤心）見兒子起事，自然暗喜，不過在皇帝面前說了幾句假話：「如果李克用不服朝廷，臣願率本部兵討伐李克用，行大義滅親之舉。」

唐朝這時候因為南方有戰事，不便在代北用兵，乾脆來個就坡打滾，讓李國昌勸說李克用，不要和朝廷作對，作為交換條件，給李克用安排了一個美差。乾符五年四月，李國昌調任大同節度使，前大同節度使盧簡方改任振武軍。李克用在父親帳下聽用。後來李克用稱雄代北、李存勖滅梁復「唐」，契機就在這個時候。

四

黃巢起兵以來，加上各地戰亂不斷，唐朝的軍費開支太大，李儇沒錢花了，便向「乾爹」田令孜討主意。田令孜勸李儇：「皇帝勿憂！天下這麼大，還愁沒幾個大財主？陛下出官爵，朝他們借錢糧，誰出的錢糧多就給大官，反正都是虛職，何愁軍資不豐？」李儇大喜，便下詔朝富戶們「借」錢糧，當然是有借無還的，富戶們多是有錢無權，花幾個大錢撈到空名告身，也算是「公家人」了，自然樂意。

至於唐僖宗如何如何，遠在江西的黃巢是管不到了。黃巢攻下江西大部後，乾符五年（西元八七八年）七月，黃巢轉攻宣州（今安徽宣城），不料被唐宣歙觀察使王凝在南陵（今安徽南陵）伏擊，折了一陣。黃巢打不過就跑，東向進入浙江地界，在石鏡鎮（今浙江臨安東）被石鏡鎮衙內都知兵馬使錢鏐帶著二十個弟兄在路邊給射了一陣。黃巢不知杭州軍底細，不敢多留，起義軍走了七百多里的山路，直入福建。

乾符五年十二月，黃巢軍抵至福建重鎮福州城下，福建觀察使韋岫屢戰不勝，害怕把黃巢惹毛了要吃人，棄城逃去。起義軍進入福州休整。

黃巢在進入福建的時候，下了一道命令，說遇上讀書人要給他們肉吃，不許傷害他們。許多被黃巢俘虜的兵民都說自己是讀書人，估計在黃巢面前也是搖頭晃腦之乎者也。這招還真靈，黃巢不僅沒殺他們，還給他們肉吃。黃巢下這個命令估計還是「進士情結」所致，好歹自己也算半個讀書人，要不是狗頭皇帝黜落了自己，也不會做「賊」。

可這些「讀書人」中偏偏有一個不識趣的，且是一個真正的讀書人。處士周樸也在亂中被黃巢「請」了過去，黃巢請他出山輔佐自己。沒想到周樸根本沒拿黃巢當個人物，厲聲斥道：「就憑你這副賊相？皇帝請我都沒去，何況你這個反賊。」黃巢大怒：「老東西，你以為你是伯夷叔齊義不食周粟？敬酒不吃吃罰酒，來人，拉出去砍了。」

黃巢正在福州，沒想到唐朝的鎮海節度使高駢派兵來追，黃巢和高駢的部將張璘、梁瓚打了幾仗，屢敗不勝，手下大將李罕之、畢師鐸、秦彥、許勍等數十員頭領投降唐軍，黃巢氣得直跺腳。

說到高駢，可是唐史上非常有趣的人物，他的祖父高崇文，是憲宗時代的名將。高駢文武並備，曾經同時射落兩隻大鵰，人稱「落鵰侍御」。高駢的武功了得，曾經平定過黨項作亂，後來又鎮守秦州防禦吐蕃，再後來又被調往安南，對當地的蠻族又打又撫，整理河運，改變交通落後的狀況。再再後來又去了西川，修整成都武備城防，嚴控邊境，保持了西南的穩定局勢。再再再後來就來了浙江，做起了鎮海節度使。

黃巢覺得福建的戰略迴旋餘地太小，加上人馬補給比較困難，如果唐軍大舉來攻，自己很難招架，黃巢決定去廣州看看。廣州是一座重要的對外開放城市，商業非常發達，是嶺南重要的糧食中樞地。乾符六年（西元八七九年）五月，黃巢帶領起義軍直驅廣州。黃巢並沒有急於攻城，而是打算先摸摸唐朝對自己的態度，便先致信於嶺南東道節度使李迢與浙東觀察使崔璆，只要朝廷封他實授的天平軍節度使，他就罷兵。

二人都不想招惹黃巢，上奏朝廷為黃巢請封，李儇拿不定主意，詔問君臣們怎麼辦？眾人在中書省開始討論，多數傾向於招安黃巢，北方起了戰事，李國昌、李克用父子專橫跋扈，在代北縱兵掠抄，大為邊患。朝廷屢次出討，多戰不利，此時不便再在南方大動干戈，鄭畋也是這個意思。盧攜是逢鄭必反，加上盧攜和高駢關係親密，不同意鄭畋之議：「高駢乃當世將才，加上天朝雄師百萬，怕什麼黃巢？如果他人都以黃巢為馬首，請問相公如何處置？」

鄭畋不服，反駁盧攜：「相公好大口氣！黃巢之所以造反，是因為萬民困餓，不得已而為之。國家承平日久，軍不習戰，多龜首而不敢與戰。兵法云不戰屈人兵，若能招降黃巢等人，眾人貪求富貴，必然舉軍瓦解。黃巢手中無兵，欲擒之一匹夫耳，何勞再動兵戈？」眾人跟著七嘴八舌，誰也沒個主見。李儇雖然覺得鄭畋看得長遠，但因為盧攜是田令孜的人馬，不敢得罪田大人，便准盧攜議。

黃巢本就沒打算投降，巴不得唐朝駁回他的條件，這樣他就可以把戰爭的罪責推給唐朝。黃巢見自己的求職願意落空，心下竊喜。黃巢可能是閒得無聊，又一次耍起了小皇帝，又寫封求職信寄到長安：「陛下不讓我守天平軍，那就讓我做安南都護、廣州節度使也可以。」

李儇又一次會議群臣，僕射于琮不同意把嶺南割給黃巢：「廣州是嶺南要樞，國家財賦重地，利盡南海，黃巢斷了朝廷的財路，以後沒錢花怎麼辦？」李儇大悟，決定再駁回黃巢。

不過唐朝對黃巢另有安排，唐僖宗賞給了黃巢率府率的職務，這是什麼官？就是一個守衛東宮的禁軍小頭目，這哪是什麼安排，分明是對沖天大將軍的污辱。黃巢不想和朝廷玩文字遊戲，該幹點正事了，乾符六年九月，黃巢攻打廣州，不日，破城，活捉李迢。

攻克廣州後，黃巢繼續西進，連克嶺南數十州縣。黃巢覺得形勢相對有利，腰杆也硬了，有資格和唐僖宗談條件了，便想再次與唐朝求和。黃巢讓被俘的李迢替他寫信，不知道李迢錯了哪根筋，啐了黃巢一臉唾沫：「我世代受唐恩，豈能和你這個反賊同流合污？殺便殺，表不可草。」不肯和黃巢合作。黃巢一怒之下，殺掉李迢。

黃巢攻下嶺南之後，本打算把這裡當做長期的戰略根據地，想法挺好，可黃巢卻忽略了一個重大問題，就是多由北方人組成的起義軍很難適應嶺南的氣候。果然，軍中爆發了大規模疫情，死者逾萬，而且情況越來越糟糕。黃巢再也待不下去了，聽從了部下的建議，打回北方去。

黃巢命令部隊在桂州（今廣西桂林）大造舟筏，乾符六年十月，黃巢帶領起義軍順湘江北上進入湖南，一路順利，經過永州（今湖南零陵）、衡州（今湖南衡陽），來到湖南軍政中心潭州（今湖南長沙）。

湖南觀察使李系聽說黃巢來作客，嚇得閉門不出，任憑黃巢軟硬兼施，就是不敢出來。黃巢耐心用完了，下令猛攻長沙，和廣州一樣，一天的工夫就拿下潭州。不過李系的命比李迢好，逃到朗州（今湖南常德）。黃巢得手之後，立刻率大軍直進江陵，對外號稱雄兵五十萬。

駐守江陵的荊南節度使王鐸手下兵力不足萬人，自知不是黃巢的對手，便讓部將劉漢宏守江陵，騙劉漢宏：「巢逆來勢太猛，江陵兵寡，難以招架，你先在這裡守著，我去襄陽搬山南節度使劉巨容，然後我們裡應外合，滅掉黃巢，立不世功。」說完就溜了。

王鐸覺得自己很狡猾，可哪知道劉漢宏比他還要滑頭。王鐸前腳剛溜出城，劉漢宏就帶著三千老弱殘兵做了強盜，縱兵大掠江陵，然後開門狂逃，留下一座空城送給黃巢。江陵的老百姓被劉漢宏這一折騰，紛紛逃進山裡，但這時正逢大雪，凍死無數。

黃巢不費吹灰之力進入江陵，不過江陵沒有物資給養，待著也沒多大意義。乾符六年十一月，黃巢軍沿著王鐸的「會合」路線來到襄陽，準備大幹一場。

沒想到駐守襄陽的山南東道節度使劉巨容非常厲害，早就算定黃巢要來，就在城外山林中埋伏下重兵。然後讓江西招討使曹全晸率騎兵引誘起義軍，詐敗而走。起義軍不知是計，緊緊追趕，來到山林中，正中了劉巨容的埋伏。起義軍損失重大，死者數萬，黃巢與尚讓被迫向回撤，劉巨容緊追不捨，一直趕到江陵，黃巢無奈，率眾渡江東去。

唐軍將領請求繼續追擊黃巢，劉巨容卻笑道：「現在朝廷昏聵無能，宦官用事。現在用得著我們，就讓我們去和反賊作戰，一旦用不著，我們連宦官養的一條狗都不如。還是留著黃巢作亂，這樣以後朝廷還得用我們，只要我們還有利用價值，朝廷就不敢把我們怎麼樣。」

劉巨容才是真正的滑頭，為朝廷（實際上是為太監們）賣命，不如自個保存實力，以後在亂世中有立身的本錢。劉巨容的這種心態正是割據軍閥的心理寫照：給別人賣命不如給自己賣命。

唐乾符六年十一月，黃巢帶領起義軍轉戰江東，由於江東的貧苦百姓受盡了以唐朝皇帝為首的大地主階級的殘酷剝削和壓迫，廣大人民掙扎在死亡線上。黃巢大軍渡江作戰，老百姓紛紛擁護起義軍，讓子弟參加義軍。數月間，起義軍連克饒州（今江西鄱陽）、信州（今江西上饒）、池州（今安徽貴池）、宣州（今安徽宣城）、歙州（今安徽歙縣）、浙東重鎮杭州等十餘州，這時起義軍的人數已經超過了二十萬。

黃巢進入江東後，發現又和老對頭高駢碰到了一起，高駢方面出馬的還是張璘。雖說黃巢是個牛人，但就拿張璘毫無辦法，被張璘臭揍了幾頓。黃巢退守信州，寫信給張璘，送上大砣的金子，要求議和。其實黃巢意思是說：「姓張的，見好就收吧，別把老子逼急了，兔子急了還咬人呢。」

張璘也是個老江湖，這點意思當然能琢磨過來，而且能白撈一大筆錢，何必去做惡人。

張璘把求和信交給高駢，高駢想的卻和黃巢不一樣：「小樣，老子是這麼好糊弄的？不如把你騙過來，一刀哢嚓了，我自然就是首功。」高駢想擺鴻門宴的想法確實不錯，可高駢卻幹了一件蠢事，因此時唐朝已經派出昭義、義武等軍來到淮南，準備圍剿黃巢。可高駢怕這些軍爺搶了自己的首功，他上奏朝廷：「小小毛賊，不勞大軍遠征。臣一手之力，便可擒賊。」高駢是唐朝名將，深為田令孜所倚重，所以李儇相信了高駢的鬼話，把軍隊調了回去。

黃巢本就對唐朝的援軍有顧忌，對高駢的「盛情邀請」有些動心。可黃巢一聽唐軍主力撤回去了，狂笑：「姓高的，你自個玩去吧，老爺沒工夫理你。」黃巢壓力頓減，沒有必要再給高駢低頭。同時，黃巢再給高駢下了封戰書，要求是爺們就大幹一場。

高駢知道後，立刻暈倒，狂哭：「年年打雁，今年偏被雁啄了眼！」盛怒之下，派出黃巢的剋星張璘去教訓拿他當猴耍的黃巢。沒想到屢戰屢勝的張璘偏就吃了一場敗仗，結果連命也搭上了。

唐廣明元年（西元八八〇年）七月，黃巢起義軍北上經采石磯渡過長江，這時離高駢駐守的廣陵咫尺之遙，高駢嚇得做起了縮頭烏龜。唐朝指責高駢作戰不利，高駢也懶得辯解，乾脆說自己得了痲風病，閉門養病去了。朝廷拿這位爺沒辦法，只好派出泰寧節度使齊克讓駐守汝州，派出天平節度使曹全晸協助齊克讓，防備黃巢北上攻打東都。

黃巢率領十五萬大軍北上進攻唐軍曹全晸部，廣明元年九月，黃巢軍在淮河一線大敗曹全晸，而此時的高駢仍然實行龜縮政策，坐視曹全晸敗北。曹全晸敗後，駐守汝州的泰寧節度使齊克讓見勢不妙，與其把自己的那點家底白送給黃巢，不如自己留著，帶著軍隊撤回兗州。

唐軍各部看到齊克讓跑了，也跟著「撤退」，整個東部防線全盤崩潰。黃巢得到軍報，率軍渡過淮河。十月，起義軍攻克潁州、宋州、徐州、兗州，唐軍望風披靡，非降即逃，黃巢大軍離洛陽越來越近。

五

齊克讓打仗不怎麼樣，當起宣傳員倒是非常合格，他把黃巢的「告各地唐軍將士書」送到了李儇的御案前。李儇打開一看，差點沒暈過去。上面寫著：「各宜守壘，勿犯吾鋒！吾將入東都，即至京邑，自欲問罪，無預眾人。」這分明就是黃巢的瓦解政策，專門衝著他來的。李儇急忙召開御前會議，商討如何應對不利局勢。

這回又是「乾爹」田令孜出頭：「皇帝你不用怕，還有老奴在，實在不行，老奴揀選禁軍前去平叛。」唐僖宗哪信他有這個本事：「拉倒吧，那桿子軍爺打鳥還行，讓他們打黃巢，豈不是白白送死？」

田令孜畢竟老謀深算，摸著他那光溜溜的下巴笑道：「我還有一計，萬一長安守不住，那就請陛下仿效當年玄宗皇帝西幸，前往蜀地避賊。」唐僖宗也覺得這個辦法挺好，早就聽說成都多美女，當即就拍手笑道：「好啊好啊，什麼時候動身？」

田令孜想出出鋒頭，去守潼關，唐僖宗同意了。可還沒有等田令孜的興奮勁過去，廣明元年十一月，前線急報：黃巢軍兵進洛陽城！李儇嚇得差點昏倒。因為潼關天險在手中，唐朝還想再做最後一搏。李儇命令左軍馬軍將軍張承範在京揀選神策軍，右軍步軍將軍王師會籌辦糧草，準備開赴前線。可唐朝的神策軍早就名不副實了，神策軍多由京師中的富家子弟充選，讓他們遛馬射鳥還算好手，哪上過前線？聽說要上戰場了，嚇得抱頭痛哭。

不過好在他們都有錢，不知是哪位爺出了個絕世妙招，花錢雇請長安附近的窮人，讓他們代替自己出征。張承範行前告訴李儇：「這幫烏合之眾根本不是黃巢的對手，就算加上齊克讓的萬把餓鬼，也不夠黃巢吃的。請陛下速發各道兵，會集關中，以做後援。」

李儇現在滿腦子想的是成都的美女，不想和張承範多做糾纏，騙張承範道：「這個沒問題，你們先去潼關，大軍隨後就到。」張承範這才放心東進。張承範帶著這些「替死鬼」來到潼關，看到一片蕭條景象，老百姓早就跑光了，只留下一些老弱。張承範讓這些老弱病殘修築城防工事，和逃到這裡的齊克讓一起守城。

唐廣明元年十二月，黃巢軍的前鋒部隊縱馬行陣，殺到潼關城下。齊克讓見義軍人數不算多，便想撈點便宜，出城和起義軍大打出手。這回齊克讓有點血性，兩下裡殺得不分彼此。正廝殺間，忽聽遠處鼓角震天，又見旌旗遍野，塵土揚天，黃巢的主力部隊五六十萬大軍呼嘯而至。

齊克讓實在撐不下去了，加上弟兄們幾天沒吃飽飯，對唐僖宗一肚子怨氣，不知誰大呼一聲：「我等何苦為昏君賣命，要活命的快逃！」唐軍開始潰散，齊克讓逃入潼關。

張承範被李儇騙到潼關後，苦等援軍，等到黃巢軍開始攻城，也沒半個援軍影子。張承範聽說皇帝準備西逃入川，氣憤不過，上書數落李儇：「陛下前許臣增兵，可現在過了六天，一軍未至。而且兵餉全無，影響士氣，漸告不利。陛下萬不可入川，長安國之根本，一旦離去，天下土崩，不可收拾。請速支援潼關，潼關不丟，長安穩如泰山，大唐中興之日不遠矣！」

張承範對唐朝確實忠心可嘉，號令將士固城死戰，一連數日夜。城上箭射完了，就用石頭往下砸，但這些只是杯水車薪。黃巢軍五十多萬人，還奈何不了一個潼關？狂風暴雨般攻城，唐軍終於堅守不住，黃巢軍破城而入。唐軍的冒牌少爺們四散狂逃。

張承範帶著殘部向西逃竄。在渭橋遇上前來支援潼關的風翔軍和博野軍，這幫兵大爺看到張承範的手下衣著鮮亮，不禁大怒：「老爺為李家小兒賣命，衣不過單衣，食不過粗糧，爾等寸功不立，也敢受此厚祿！反了！」說罷反攻張承範殘部，並投降黃巢軍，願做大軍嚮導。

張承範好不容易逃得一條命，跑回長安，向皇帝報告潼關失守，各道軍兵已經反歸黃巢。田令孜知道長安這回是真守不住了，他清楚自己作惡多端，久為天下不容，便把他的哈巴狗盧攜拎出來當替罪羊，唐僖宗唯乾爹命是從，貶盧攜為太子賓客，盧攜服毒自盡。

田令孜帶著唐僖宗以及少數嬪妃親王，其中包括後來的唐昭宗李曄。田令孜以五百騎護衛皇帝，夜出金光門，向成都方向逃去。長安城中大亂，軍民人等都竄到官庫，大發了一筆國難財。

潼關攻下，起義軍長驅直入，進逼長安，負責守衛關中的河中節度使李都和河東都虞侯王重榮投降黃巢，黃巢讓李都仍守河中，王重榮為副使。黃巢臨近長安時，唐金吾大將軍張直方與不願為唐朝殉國的文武們在灞上（今陝西西安市郊），伏拜請罪。

廣明元年十二月初五日，黃巢率領農民起義軍進入長安，黃巢坐著肩輿，部下全都披髮紅衣，旗幟滿長安，老百姓圍在道路兩旁觀看。大將尚讓宣布黃巢諭令：「黃王起兵，本為百姓，非如李氏不愛汝曹，汝曹但安居毋恐。」老百姓爭呼萬歲，場面極其壯觀。黃巢這時達到了他人生的最高峰，他再一次來到了長安，上一次是考試不中，這次則是來長安做皇帝，黃巢實現了「沖天香陣透長安、滿城盡帶黃金甲」的壯志。

隨著黃巢起義軍的不斷壯大，越來越多來歷不明的人混進隊伍中，這些人參加起義不是為了什麼「替天行道」，而是為了發財。黃巢曾經下令不許剽掠百姓，剛開始都還老實，可沒幾天，這幫人就閒不住了：「老爺就是來發財的，不讓發財誰還跟你玩？」遂哄搶長安市。

雖然搶的多是富戶，謂之「淘物」，亂殺一通，冤死者甚眾，李唐宗室沒逃出長安的，多被斬殺。雖然富戶也壓迫貧苦百姓，但要成得大事，必須要兼顧各階層的利益，不然就容易走極端。

廣明元年十二月十三日，唐末農民起義軍領袖黃巢登含元殿正式稱帝，建國號大齊，改唐廣明元年為齊金統元年。因為事出倉促，黃巢登基時沒有袞冕和金石樂，黃巢也只好將就一下，用弋綈（黑色絲織品）畫成袞冕模樣，用大鼓代表金石，嘍囉兵操長劍大刀立列殿上，好像梁山的聚義廳一樣，很好笑。

大齊金統皇帝黃巢登上五鳳樓，昭告天下：李唐已滅，大齊當興。隨後，黃巢大封文武，以尚讓、趙璋、崔璆、楊希古為宰相，大將朱溫、許建、張全等人為遊奕使，張直方為左僕射。不過有人告發張直方私匿故唐宰相豆盧瑑、崔沆、于琮等人，黃巢大怒，立誅張直方三族，豆盧瑑等人皆為黃巢所殺，于琮之妻唐宣宗四女廣德公主寧死不失節，被黃巢勒死。

不過黃巢雖然當了皇帝，但實際上他所控制的地盤不大，那些投誠的地方軍閥們也各有各的小算盤。黃巢得知唐朝的銀州招討使諸葛爽還頓兵櫟陽（今陝西高陵東），離長安太近，必須把這根刺拔掉，黃巢派朱溫前去誘降了諸葛爽。

落難的李儇逃到斜谷（秦嶺一脈），鳳翔軍節度使鄭畋拜迎馬前，鄭畋號哭請罪：「臣侍君無狀，請陛下賜臣死！」李儇哪有工夫殺他，好言勸慰：「卿忠臣也，無慮，好好守住鳳翔，別讓黃巢進川就是你的大功。」鄭畋請皇帝留在鳳翔，詔各道軍馬勤王。鳳翔距長安不過百餘里，李儇哪敢在這裡待著，不同意。鄭畋又請僖宗放權：「川中路途艱險，詔奏難通，請陛下假臣節，以方便臣調動軍隊，剿滅黃賊。」李儇這回開了竅：「只要有利於朝廷，隨便你所為吧。」然後倉皇西去。

中國歷史上爆發過許多次著名的農民大起義，都沒有取得真正意義上的最後勝利，朱元璋雖然是農民起義軍將領，但最後他也變成了地主階級的代言人，只不過是因農民起義而成事。農民起義的失敗有許多原因，有的因為沒有根據地，有的因為和政府軍力量對比過於懸殊，但更多的是因為農民起義軍領袖在革命達到最高潮的時候往往是他們腐化變質的時候，黃巢就是這樣。

李儇逃出長安後，留下幾千名宮女，黃巢剛入城時，這些宮女就羅拜在黃巢面前，高呼黃王萬歲，表示願意侍候黃王。天下哪還有不吃腥的貓？黃巢大喜：「真是天意！孤這輩子算沒白活」，開始倘佯在美麗的宮女之中。黃巢數年間只顧南征北戰，無暇漁及女色，現在大事成功，自然放開膽子，穿蜂引蝶，好不快活。

當然，這些都不是黃巢失敗的關鍵，最關鍵的是戰略失誤，進入關中後，起義軍並沒有對唐朝流亡朝廷進行追擊，黃巢的這次重大戰略失誤給了唐朝喘息的機會，唐僖宗雖然逃到成都，但一日未忘要回到長安，畢竟這是他的祖宗陵寢所在，唐朝的根也在這裡。

唐朝的軍事力量還很強大，淮南節度使高駢、大同節度使李國昌以及其子李克用、義成節度使王處存、夏綏節度使拓拔思恭（就是後來西夏開國皇帝元昊的祖先）等軍閥，這些軍閥都有很強的戰鬥力。而且已經投降黃巢的原唐朝軍閥中，也有許多心懷二意，比如河中留後王重榮、忠武節度使周岌等人。

起義軍雖然佔領了關中這一帝國中心，但致命的問題是，在唐朝末年，由於經濟重心的南移，帝國主要的財政來源都要仰仗江南，而江淮水路是保證關中經濟命脈的重要交通線。但起義軍由於實行游擊戰略，以戰養戰，沒有自己的根據地。起義軍在關中不久，由於糧食給養跟不上，加上連年戰亂，老百姓四散逃亡，所徵收的賦稅根本不足供幾十萬大軍使用。關中人心越發動盪，許多人開始動搖，第一個宣布和黃巢決裂的投降唐軍將領就是王重榮。

黃巢稱帝後，因戰事頻繁，軍需浩大，經常派使者去河中徵兵徵餉。李都頭疼不已，王重榮密勸李都：「我們降賊，本迫不得已，現在河中廣積錢糧，一旦被黃巢徵調光了，我們吃什麼去？黃巢不過是個草頭王，成不了什麼大氣候，萬一朝廷收復長安，我們將何歸？不如反歸朝廷，將功贖罪。」

李都並不想和黃巢玩真的，既然王重榮如此忠君，就把爛攤子甩給了王重榮，自己去成都享福，王重榮自為河中留後。王重榮決定和黃巢翻臉，聚眾大呼：「黃巢反賊也，我等世受唐恩，豈甘俯首做賊僕奴？今日吾當反正效節朝廷，願跟我的就留下。」眾人大悅，唯王重榮是命。王重榮將幾百個黃巢來使全都殺掉，準備反攻黃巢。

六

黃巢得知王重榮叛變，當然大怒，派出他手下頭牌朱溫率本部兵出同州（今陝西大荔），弟弟黃鄴率本部兵出華州（今陝西華縣）合力攻擊王重榮。王重榮也不是白給的，唐廣明元年十二月底，兩軍在河中大戰一場，黃巢軍大敗，朱溫和黃鄴被打腫了臉，丟下四十多船糧草逃回長安。王重榮大勝之後，也不敢大意，速和義武軍節度使王處存取得聯繫，請他過來幫忙。二王合兵一處，駐紮渭水北岸，準備對付黃巢大軍。

見王重榮不好對付，黃巢改變戰略方向，向東南擴張。唐廣明二年（西元八八一年）二月，黃巢以朱溫為東南面行營招討使，出藍田關攻掠鄧州（今河南鄧縣）。朱溫雖然不久前敗給過王重榮，但對付鄧州刺史趙戎還是沒問題。三月，朱溫軍破鄧州，活捉趙戎。黃巢命朱溫駐守鄧州，控制荊襄路，以防唐軍來襲長安。

此時學習老祖宗李隆基「西征」的唐僖宗李儇正留在興元（今陝西漢中）觀望形勢，同時詔命天下各道兵速集長安，剿滅黃巢。代州北面行營都監陳景思率沙陀三部落和吐谷渾三萬餘人馳赴關中，陳景思先遣使去興元，請僖宗赦免李國昌父子，讓他們戴罪立功。李儇知道李家父子有點本事，危急時刻，多一路人馬就多一份勝利的希望，也就同意了。

李國昌、李克用父子在代北作亂，被唐代北招討使李琢、盧龍節度使李可舉、吐谷渾赫連鐸部三路合擊，李家父子連戰連敗，又被唐軍一路追殺，勢窮力孤，只好亡命韃靼部。這次唐天子下詔赦罪，當然願意痛改前非，李克用受封雁門節度使，帶韃靼兵南下勤王。

各道軍閥聽說皇帝還活著，知道發財的時候到了，俗話說：「計絕莫過絕糧，功高莫過救駕」，這可是一本萬利的買賣，爭相出兵關中。涇原節度使程宗楚、秦州經略使仇公遇、鄜延節度使李孝昌、夏綏節度使拓拔思恭（西夏元昊的老祖宗）遣使結盟，傳檄天下，共滅黃巢，尊奬王室。唐僖宗見形勢略有好轉，再拜鳳翔節度使鄭畋為宰相，領京城四面諸軍行營都統，許以便宜從事。

李儇詔書一下，各路紛從而至，只有淮南節度使高駢安坐釣魚臺，李儇派了幾撥使者去催高駢起兵，高駢聽從狗頭軍師呂用之的建議，擁兵自重，「為孫策三分之計」，要求割據江南。高駢上表說鎮海軍節度使周寶和越州刺史劉漢宏圖謀不軌，因要防備二賊，所以無法勤王，請皇帝陛下自個想辦法去吧。李儇氣得抓狂，但也沒辦法。

而黃巢得知鄭畋是唐朝的實際軍方領導人，便想先下手為強。唐廣明二年三月，派尚讓和外甥林言帶著五萬精銳去攻鳳翔，只要拔掉鄭畋，扼住山南諸州，就能堵死李儇的北歸路。鄭畋是唐末名臣，能文能武，史稱鄭畋有「社稷之才」，是個一時風雲人物。得知黃巢軍要來作客，速命朔方節度使唐弘夫率兵埋伏在龍尾坡（今陝西岐山縣東），鄭畋自己帶著數千銳卒，來到山地高處，遍插旗幟，以為虛張勢。

沒多久，尚讓軍就殺了過來，尚讓沒把鄭畋當回事。鄭畋在尚讓距離還十幾里的時候，擊鼓鳴角，尚讓不知唐軍底細，準備列好陣勢迎戰。唐弘夫見尚讓已經處在包圍之中，呼喊著殺出來，劫了尚讓的後路。

尚讓軍大驚，前後失序，軍心大亂。唐軍四面合擊，刀矢齊下，尚讓軍死傷慘重，戰死兩萬餘人，伏屍數十里。尚讓和林言僥倖撿了條命，奔回長安。

尚讓逃回來後，窩著一肚子的火沒地方發洩，尚讓看到有人在尚書省門前題詩譏諷起義軍，大怒。但不知道是誰寫的，開始濫殺無辜，捕殺長安城中的書生，死了三千多人（讓人髮指！），而識得字的人也沒好下場，全都打發去服苦役。

唐軍乘勢進圍長安，王重榮屯沙苑（今陝西大荔南）、王處存屯渭橋（今陝西西安市郊），拓拔思恭屯武功（今陝西武功西北），鄭畋屯盩厔（今陝西周至），同時命唐弘夫進擊長安。

黃巢見唐軍來勢洶洶，決定先避其鋒芒所及，唐廣明二年四月，黃巢率軍撤出長安，屯居灞上（今陝西西安南郊）。唐軍程宗楚部、唐弘夫部、王處存部爭相入城。黃巢軍在長安待了不到半年，長安百姓就已經對他們恨之入骨，見唐軍入城，高呼萬歲，「以瓦礫擊賊、拾箭以供官軍」。可見黃巢何等不得人心。

官軍入城後，老毛病又犯了，開始搶掠百姓，遊手好閒的市井潑皮們也跟著起哄，打著官軍的旗號偷東西、搶女人，長安城中一片烏煙瘴氣。黃巢見官軍如此荒唐，知道機會來了，下令三軍反攻長安。義軍孟楷部帶著幾百個弟兄去攻唐弘夫。唐弘夫的官軍這幾天發了大財，但因為搶得太多，渾身掛滿了寶貝，正在氣喘吁吁時，見黃巢軍又殺了回來，因「重負不能走」，幾被全殲。唐弘夫被殺，程宗楚也戰死亂陣中。其他官軍保命要緊，退至武功（今陝西武功西北）。

而準備入關中勤王的李克用率韃靼、沙陀各部兩萬多人來到太原時，河東節度使鄭從讜拒門不納。鄭從讜知道李克用不是個安分的人，哪敢放他進城，鄭從讜在城上俯身答道：「李君父子自先帝朝就屢立奇功，天下共聞，今借路勤王，從讜本當鼎力。但從讜奉詔守此，責任重大，不敢有閃失。請李將軍諒從讜苦衷。」

李克用知道這個老傢伙不好對付，就進而求其次，再道：「都是為朝廷賣命，克用也知道相公難處，只是克用糧餉不足，望相公看克用薄面，多少給點吧。」鄭從讜實在駁不過去，那就給點吧。鄭從讜真是闊氣，給了李克用一千貫錢，一千斛米。

李克用大怒：「兩萬大軍，軍需浩大，這點小蝦米打發叫花子的吧！」下令攻城，太原人心驚恐。鄭從讜忙派人去向振武節度使契苾通求救，契苾通領突厥吐谷渾各部急馳來救，在晉王嶺大敗雁門軍，李克用大罵：「契苾通狗拿耗子，老子攻城，關你屁事！」只好撤回雁門再做打算。

黃巢雖然再次佔領長安，但唐軍對起義軍的優勢越來越明顯，原來歸附黃巢的唐朝軍閥，多數開始動搖。忠武監軍太監楊復光勸原唐忠武軍節度使周岌反歸朝廷，周岌估算著在黃巢身上投資怕是收不回成本，便決定重新投向唐朝的懷抱。楊復光先命養子楊守亮把黃巢派來的使者全都殺掉，然後起兵。

唐廣明二年五月，楊復光帶著三千忠武軍來到蔡州（今河南汝南），勸蔡州刺史秦宗權起兵攻鄧州，為朝廷建功，日後不怕謀取大富貴？秦宗權大喜，把一萬多軍隊撥給楊復光，楊復光將這支軍隊分為八都，讓偷驢出身的王建、鹿晏弘、韓建等八人為將。然後進攻鄧州，鄧州守將朱溫、何勤等人聽說太監要來找他們打仗，大笑來戰，結果朱溫敗得一塌糊塗，狼狽奔還長安。

朱溫雖然打了敗仗，但黃巢此時已經被周邊的唐軍弄得焦頭爛額，手下缺兵少將，便極力拉攏朱溫。朱溫到長安時，黃巢親自出城洗塵，大加撫慰。然後黃巢調朱溫扼守興平（今陝西興平），防備退至武功一帶的唐軍各部。

遠在興元（今陝西漢中）觀望形勢的李儇對能否戰勝黃巢心存疑慮，興平距長安太近，總覺得不太安全，於六月間南下入成都。唐廣明二年七月，僖宗下詔，改廣明二年為中和元年，大赦天下。任兵部侍郎韋昭度為宰相，侍中王鐸為義成軍節度使，兼京城四面行營都統，太子太保崔安潛為副。

李儇自繼位以來，大權就被田令孜抓著不放，他不過是個「精神領袖」，來到成都之後，形勢沒有絲毫改變。田令孜仗著兄弟陳敬瑄主政西川，更加跋扈。李儇雖然逃到成都，但四方的進貢還是少不了的，田令孜從中吃大頭，中飽私囊，而且只賞禁軍，不及川軍。川軍將士對此極為不滿，西川黃頭軍使郭琪指責田令孜：「川軍也是朝廷兵馬，大人奈何只賞禁軍，不及川軍？萬一將士不服，肘腋變起，天子將何往？請大人一視同仁，這樣才能拉攏軍心。」

田令孜見這個小小的黃頭軍使居然敢對自己這樣說話，大不滿，冷眼問道：「你有什麼功勞？說來我聽聽，說得好，賞你！」郭琪不服氣，站起身撕開衣裳，自報軍功：「郭某本是山東人，受命守邊，與黨項、契丹三十餘戰，出生入死，身上沒塊好肉。後來出戰吐谷渾，敵刃傷我腹，腸出將死，我用針線縫腹再戰，請問大人，這功大不大！」

連皇帝都要讓田令孜三分，郭琪如此不給他面子，惱羞成怒，便在酒中下毒，逼郭琪喝下。郭琪知道這是毒酒，懾於身邊都是田令孜的人，不敢不從。回到家後，郭琪立刻殺掉一個婢女，吸血觸毒（殘忍！），吐出毒物。郭琪當下就帶著本部兵在成都作亂。田令孜忙帶著李儇入東城避免，陳敬瑄調兵來滅郭琪。郭琪雖然勇武，但人馬太少，不久就被殺敗，逃之夭夭。

這場亂事其實是田令孜逼出來的，田令孜上挾天了，下令群臣，自以為是，飛揚專斷，與其說李儇做皇帝，不如說李儇做木偶，大權都在田令孜手中。看到朝廷這個混帳局面，正直之士莫不痛心，左拾遺孟昭圖上書切諫：「天下事，本當與天下人議之。但陛下獨謀於北司（田令孜），不及南司（群臣），久長以往，天下平復無期。」

可惜李儇根本沒看到這封奏疏，就算看到了，他也得唯田令孜馬首是瞻。田令孜在第一時間看到此疏，大怒，假傳詔令，貶孟昭圖於嘉州（今四川樂山）司戶，半路上派人將孟昭圖沉水溺死。文武官員看到田令孜手段如此毒辣，都噎聲不言，誰還敢找田令孜的麻煩？孟昭圖就是他們的前車之鑒。

長安方面局勢比成都更加混亂，唐軍各部正在進行試探性的進攻，拓拔思恭和李孝昌進屯東渭橋（今陝西高平南），尋找戰機。因為東渭橋是長安北方門戶，黃巢感受了很大的威脅，調朱溫來對付拓拔思恭等人。

七

唐中和元年（西元八八一年）九月，朱溫所部在東渭橋和唐軍大戰，隨後黃巢又派來尚讓加入戰鬥，唐軍被朱溫打得沒了脾氣，離開東渭橋後撤至富平（今陝西富平）。朱溫越打越順手，十一月，朱溫和孟楷部受黃巢指令，北上富平，收拾拓拔思恭和李孝昌。二人已經被朱溫打怕了，數戰數敗，損失重大，二人一合計，乾脆回去吧，再在這打下去，本錢早晚要賠光。

中和二年（西元八八二年）二月，朱溫再攻同州（今陝西大荔），朱溫沒有正面攻取，而是北上丹州（今陝西宜川），然後縱兵南向，偷襲同州。唐同州刺史米誠沒什麼用，狂奔河中。黃巢得知朱溫得手後，封朱溫為同州防禦使，就守在同州。

黃巢覺得形勢略有好轉，便想滅掉河中的王重榮。同月，黃巢再祭出他的常勝法寶朱溫，讓朱溫自同州南下，兄弟黃思鄴出華陰，兩路合兵數萬，進擊河中。

王重榮自從再歸唐朝以來，還沒有立過什麼像樣的戰功，既然朱溫來了，那就拿他開齋吧。兩軍戰於河中，唐軍在王重榮的哭告激勵下，士氣大振，大敗朱溫。朱溫覺得自己拿不下王重榮，便連上十章入長安，請黃巢速發兵來援。

此時在黃巢身邊主事的是左軍使孟楷，孟楷和朱溫向來不和，巴不得王重榮能作掉朱溫，當然不想讓朱溫過好日子，扣下朱溫的急信。朱溫左等不來，右等不來，得知是孟楷從中下黑手，不由得大怒：「昏君！用這等下作僕才，如何不誤事！」朱溫看到唐軍四面圍集，知道黃巢要壞事了，便動了背叛黃巢的心思。

朱溫召來心腹人謝瞳、胡真，一起分析了保黃和降唐的利弊得失。謝瞳勸朱溫：「黃主起兵山東，聚眾百萬，因唐室昏庸，天下紛擾之際，成得大事。但現在朝廷軍四圍長安，縱魏武復出，能奈何？將軍本欲忠於黃主，但黃主信用孟楷，馭軍無方，用人不明，他撐不了多長時間了。將軍英武聰明，何必在一棵樹上吊死？見機行事，才足英雄本色。」胡真也勸朱溫降唐，朱溫大喜：「天下富貴，我今日不取，復待何日！」

唐中和二年九月，朱溫殺掉黃巢派來的監軍嚴實，舉軍投降王重榮。朱溫向王重榮謝罪：「溫久事黃逆，罪大惡極，今願歸順朝廷，將罪建功。」朱溫的臉皮比城牆還厚，又道：「若大帥不棄，溫願奉大帥為舅氏，效節犬馬。」

王重榮平白多了個有本事的外甥，自然大喜，趕忙認下朱溫，並飛使成都報喜。朱溫是黃巢的頭號王牌，拿下朱溫，黃巢已經沒幾天蹦頭了。唐朝文武也都知道這號人物。李儇聞報，喜極而泣：「朱溫如此識時務，誠我大唐忠臣也！」拜朱溫為河中招討副使，並賜名朱全忠。李儇哪裡想得到，正是這位「朱全忠」後來連弒兩位唐朝皇帝，殺盡李唐宗室，毀了他唐家三百年的社稷。

朱溫打仗確實有能耐，而且朱溫對黃巢知根知底。所以朱溫投降唐朝，黃巢手下大驚，也多開始謀劃出路，黃巢在長安的統治搖搖欲墜。黃巢聞朱溫變節，大怒：「負鍋賊！不得善終！」

黃巢軍的實力並沒有因為朱溫的投降而受到實質性的削弱，王重榮心裡還是擔心。楊復光建議王重榮求援兵，王重榮歎道：「我手頭上就這點子兵，加上朱溫，不過數萬，上哪求兵？」楊復光笑：「代北李克用，驍勇異常，手握強兵，不如招李克用過來，為我們所用。」

王重榮大喜，速告知王鐸，王鐸知道李克用和鄭從讜不和，寫信勸鄭從讜要從國家大局出發，別給李克用南下製造麻煩，這回鄭從讜聽了勸。李克用也不想老死代北，他看到各路豪傑都去勤王，知道一旦唐朝中興，自己沒什麼軍功，以後怎麼在江湖上混？既然王重榮來請，自然樂意。

唐中和二年十月，雁門節度使李克用帶著四萬黑衣沙陀兵南下勤王，不過李克用對鄭從讜還會耍什麼花招心中沒底，不敢招惹這位鄭爺，讓大軍繞道嵐州（今山西嵐縣），沿黃河東岸行進。自己帶著幾百親騎路過太原，和鄭從讜打個招呼，以後還要和鄭從讜打交道，所以這回非常的客氣。鄭從讜知道李克用打的是勤王旗號，也不敢得罪朝廷，送點東西，打發了事。

黃巢軍久聞李克用的沙陀兵兇悍善戰，互相驚歎：「黑鴉軍來了，我們打不過他的，這可如何是好？」黃巢得知李克用的弟弟李克讓曾經被南山寺的僧人殺害，黃巢想讓李克用欠他個人情，便派大將米重威押著南山寺的僧人，帶著重金和詔書前去沙陀軍大營，希望李克用不要插腳。李克用來這裡就要發家致富的，哪會任黃巢隨意擺布？李克用先殺掉南山寺和尚，哭祭兄弟，然後把黃巢的重金分賞眾將，燒掉黃巢的詔書，亂棍把米重威打出去。

二月，黃巢盡出主力，以尚讓、黃揆、黃鄴、林言、王播、趙璋等將率大軍十五萬出守沙華山西北的梁田坡，準備和唐軍決一死戰。李克用見機會來了，立刻會集河中王重榮部、忠武周岌部等各道，陣列嚴整，逼近黃巢軍。兩軍以騎兵為先鋒，步兵隨後，狂呼著衝殺在一起。沙陀人實在強悍，王重榮等部也不示弱，死命擊殺黃巢軍。

此役驚天動地，喊殺聲震出數十里，狂風肆起，旌旗撲獵，血肉迸飛。黃巢軍人心不穩，打到夜幕時，黃巢軍大敗，死傷數萬，屍體遍於野路。梁田坡敗後，黃巢已經無力再發動大規模的戰役，唐軍進一步勒緊了套在黃巢頭上的絞索。

黃揆、黃鄴兄弟帶著殘部去襲華州（今陝西華縣），華州刺史王遇見黃氏兄弟要吃人，嚇跑了，黃巢軍入城據守。李克用初次建捷，心氣極高，率軍急追，沙陀軍殺到華州，未做休息，開始攻城。

黃巢困守長安孤城，形勢日益惡化，黃巢為了給自己留條後路，派三萬軍去守藍田，一旦不利，好東出藍田道，進入河南。華州被圍，黃巢再派大將軍尚讓速領本部兵去在李克用背後捅刀子。李克用不想被尚讓和黃揆夾成了三明治，率沙陀軍折回逆擊尚讓。

沙陀氣勢如虹，在零口（今陝西臨潼東北）再敗尚讓，尚讓屬狗熊的，打不過就跑。華州城中的黃氏兄弟見援軍被打敗，嚇得逃出華州。李克用知道起義軍現在最缺的就是糧食，李克用來了一招釜底抽薪，派部將康君立、薛君勤等人每天晚上率領輕騎兵前往長安燒糧，破壞黃巢軍僅有的一些糧食儲備，餓死黃巢軍。

中和三年（西元八八三年）四月，李克用聯合忠武軍龐從部、河中軍白志遷部提兵先進，逼近渭南（今陝西渭南），黃巢也做最後一搏，可惜軍心已經大亂，戰鬥力急速下降，一日三戰，盡皆敗北。唐軍主力隨後趕到，黃巢軍大潰，黃巢知道這時已經無法再待在長安了，必須尋找生路。黃巢集合剩餘的人馬，先放火燒了長安城，然後趁夜色朦朧之際，經藍田關出商洛東下河南。

李克用等各路軍閥耀武揚威的進入長安，這夥官軍剛進城，就四處搶掠，看什麼東西值錢搶什麼，把一座錦繡長安城弄得破敗不堪。雖然封建史家痛恨黃巢義軍，但對這些「官軍」的醜陋行徑也進行嚴厲批判，說「官軍暴掠、無異於賊。」等搶完長安的東西之外，這些「官軍」又盯上了黃巢，黃巢早就想到了這點，讓手下把值錢的東西都丟到路上，等官軍們去拿。這些官軍還真如黃巢所料，見著寶貝就走不動了，一窩蜂地搶，也沒人去關心黃巢跑哪去了。

收復長安後，楊復光遣使赴成都告捷，以李克用為首功，請皇帝褒賞三軍。李儇待在成都差不多兩年了，日思歸家，得聞長安告復，驚喜而泣，百官連袂入賀。李儇下詔大封各路好漢，因李克用功勞最大，所以李克用得到的報酬最多，封隴西郡公，河東節度使，並調鄭從讜回成都，另有任用。太原是北方重鎮，得太原者必能成大事，所以李克用後來據守太原，成為和朱溫並列的天下兩大鎮。

李克用初出江湖，這年只有二十八歲，便立下如此大功，各鎮為之側目。李克用年少氣盛，加上沙陀軍剽悍的戰鬥力，李克用一時鋒頭無二。因李克用有一隻眼近乎失明，江湖人送雅號「獨眼龍」。而收復長安功勞不下李克用的朱溫也得到了一塊肥肉，唐僖宗封朱溫為宣武軍（治今開封）節度使。與太原一樣，汴州同樣是天下重鎮，朱溫守住中原，並以此為基礎，四向攻掠，最終建立梁朝。朱溫比李克用大四歲，都是一時之才俊。

二人得了彩頭，自然高高興興地去赴任，朱溫到任後，發現汴州也不是個安樂享福的所在，連年戰亂，內外交困，但既然出來混江湖，遇到點挫折就縮頭，這絕不是好漢所為。朱溫勵精圖治，治軍嚴厲，人多畏服。李克用面臨的和朱溫一樣的困難，李克用也是一代梟雄，能力手腕俱有，李克用不像朱溫來硬的，先下令安慰河東軍民，河東形勢日漸穩定。

朝廷一片喜氣，卻忘了黃巢還活著。唐中和三年五月，黃巢餘部開到了千里之外的蔡州（今河南汝南），蔡州刺史秦宗權出城打了幾仗，黃巢餘勇可嘉，把秦宗權打得一敗塗地。秦宗權能屈能伸，投降了黃巢，大家一起發財。

黃巢看到唐軍的主力多集中在關中，河南兵力空虛，便決定在河南境內開闢第二戰場。五月，黃巢率軍攻打陳州（今河南淮陽），以孟楷為前鋒先行至項城（今河南項城）。趙犨算定黃巢要來打他的主意，早就準備好了。趙犨埋好伏兵，帶著一部兵來引誘孟楷，孟楷是個大傻，不知道是計，大喜前來，結果伏兵四出，大敗黃巢軍，活捉孟楷，斬於陣前。

八

自朱溫變節後，孟楷就是黃巢最倚重的大將，孟楷一死，黃巢差點心疼死，為了拿下陳州，黃巢和秦宗權合兵來戰。唐中和三年六月，黃巢軍攻到陳州城下，黃巢下令狂攻。趙犨知道黃巢這次是玩真的，激勵將士：「吾等受皇帝陛下大恩，今日必當死報，頭可斷，膝不可屈！敢議降者，別怪我趙犨翻臉不認人！」唐軍盡力死戰，箭飛如雨，木石齊下，黃巢沒拿下來，倒被趙犨率軍出城，痛擊一陣，折了一場。

黃巢大怒，在城北下營，讓尚讓守太康（今河南太康），黃鄴守西華（今河南西華），互為犄角之勢，浴血吃掉趙犨。趙犨雖然頑強，但力寡不敵，速派敢死士突圍去汴州、許州、徐州，請速來援，十萬火急。朱溫對此不敢大意，陳州要是丟了，黃巢下一個就要找他算帳，聯合周岌和感化軍（今江蘇徐州）節度使時溥領兵前來陳州。

朱溫非常了解黃巢，決定先給前主子一個下馬威，唐中和三年十二月，朱溫率軍南進鹿邑（今河南鹿邑），大敗黃巢軍，斬首二千多級，然後進入亳縣（今安徽亳州）。

不過瘦死的駱駝比馬大，黃巢的實力還是高出這幾路援軍一頭。幾人為了搬救兵，同時想到了河東節度使李克用，寫信寄給李克用，請兄弟過來幫忙。李克用和朱溫這時的關係還算不錯，何況如果能滅了黃巢，可以從唐朝那裡得到更多的政治資本，當然願意。

唐中和四年（西元八八四年）春，李克用帶著五萬胡漢勁卒南下，經潞州（今山西長治）、澤州（今山西晉城）、過河中，走洛陽、汝州（今河南臨汝），會合朱溫等部。

這時趙犨已經在陳州堅守了近一年，雖然人越打越少，但唐軍的守城決心卻越打越強。看到這一場景，好像又回到了安史之亂時，安祿山大將尹子奇圍困睢州城，張巡、許遠固守的悲壯時代。兩者的情況雖差不多，但意義卻大不相同，首先安祿山造反是非正義的，他所代表的不過是一些地主階級和奴隸主階級的利益，而黃巢所代表的是受地主階級殘酷剝削的農民，黃巢的「造反」是正義的，但在封建史家看來，趙犨的「忠誠」卻不遜於張巡。

唐中和四年四月，各路軍閥合兵一處，南進太康，尚讓出軍與聯軍大戰城外，聯軍人數差不多有十萬，其中有五萬沙陀兵，尚讓哪能吃打得起？聯軍大勝，斬殺萬餘人。隨後驅進西華，黃鄴太給哥哥丟臉了，仗還沒打，黃鄴就撤了。聯軍跟著黃鄴，追到陳州北郊。是值天降大雨，雷電交鳴，磅礴直下，水深數尺，黃巢軍營被大水沖走，大潰而去。黃巢見陳州來了援軍，只好撤圍，陳州守了一年多，終於沒被黃巢攻下來。各軍自回本鎮，李克用完成任務後，來到許州進行休整。

黃巢不想和李克用糾纏，轉攻朱溫，唐中和四年五月，黃巢北向攻汴州，以尚讓為先鋒，帶著五千鐵騎兵先驅汴州。朱溫哪甘心老巢被抄，忙派大將朱珍、龐師古出禦敵軍。再遣使去許州，請李克用再來幫幫忙。李克用也真夠意思，說去就去，帶領胡漢兵急赴汴州。

在中牟附近的運河渡口王滿渡正巧趕上黃巢的大軍，李克用二話不說，從後面就殺。黃巢只想著去取汴州活捉朱溫，沒想到後面居然殺出了李克用。黃巢軍沒有防備，被李克用殺了個痛快，起義軍大敗，黃巢趁亂逃去。

二號人物尚讓走投無路，投降了駐紮徐州的武寧軍節度使時溥。而黃巢大將李讜、楊能、霍存、葛從周、張歸霸、張歸厚等人投降朱溫，葛從周後來成為梁朝名將。

兵法云：「斬草除根，不留後患！」李克用捨了老本也要追上黃巢，狂奔二百多里路，過胙城（今河南延津東北）、匡城（今河南長垣西），一直追到黃巢的老家冤句（今山東曹縣）。李克用輕騎出擊，糧草沒帶夠，眼見得黃巢逃了去，只好回到汴州，補充一下軍糧，再去追殺黃巢。

沒想到朱溫這時對李克用動了心思。朱溫不是不知道，李克用是收復長安的首功之臣，地位實力都遠強於自己，而且李克用的能力也在那明擺著，李克用必然是朱溫日後謀取更大事業的過程中不可逾越的障礙，朱溫一時狠勁上來，決定除掉這個禍害。

同年五月，朱溫在汴州「熱情款待」了李克用，在酒宴上稱兄道弟，好不親熱。李克用性情直爽，被朱溫的假象給迷惑住了，酒罷就在上源驛休息。朱溫覺得時候差不多了，便派部將楊彥洪領著親兵去幫助李克用「得道成仙」。李克用手下的侍衛發現了汴軍，大呼：「大帥快起來，朱溫來殺我們了！」李克用喝得太多，準備睡去，聽到外面大喊，急忙抽劍自衛。楊彥洪在外面放火，準備燒死這個沙陀人。

哪知李克用命不該絕，這時天降大雨，雷電交加，雨如傾盆，數步之外不近人面。李克用等人趁大雨逃出魔掌，回到大營，清點人員，發現死了兩員大將陳景思和史敬思。李克用痛罵朱溫小人，要率軍找朱溫報仇。夫人劉氏勸他：「朱溫不是個東西，我們應該去找皇帝講理，是非曲直，自有公斷。如果以暴易暴，我們本來有理也變得沒理了。」

李克用覺得有理，恨恨地說：「朱溫如此無恥，早晚不得好死！」便撤軍回到晉陽，把事情的經過上奏朝廷。唐朝這時兩頭為難，都不敢得罪，就好言勸慰李克用，封李克用為同平章事、隴西郡王。李克用這時的戰略目標是掃清河北一帶，暫時還打不到河南，便先嚥下這口惡氣，以後再說。

朱溫果然是個「無賴」性格，李克用和他無冤無仇，本沒來由算計李克用。朱溫做得太過絕決，明顯不占理兒，不過也不必過於責備朱溫，亂世時代，講的是結果，而不是過程，成者王侯敗者賊，誰還管你這個。項羽號稱英雄，不也設過鴻門宴要算計劉邦嗎？還要烹劉邦的老爹，後人倒沒覺得什麼，又何必對朱溫錙銖必較。

黃巢一直跑到泰山才驚魂稍定，發現自己的手下居然只有一千多人。想當初進入長安時，何等的威風；稱帝的時候，又何等的氣派，可現在居然落了這個田地。

李克用辛辛苦苦地追趕黃巢，想「借」黃巢的人頭立下首功，可惜白忙一場，倒是便宜了徐州的時溥。時溥得知黃巢兵敗逃到泰山，不禁大喜，天上掉下了一個大餡餅，不吃才是傻子。

中和四年（西元八八四年）六月，時溥派部將李師悅前去「借頭」，在萊蕪附近找到黃巢，將黃巢手下的千把人打得大敗（真威風！）。黃巢率殘眾逃到狼虎谷襄王村，黃巢發現自己已經無路可逃。又不能投降，降了也是死。黃巢已經心灰意冷，長歎：「想吾起事以來，轉戰千里，無不勝。今日如此，蓋天意乎！」

黃巢拔劍自刎，可能是用力太小，沒有斷氣，黃巢忍痛讓自己的外甥林言快給自己一刀。林言見形勢至此，多說無益，拿著舅舅的人頭也可以將功免罪，一刀下去，黃巢人頭落地。一代梟雄黃巢，就此結束了他轟轟烈烈的人生，唐朝末年波瀾壯闊的農民大起義也以失敗告終。

林言把舅舅的人頭送給李師悅，李師悅將一干人等都帶回徐州，交給時溥。時溥真是好運氣，李克用種樹，他摘果子。果然唐朝後來確定時溥功勞第一，進位宰相，鉅鹿郡王，時溥一時風光無限。其實如不是李克用把黃巢追到了時溥的家門口，時溥天大的本事也奈何不了黃巢。

中和四年七月，感化軍節度使時溥獻黃巢人頭並其家人姬妾於成都，群臣舞蹈三呼，拜賀巨魁梟首。唐僖宗在大玄樓上舉行受俘儀式，唐僖宗看到曾經失身於黃巢的原長安士女，不禁怒向膽邊生，喝罵道：「你們都是勳貴子女，國家待爾等不薄，為什麼要失身黃巢?!」眾女俯首無語。為首的那個女子毫不示弱，仰首回答：「國家雄兵百萬，卻奈何不了一個黃巢，失社稷，喪宗廟，播越巴蜀，為天下所笑。今陛下不責公卿將帥，反責我等弱女子，恥乎不恥！」

唐僖宗被她給問住了，黃巢入長安時，大批公卿貴族向黃巢屈膝，真正讓天下恥笑的是他們這夥貴人，徒責幾個弱女子，有什麼意思？唐僖宗揮手令皆斬於市中。市人看她們著實可憐，送她們酒喝，歎道：「喝醉了再上路吧，醉後挨刀，不覺痛。」眾女爭搶酒，喝醉了哭倒於地不省人事，只有領頭的那個女子不喝酒，也不哭，仰天就刑，眾女各挨了一刀。

黃巢死了，不僅標誌著唐末農民大起義的正式失敗，而且標誌著五代十國的大幕正式拉開，此後的唐朝雖然還存在了二十多年，但唐朝存在的意義不過是各路軍閥為了擴大實力而暫時借用的一塊金燦燦的招牌，就比如漢獻帝一樣，劉備不也是打著大漢皇叔的招牌四處拉「贊助」了嗎？

對於黃巢的失敗，王夫之認為：「黃巢雖橫行天下，流寇之雄耳。北自濮、曹，南迄嶺海，屠戮數千里，而無尺地一民為其所據；即至入關犯闕，走天子、僭大號，而自關以東，自邠、岐以西北，自劍閣以南，皆非巢有；將西收秦、隴，而縱酒漁色於孤城，誠所謂游釜之魚也。」王夫之的評價非常到位，王仙芝和黃巢一直奉行流寇主義的戰略，打一槍換一個地方，這樣雖然機動靈活的行軍，但沒有自己的戰略根據地，四處打游擊，只能是自絕後路，破釜沉舟之舉，非大勇大略不可為之。一旦遭到戰略性失敗，就把自己推到了懸崖邊上，除了掉下萬丈深淵，摔得粉身碎骨，沒第二路可以選擇。

在封建時代的任何一部記載黃巢起義的史書中，都毫不客氣地把黃巢和跟隨他造反的農民們稱之為「賊」，因為寫史書的都是地主階級的知識份子，地主階級和農民是完全對立的兩個階級，造謠污蔑潑髒水是再自然不過的事情。

在這裡順便提一下引起後世極大爭議的一首詩，就是唐末著名詩人韋莊寫的《秦婦吟》，韋莊在詩中極力描寫黃巢起義軍的「殘暴」，說黃巢到處殺人放火，但其中最有名的一句「內庫燒為錦繡灰，天街踏盡公卿骨。」卻充分暴露出韋莊這個地主階級知識份子的虛偽，原來黃巢殺的不過是些封建官吏。唐安史之亂後，唐朝的土地兼併越來越嚴重，老百姓受盡了這些「公卿」的殘酷壓迫，難道還不允許老百姓造反嗎？

當然農民起義軍也犯過打擊面擴大化的錯誤，農民起義軍也有他們不可克服的歷史局限性。但不能就此來否定農民起義，農民起義是推動歷史發展的一個重要手段，這點我們不應該否認。

第二章

碭山「無賴」亂世梟雄

眾所周知，蘇北名城徐州是中國歷史上著名的帝王之鄉，有「千古龍飛地，一代帝王鄉」之美譽。這裡盛產開國皇帝，最有名的當然就是那位吃飯賴帳，在儒生帽子裡撒尿的漢太祖高邦，兩漢二十多個皇帝，祖籍都在徐州。除劉邦之外，還有南朝宋武帝劉裕、五代南唐烈祖李昪（大詞人李煜的祖父）等。論及五代十國，還有一位出生在徐州的皇帝，他便是一代梟雄朱溫，五代第一朝梁朝的開國太祖。

朱溫，唐宣宗大中六年（西元八五二年）十月二十一日夜，生於碭山（今安徽碭山）午溝里。祖父朱信、父親朱誠都是鄉下教書的先生。朱溫幼時家貧，父親早死，朱溫和兩個哥哥朱全昱、朱存隨母親王氏寄養蕭縣（今安徽蕭縣）富戶劉崇家，王氏給人家做活。朱溫的大哥朱全昱生性「憨厚」，很老實，而朱存和朱溫卻「兇悍」，尤其是朱溫，「狡猾無行」。

朱溫由於小時候缺乏嚴格的管教，當然也有個人性格的原因，漸漸養成了一些不良的習氣，經常手腳不乾淨。劉崇很討厭這個潑皮，經常大棍子伺候。有回朱溫到村頭聚賭，結果賭技不精，賠了買賣，朱溫手上沒錢，便躡手躡腳溜回劉崇家，偷了劉家的大鍋準備換錢。

可惜朱溫的功夫沒練到家，背著鍋還沒跑出院子，就被劉崇給捉了。劉崇大怒：「朱三，看我今天不打死你！」劉崇的母親和劉崇不同，非常喜歡這個野孩子，忙出來制止，朱溫才逃過一劫。

朱溫雖然不善於農業生產，但他卻善於騎射，經常和二哥朱存外出打獵，射死幾隻野雞野兔獻給劉家，老娘也能分到一些。劉崇吃到野味，自然就給朱溫好臉色看。劉母心疼這個孩子，經常給朱溫梳頭，劉崇經常數落母親多事。劉母卻告訴劉崇等家眷：「你們不要小瞧了朱三，此人面相與眾不同，將來必成大事，好好待他，日後我們劉家也好跟著沾光。」這個偷鍋的潑皮也會成大事？眾人大笑不信。

這就是朱溫童年的故事，以朱溫這樣的家境、為人和能力，如果生在太平盛世，他將注定是個浪蕩鄉野的無業遊民，情況好一些就娶個老婆生一大堆兒女過小日子，一輩子都不可能出人頭地。但他偏就生在亂世，而且朱溫也最適合在亂世中生存，大量的歷史事實證明，像朱溫這樣不務正業的「流氓無賴」在亂世中取勝的機率大得驚人。

中國的開國皇帝中，這樣的人最多，比如劉邦、劉備、石勒、劉裕、陳霸先、王建、楊行密、郭威、朱元璋等人。而五代十國的開國君主也基本上都是出身社會底層。因為社會底層出身的梟雄（狗雄不算）相對比較了解民間疾苦，所以他們都能客觀地順應社會生產力發展的要求。所謂「得民心者得天下」，就是這個道理。

唐朝末年，天下大亂，王仙芝和黃巢率領活不下去的農民發動了規模浩大的起義，影響所及，關東震動。蕭縣距山東很近，所以朱溫自然也聽到了黃巢起義的消息，心下不禁癢動，與其在這裡受劉崇的窩囊氣，不如趁著年輕出去闖蕩一番，至於是生是死，那就聽天由命。

朱溫把想法告訴兩個哥哥，朱全昱不想出去，以他的這種性格能力出去了也混不出頭。老二朱存卻想的和朱溫一樣，兄弟二人把老娘託付給大哥侍奉，然後哭拜老娘，北上投奔黃巢的農民起義軍。這一年，朱溫二十五歲。巧合的是，同樣出身社會底層的明太祖朱元璋也是二十五歲時參加了郭子興的起義軍。

在兵荒馬亂的年月裡，朱溫的能力充分發揮了出來，跟著黃巢進河南、下江東、轉戰兩浙、入福建、攻廣州，屢立戰功，得到了黃巢的提拔重用。不過朱溫的二哥朱存卻戰死於廣州，留下兩個孩子：朱友寧和朱友倫。

黃巢進入關中後，朱溫說降了唐銀州招討使諸葛爽，更加得到了黃巢的信任。唐廣明二年（西元八八一年）六月，朱溫在鄧州（今河南鄧州）被唐監軍楊復光打敗之後逃回長安，黃巢以「大齊皇帝」之尊親自出城為朱溫接風，可見朱溫當時何等風光。可沒過多久，形勢就急轉直下，降「賊」的王重榮首先發難，又歸復唐朝。唐軍大舉進攻，大齊政權搖搖欲墜。

朱溫不愧是一代梟雄，眼光毒辣，他知道黃巢已經死到臨頭了，他參加義軍所追求的不過是個人的榮華富貴，既然黃巢不行了，那就另擇高枝吧。朱溫聽從手下謝瞳的勸告，決計降朝，唐僖宗李儇大喜，拜朱溫招討副使，制授宣武軍節度使，等收復長安後即行赴鎮，並賜名為朱全忠。

黃巢被趕出長安後，唐中和三年（西元八八三年）七月，朱溫意氣風發地來到汴州（今河南開封），成為一方諸侯。此時黃巢還在河南流竄，所以朱溫招兵買馬，以防不測。不過汴州處四戰之地，周圍的朋友太多，朱溫不得不打起精神來對付這些人。

朱溫北有滑州（今河南滑縣）的義成軍節度使王鐸、懷州（今山西沁陽）的河陽三城節度使諸葛爽，東北有鄆州（今山東東平）的天平軍「節度使」朱瑄（自封的）、兗州（今山東兗州）的泰寧軍節度使齊克讓、青州（今山東青州）的平盧節度使王敬武，東有徐州的武寧軍節度使時溥，南有淮南節度使高駢，西有許州（今河南許昌）的忠武軍節度使周岌。朱溫的北方還有那個該死的李克用。

這夥人名義上都是唐朝的「忠臣」，可個個都心懷鬼胎，見唐朝積弱不振，「皆自擅一藩，職貢不入，賞罰由己」。不過王鐸因為是以宰相身分領節度，所以還算是朝廷的人馬。朱溫剛到汴州，人頭不熟，便拜了王鐸的碼頭，出錢塞飽了王鐸。王鐸覺得朱溫很可靠，便「倚為藩蔽」。

朱溫主政宣武軍後，立刻成了大財主，朱溫還有些孝心，派人去接還在蕭縣劉崇家為奴的老娘和大哥進城享福。而朱老夫人見官軍來找她，第一反應就是她那不爭氣的小三肯定惹事了，官府派人來捉拿她，嚇得躲到了劉崇家廚房的灶下。

還是劉崇的母親有些見識，問清來人意圖後，過來恭喜朱老夫人：「老夫人勿驚，確實是三公子立功了，派人接您老人家享福去。」朱老夫人還有些不相信，顫抖說道：「他們肯定弄錯人了，朱三是個惹事精，怎麼能當上那麼大的官？」

來人行前，朱溫可能想到了這一點，便把自己的大致經歷告訴來使，所以來使便把朱溫的經歷告訴朱老夫人，朱老夫人這才相信，老淚縱橫。準備好行當，帶著已經生兒育女的大兒子朱全昱和劉家人一起高高興興地去了汴州。

朱溫為了在汴州人面前出出鋒頭，在城外舉行盛大歡迎儀式，汴州百姓也紛紛擠到城外瞧熱鬧，朱溫迎母的佳話轟動一時。朱溫在府中設家宴，朱溫膝行奉酒敬獻老母，王氏邊哭邊飲。朱溫因為高興，有些喝多了，無賴本性開始發作，席間笑言：「朱五經讀了一輩子的書，到頭來也沒混上個進士，沒想到他兒子居然做上了節度使，老爹地下有知，也當為我高興。」

朱溫居然敢取笑死去多年的老父，王老夫人心裡極不痛快，良久歎道：「小三你能做到今天，確實了不起，但你的為人做母親的豈不清楚？你的德行未必能比你父祖強。還有你的二哥朱存，身死蠻荒，留下兒女，孤落無依處，你卻視而不見，傳出去，你面上也不光彩。」

朱溫羞愧得幾近無地自容，哭起謝罪：「兒錯矣！我侄皆無恙，必使他們至富貴。」宴罷，派人把朱存的兩個遺孤和其他朱氏家人都接到汴州，因為劉母曾經善待自己，出於面子，重賞劉崇，劉崇後來做上了商州（今陝西商縣）刺史。

朱溫的人生經歷本就非常傳奇，但朱溫為後人所熟知和不可思議的並不是他的「戰鬥」經歷，而是他的愛情經歷。朱溫後來當上皇帝之後，淫亂無度，連自己的兒媳婦們也不放過，後人一般都認為朱溫是個淫賊。可人們卻無法理解像朱溫這樣一個生性暴虐的「淫賊」，居然有一個賢慧善良的妻子張氏，封建社會婦女地位低下，一般都沒有正式名字。張氏的賢慧程度，比起以賢德著稱的東漢明德馬后、唐長孫皇后和明孝高馬后來毫不遜色。

更讓人稱奇的是，朱溫生性殘暴好淫，但對妻子是百依百順，從不作二心。事實上，朱溫的淫亂是在他妻子死後才開始的，妻子在世時，朱溫可是一個「模範丈夫」（朱溫在這一點又和朱元璋特別的相似）。張氏夫人出身官宦之家，父親張蕤，是唐朝的宋州刺史，而朱溫出生的碭山正是宋州的轄地。

在現在，地方長官的傳聞軼事也是普通百姓平時津津樂道的，朱溫也聽說過張小姐的美貌賢慧（朱溫應該是見過張小姐的，可能是在某個偶然的機會），對他的二哥朱存說：「以前漢光武帝曾經說過：做官當做執金吾、娶妻當娶陰麗華，以後我也要娶到這個張小姐。（不知道朱溫是如何知道漢光武帝劉秀這件豔聞的？）」朱存哪信他這個，嘲笑他癩蛤蟆想吃天鵝肉，河邊有水，先照照自己的德性去。

朱溫後來參加起義軍，心中還是念念不忘張小姐，總想著有朝一日能遇上張小姐，成全美事。朱溫一直到了而立之年還沒有娶妻，一直苦等著張氏。也許是朱溫的執著感動了上帝，朱溫在黃巢手下做同州（今陝西大荔）防禦使時，遇到了淪為難民的張小姐，朱溫激動得差點沒哭出來：「真天意也！」隨後朱溫以極正式隆重的禮節迎娶張小姐過門，做了朱溫的正妻。

朱溫是五代著名的魔頭，治軍嚴狠，待人刻薄，但朱溫卻在手不能縛雞的張氏夫人面前極為乖順，言聽之，計從之。這種性格上的反差，不僅能讓後人對張氏夫人肅然起敬，而且在痛恨朱溫的「罪惡」之餘，也不得不多出一些對朱溫的好感來。

二

朱溫主政宣武軍之後，開始著手進行智力建設，要想成大事，身邊沒幾個諸葛亮可不行。這個世界上最不缺的就是人才，只要你想用，人才多得能撐死你。當然不想用，則是另一回說話。

朱溫先是得到了前臺州刺史李振，李振棄台州逃歸長安路過汴州時被朱溫盛情挽留，辟為從事。朱溫繼續去發掘人才，算他好運氣，在汴州發現了一位名叫敬翔的奇才。

敬翔字子振，是唐中宗時平陽王敬暉的後人，父祖輩多任職大郡。敬翔飽讀詩書，文筆極好，史稱「應用敏捷」，可惜屢考不中，苦無生計，只好來到汴州依靠同鄉觀察支使王發。王發雖然收留敬翔，但待之非厚，時間一長，敬翔囊中羞澀，日益窘迫。迫於生計，敬翔只好給別人寫文章謀碗飯吃，因為敬翔的文筆好，往往有名句傳於坊間。

朱溫雖然斗大的字認不得幾個，但喜歡聽別人給他講解文章，也聽說敬翔好文筆。朱溫打聽到敬翔寄居王發府下，便告訴王發：「我聽說你手下有位奇才，你把他請到我這裡來，我要重用他。」

朱溫和敬翔見面後，朱溫問：「我聽說子振先生常讀《春秋》，請問《春秋》中都記載了些什麼？」敬翔抵掌侃談：「無非是些諸侯之間殺伐奪利之事。」言語間，神采飛揚。朱溫怕敬翔是個泥古不化的書呆子，再考考他的軍事解讀能力，再問：「《春秋》所載之兵法，能不能用在當今之世？」敬翔笑道：「兵者，詐也！應變若走馬易燈，以奇制正者勝，《春秋》古法，不宜用於今日。」朱溫大喜，重用敬翔。

朱溫文有李振、敬翔、謝瞳、劉捍，武有龐師古、葛從周、張歸霸、霍存等人，加上汴軍強武能戰，一時為中州之盛。不過要論起各鎮地勢來，五代十國時最突出的就是河東地區，河東北靠大漠，南臨中原，進可取退可守，戰略優勢非常明顯。而五代中有三個王朝都是發家於河東，可見河東地位之重要。

中原自古就是四戰之地，易攻難守。朱溫的情況和三國時的曹操非常相似，都是據黃河以南地區，北方有強大的敵對勢力。唯一不同的是，曹操面對的是「羊質虎皮、鳳毛雞膽」的袁紹，而朱溫面對的則是能征善戰的沙陀人李克用，以及李克用的英雄兒子李存勖。

朱溫曾經有過一次除去李克用絕佳的機會，唐中和四年（西元八八四年）五月，李克用追擊黃巢未果，準備到汴州充實糧草再戰。朱溫覺得機會來了，便設計想殺掉李克用，結果李克用命大，風雨交加之夜，逃了。朱溫捶胸頓足，偷雞不成蝕把米，把李克用給得罪了，以後別想安生了。

李克用逃出生天後，曾上表朝廷，請責罰朱溫。唐僖宗知道李克用和朱溫有仇，但朱溫復唐之功不遜李克用，兩方都不敢得罪，好言善慰，加封李克用，多給他在河東劃了幾州的地盤，李克用這才作罷，以後再找朱溫算帳。

此時朱溫還沒有閒工夫去理會李克用，身邊那幫礙事的比李克用的威脅更大，都要拔掉。朱溫覺得義成軍節度使王鐸實力較弱，但隔三差五地尋王鐸的晦氣。王鐸本就是個滑頭，知道朱溫靠不住，生怕哪天被朱溫給吃了。唐中和四年十月，王鐸上表朝廷，請僖宗給他挪個地方。李儇對外鎮這些破事也懶得管，調王鐸為義昌軍節度使（治今河北滄州）。

義昌軍節度使楊全玫在滄州的小日子挺滋潤，哪裡肯讓王鐸來取代他，想了一個妙法，楊全玫知道魏博軍節度使樂彥禎的兒子樂從訓「凶戾無行」，便挑唆樂從訓去殺王鐸。樂從訓貪王鐸的財貨妻妾，便帶數百江湖強人在漳南高雞泊劫殺了王鐸，盡取其物而去。

此時已經在成都待夠了的唐僖宗李儇正準備回京，知道王鐸被殺後也無可奈何，自己都還不知能活到哪天呢。唐中和五年（西元八八五年）正月，李儇起駕離開成都，北上回長安。成都雖然不錯，但「梁園雖好，不是久留之地」。長安雖然經過五年多的戰火被弄得破爛不堪，但這裡畢竟李儇的家，狐死尚且首丘，況李儇乎！

當李儇看到長安城中「荊棘滿城，狐兔縱橫」，迎頭被澆了一盆涼水，鬱抑不樂。當然這些都不是最重要的，最讓李儇窩心的是，黃巢雖然被剿滅了，但安史之亂後關中藩鎮割據的局面非但沒有消失，反而愈演愈烈。

唐朝中央政府所控制的不過河西、山南、劍南、嶺南數十州，而且朝廷在諸藩中的威信徹底喪失，對他們完全失去了控制能力。關中諸藩自專藩務，不過把李儇當成泥菩薩一般供著，每年象徵性地塞給朝廷兩個小錢，算是給了皇帝三分薄面。

唐朝此時的形勢極像東漢末年黃巾大起義之後的軍閥混戰，唐僖宗和漢獻帝沒什麼區別，略有不同的是，漢獻帝是亡國之君，李儇後邊還有兩個墊背的皇帝，算他的大幸。

而對於王鐸的慘死，王鐸「門生」朱溫要「承擔」一部分責任，當然即使王鐸留在滑州，以後如果被朱溫活捉了，朱溫未必就會放過他。亂世中人出來混江湖，哪天不是提著腦袋在刀尖上跳舞？生死榮辱，皆聽天由命。

朱溫沒有興趣去管王鐸的閒篇，對朱溫來說，威脅最大的是曾經投降黃巢的前蔡州刺史秦宗權。秦宗權自從黃巢敗後，並沒有投降唐朝，而是帶領黃巢餘部回到蔡州，繼續和唐朝對抗。如果說黃巢剛開始還能算是農民起義的話，那麼秦宗權純粹是軍閥叛亂，而且手段和危害性甚至遠大於黃巢時期。秦宗權派將四出，攻城掠地，以弟秦彥攻江淮，秦賢攻江南，秦誥攻襄陽，大頭領孫儒攻河南北部，張晊攻汝、鄭。秦軍所到之處，殺人無算，屠城燒城，備極殘忍，史稱秦宗權「殘暴甚於黃巢」。

秦宗權動靜鬧得如此之大，軍糧就成了首要的問題，不過秦宗權聰明過人，沒糧食吃，那就吃人吧。秦軍把死屍掏空，用鹽醃好，車載以從，餓了就吃口乾屍，「西至關內，東極青、齊，南出江淮，北至衛滑，魚爛鳥散，人煙斷絕，荊榛蔽野」。

秦宗權在河南四處兜風，頭一個坐不住的就是朱溫，哪能坐視不管？中和五年（西元八八五年）正月，秦宗權派頭領盧塘攻汴州，朱溫率軍南下作戰，在焦夷（今安徽亳縣南）大敗盧塘，斬首數千級。

雖然吃了一個癟，但蔡軍實力仍在，和朱溫的死亡遊戲才剛剛開始，誰生誰死還不一定呢。秦宗權也是個有「皇帝癮」的人，黃巢在他投降時已經從長安敗退出來，但秦宗權應該是能體會到黃巢在長安稱帝時的滋味，那種至高無上的感覺就是與眾不同。

中和五年三月，李儇下詔改元光啟。與此同時，秦宗權照貓畫虎學起了黃巢，在蔡州稱帝，置百官，做起了「孤家寡人」。蔡宗權居然敢行此大逆之事，李儇自然不會放過他。因為關東各鎮中，距離秦宗權最近的就是徐州的武寧軍節度使時溥和汴州的宣武軍節度使朱溫，所以僖宗以時溥為蔡州四面行營兵馬都統，以朱溫為蔡州西北面行營都統，並進朱溫為沛郡王。

秦宗權並沒有睬朱溫是個人物，繼續攻戰四掠，秦宗權手下頭牌孫儒奉命攻東都洛陽城，唐東都留守李罕之勉強支撐了一個多月，因為兵少食盡，實在撐不下去了，只好西撤至澠池（今河南澠池），孫儒攻入洛陽。

孫儒是個比秦宗權還要殘忍兇狂的魔頭，因為洛陽沒有什麼值錢的東西，留下來也只能喝西北風。孫儒開始在洛陽刮地皮，「城中寂無雞犬」，然後一把火燒了洛陽，載著財貨回去。而李罕之得知孫儒撤出後，又回到洛陽，因為城被燒了，只好屯留西郊。

黃巢不能成大事，主要原因是沒有自己的戰略根據地，秦宗權雖然有蔡州作為根據地，但秦宗權實行的其實還是黃巢的流寇戰略，只看重眼前利益，不及長遠。洛陽是中州要樞，戰略價值重大，得到洛陽，西可拒唐中央軍，東可拒關東各鎮之兵，隋末王世充都知道洛陽的重要性，秦宗權貪圖的卻是財貨，眼光如此短淺，怎能成大事。

面對如此亂局，唐僖宗是半點法子也沒有，只好得過且過。而朝中主事的大太監田令孜不得不為皇帝操心，田令孜是晚唐頭號巨蠹，為了自保，田令孜狠抓軍權不放。前次避蜀時，田大人招募了五萬多新兵，分成五十四都，加上原來控制的南衙北司，田令孜手上握有重兵，倒還覺得安心。

唐末戰亂不斷，各鎮又多不上繳財賦，所以田令孜手頭也很緊，當兵的得不到軍餉，誰還願給田令孜賣命？田令孜心急如焚，賊眼四處亂瞅，瞅來瞅去，田令孜瞄上了河中的王重榮。因為王重榮手上有安邑和解縣兩大鹽池，官鹽是暴利，這兩大鹽池在中和年間以前，本隸屬鹽鐵使，由中央專管。

安史之亂後，朝廷財賦益窘，提高鹽價便成了朝廷斂財的大頭，鹽價一路飆升，從最初的每斗十文，上升到駭人的每斗三百七十文。史稱「天下之賦，鹽利居半，宮闈服禦、軍餉、百官祿俸皆仰給焉。」可見鹽利對朝廷經濟的極端重要性。鹽價的上漲也意味著利益空前的擴大，這也給了販賣私鹽以空間，唐末私鹽販賣極盛，說白了就是有暴利可圖。不過朝廷還控制著河中鹽池，還能維持日常用度。

王重榮主政河中以來，便把鹽池據以己有，只是每年象徵性地上繳三千車鹽給朝廷。田令孜便讓王重榮把鹽池交出來，仍隸屬鹽鐵使，控制了兩池鹽，田令孜就不愁沒錢花。

田令孜聰明過人，王重榮也不傻，沒錢餉軍，他也活不下去，當時就掃了田太監的面子：你是皇帝的乾爹，不是我的乾爹，憑什麼給你？田令孜惱羞成怒，決定除掉王重榮，奪回鹽利。田令孜操縱著木偶皇帝，下詔進行人事調動：王重榮調任泰寧軍節度使，原節度使齊克讓調任義武軍節度使，義武軍節度使王處存赴河中，並令河東節度使李克用出兵「護送」王處存赴任。

算盤打得劈叭響，可誰聽啊？這幫軍閥在本地區好容易經營起自己的家業，沒一個願意推倒重來。王處存上表：「王重榮有大功於天下，且無罪過，何故輕調？請陛下收回成命，不然，各鎮諸侯皆有懼心，恐不利於天下。」

王重榮更是不拿田令孜當人看，上表大罵田令孜奸邪誤國。田令孜大怒，唐光啟元年（西元八八五年）八月，田令孜調撥禁軍，以邠寧節度使朱玫為帥，並引鄜州（今陝西富縣）、延州（今陝西延安）、靈州（今寧夏靈武）、夏州（今內蒙古烏審旗白城子）諸路兵馬共十餘萬，進討王重榮。

王重榮見來者不善，忙向李克用求救。李克用正恨朝廷沒有責罰朱溫，本不想管王重榮的閒篇，推搪王重榮：「等我滅了朱三，再來幫你教訓那個老太監。」王重榮差點沒暈過去，又寫信催李克用：「老大，等你拿了朱三，兄弟我也沒了，少說廢話，快過來吧。」王重榮和李克用的關係還不錯，李克用決定出兵。

李克用知道朱玫經常和朱溫眉來眼去，上表先罵了朱玫，說朱玫和朱溫狼狽為奸，為國巨蠹，不可不除云云。朱玫大怒：「沙陀兒！今天爺給你點顏色看看。」朱玫網羅了些江湖亡命徒溜到長安，放火殺人，然後散布謠言：「我們是河東李節度使的人馬！」京師人多怨恨李克用。李克用氣得吐血：「林子一大，什麼鳥都有。」李克用率兵急赴河中救王重榮。

朱玫率軍急攻蒲州（河中節度駐地，今山西永濟西），王重榮固城死守，朱玫一時沒有得手，屯軍沙苑（今陝西大荔南）。十一月，李克用大軍趕到河中，和王重榮合兵一處。隨後李克用上表朝廷，請誅田令孜、朱玫等人以謝天下。李儇哪敢對田令孜不敬，遣中使去調解，李克用見皇帝不給面子，那就沒二話說了。

三

唐光啟元年（西元八八五年）十二月，李克用與王重榮率軍渡過洛河，進擊沙苑，與中央軍主力進行決戰。河東騎兵強悍善鬥，大破中央軍，差點沒活捉朱玫。中央軍各殘部狂叫著奔回本鎮，朱玫也逃回邠州（今陝西彬縣），長安大駭，河東軍隨後逼近長安。田令孜本指望朱玫能滅了王重榮，結果弄得全軍覆沒，忙帶著驚嚇過度的李儇西奔鳳翔。

河東軍入城後，又開始刮地皮，燒殺搶掠，壞事做絕。上次「官軍」在長安發財，燒壞大半房屋，經過幾年的修整，也不過恢復不到一半，經過第二次洗城，長安徹底破敗。

到了唐光啟二年（西元八八六年）正月，李克用撈得差不多了，回師河中休整，然後與王重榮共名上表，請誅巨閹田令孜。李儇命都在田令孜手上，拿什麼殺田太監？不聽，當然也不敢。因為鳳翔距長安太近，田令孜害怕李克用再追上來，請李儇去興元（今陝西漢中）避難。

李儇這幾年「南征北戰」，實在不想再亂竄了。反正就算自己只是尊泥菩薩，落到誰手裡都有肉吃，破天荒地駁了田令孜的面子。田令孜很生氣：「今日由不得你！」率兵入行宮，強行劫李儇奔往興元。因事出倉促，所以只帶著幾百個侍從太監上路，大臣們都給甩了。翰林學士杜讓能聽說皇帝跑了，自然要追的。可惜沒有馬，只好用腿說話，好容易奔了十幾里，遇上一個好人，送他一匹馬，只是沒有羈繩。杜讓能真能出洋相，解下玉帶勒在馬嘴上，狂拍馬屁，這才追上。

這算好的，其他朝臣等天亮時才發現皇帝沒了，步行隨後趕，半路遇上一夥江洋大盜，連唐祖宗神廟加上百官的私財衣物，搶了個精光。宰相蕭遘把這筆賬算在了田令孜的頭上，久欲除之，但苦於手上無兵，便派人去讓朱玫率兵來救駕。朱玫大喜，自率五千步騎兵追來。田令孜大懼，帶著李儇竄入大散關。

秦嶺山路難走，李儇差點掉下萬丈深淵，幸虧神策軍使王建在前頭開路，扶僖宗走路，這才逃過一劫。朱玫雖沒劫下皇帝，卻把唐嗣襄王李熅和百官給搶了過來，帶回鳳翔。

朱玫真有本事，沒活捉唐朝皇帝，乾脆再立一個。光啟二年五月，朱玫奉襄王李熅在長安即皇帝位，改元建貞，遙尊李儇為太上皇帝。朱玫自為大丞相、左右神策十軍使、侍中、諸道鹽鐵轉運使，其他文武亂封一通。朱玫逼迫李熅下詔去汴州，拉攏朱溫，讓朱溫為自己賣命。

朱溫倒想得長遠，雖然朱玫和田令孜一樣做幕後皇帝，但就兩人的利用價值來說，田令孜遠比朱玫更值錢。所以留下田令孜這個大奸閹，對朱溫更有利，這是放長線釣大魚。朱溫當著文武的面大罵：「此偽主偽詔也，溫絕不為不忠之事！」當下焚燒偽詔，趕出來使。

出於和朱溫同樣的考慮，天下諸藩中不承認李熅的還有河東的李克用、定州的王處存、河中的王重榮，但其他各鎮卻都承認了李熅，對他們來說，誰當皇帝都無所謂，只要保證自己的利益就行。

六月，河中、河東以及天下兵馬都監楊守亮南北合進，圍攻長安，朱玫派出偽天平軍節度使王行瑜率五萬軍屯鳳州（今陝西鳳縣），防止朝廷軍馬北上，朱玫把主要精力放在應對王重榮和李克用這裡，而朝廷方面派保鑾都將李鋋、李茂貞、陳珮領軍對峙在大唐峰，和王行瑜互有攻守。

李克用為了撈取更多的好處，上表稱：「臣願出兵救駕，梟逆枚首級獻於闕下。」不過李克用還是沒忘了朱溫的那筆賬，再請李儇責罰朱溫。李儇現在特別需要李克用，當然得給他三分面子，不然李熅就要永遠占住自己的位子。只是現在同樣不能放棄朱溫，只是含糊回書：「等到平定長安後，朕自有主意。」

李儇心裡有朱溫，朱溫可沒拿李儇當回事，他現在最緊要的是對付秦宗權。至於朱玫，讓王重榮等人效忠去吧，他是沒個閒工夫理會，畢竟守住汴州才是朱溫的唯一生路。

不久後，秦宗權的弟弟秦賢率大批嘍囉兵掠劫宋州、曹州，回師途中，秦賢擔心朱溫抄他們的後路，派大嘍囉張調去汴州見朱溫，張調把秦賢的意思說給朱溫：「我軍與貴軍素無怨恨，主將遣我來，約定分地，汴以北屬公，汴以南屬我。」

秦宗權的存在就是對朱溫最大的威脅，朱溫自然不願意。不過朱溫出於戰略考慮，假意答應了，張調回報秦賢，秦賢這才放心渡過汴水。秦賢到底是馬賊出身，手腳極不乾淨，所過之地，燒殺無盡。

朱溫大怒，他的地盤豈容秦賢放肆？朱溫先斬張調，為鼓舞軍心，朱溫大言：「我出十將，必破此獠！」乃督勵三軍，急攻蔡軍後道，秦賢沒有防備，被汴軍殺了個痛快，大敗而去。

秦宗權一直沒忘記朱三，七月，秦宗權率軍攻許州，先斬朱溫羽翼，再滅朱溫。朱溫知道其中利害，忙派大將葛從周提師往救。可惜葛從周去晚了一步，還沒到許州，蔡軍就已經破城，擒殺前不久殺掉周岌的忠武軍節度使鹿晏宏，葛從周只好回師。

朱溫不會放過每一次擴大地盤的機會，南方被秦宗權所控制，朱溫便把注意力集中在北邊。十一月，汴州北邊的鄰居義成軍節度使安師儒弛於軍政，而隔壁的天平軍節度使朱瑄想奪滑州（今河南滑縣），朱溫得到消息，急命大將朱珍、李唐賓率精銳馬步兵搶在朱瑄的前面去攻滑州。

朱珍是朱溫帳下數得著的大將，勇猛無敵，朱珍與李唐賓攻入義成軍地界，時值天降大雪，朱珍不讓將士避雪，以迅雷不及掩耳之勢攻到滑州城下。汴軍冒雪駕梯直上，滑州守軍守備無方，被汴軍破城，活捉安師儒，朱溫留牙將胡真知守滑州，將安師儒押到汴州安置。

這時李儇卻窩在興元直哭鼻子，也不怪李儇哭，當了十幾年皇帝，好日子沒享過幾天，不是逃命，就是受氣，確實難為這個年輕人。而導致天下大亂的罪首之一田令孜也開始為自己準備後路，他不是不知道自己罪孽實在深重，就算把他千刀萬剮了，也難解天下人之恨。

田令孜決定回到成都，跟兄弟陳敬瑄一起謀富貴，不比跟著李儇這個傻子受罪強許多？田令孜假稱自己有疾在身，需要回成都看病，請皇帝放他南歸。李儇每次見到這個老太監都如坐針氈，巴不得他滾蛋，田令孜美滋滋地回到成都。

田令孜一走，皇帝身邊的主事太監就是楊復光了，楊復光初次「執政」，自然要立點功勞壓服眾人。楊復光先是傳檄於關中，大意：「得朱玫首者，以靜難節度使賞之。」這是一條瓦解政策，為朱玫賣命的王行瑜得知消息，心下動意，他越來越不看好朱玫和李熅的前景，不如反了水，拿下朱玫，靜難軍節度使的位子還愁做不上？

主意拿定後，王行瑜於光啟二年十二月，引兵還長安，來見朱玫。朱玫見王行瑜擅自撤兵，自然大怒：「誰讓你回來了？我的話你敢不聽，莫非是想謀反嗎？」王行瑜大笑：「我不敢反，只是來誅反賊朱玫！」言未畢，喝令左右將朱玫拿下，並殺朱玫黨羽數百人。王行瑜也不是什麼好東西，縱容軍士燒掠長安城，天寒時節，凍死百姓無數。

偽宰相鄭昌圖奉著偽皇帝李熅奔逃河中，想王重榮不定會給他們條活路。哪知王重榮比王行瑜下手更狠，當場殺掉李熅，囚禁鄭昌圖等人。王重榮將李熅人頭送往興元，李儇大喜，狂哭一場。

李儇不比他說話不算數的老爹懿宗，因王行瑜立功最著，便拜王行瑜為靜難軍節度使，李茂貞為武定軍節度使，李鋌為黔中觀察使，陳珮為宣歙觀察使，其他有功人員皆有厚封。隨後王重榮把偽宰相裴徹、鄭昌圖，蕭遘等數百人押往行在，李儇不想見他們，準備盡數誅死，經過杜讓能的力爭，只處死裴徹數人，餘皆不問。

梟平巨禍，李儇心情很爽，覺得自己翅膀也硬了，不再需要那個該死的老太監田令孜了。唐僖宗下令將國賊田令孜流放端州（今廣東肇慶），田令孜正在兄弟陳敬瑄手下吃肉，根本不睬你這個傻子，廢紙一張，李儇無奈長歎。

李儇說到底只是尊金光閃閃的佛像，眾人禮拜如常，但就是不聽他的，大家怎麼高興怎麼玩。瞧誰離得最近，就找誰交個朋友，關係處得火熱，比如地處中州的朱溫和秦宗權，這二位算是對付上了，如膠似漆，好不親熱。

秦宗權勢力遠強於朱溫，可就是拿朱溫沒奈何，朱溫不死，他就別想過安穩日子。秦宗權決定掏出自己的全部家底，和朱溫決一死戰，秦宗權不信朱溫真能頂住他的百道攻勢。

朱溫見秦宗權擺開了要吃人的架勢，甚是擔心，雖然自己屢勝蔡軍，但那都是在相對條件下的優勢打贏的。就單場戰役而言，朱溫的兵力遠不佔優勢，所以絲毫不敢大意。

朱溫打起一百個小心提防著秦宗權，此時卻傳來河陽（今河南孟縣）節度使諸葛爽病故、大將劉經、張全義擁立諸葛爽幼子諸葛仲方為河陽留後的消息。隨後不久，諸葛爽的同鄉牛存節因看不上劉經這個白癡，私謂鄉黨：「天下禍亂百五十年，英雄豪傑，輩出其間，當擇明主事之，何必跟劉經混？聽說宣武朱將軍英武明略，不如跟他混吧。」眾人私奔汴州，投降了朱溫，朱溫大喜，擢牛存節為偏將。

諸葛爽可是朱溫的老朋友，朱溫非常在意河陽的情況，經常派人打探。在河陽主事的劉經因為忌東都留守李罕之跋扈難制，於光啟二年（西元八八六年）十二月，親率兵去偷襲李罕之，結果被李罕之在澠池（今河南澠池）迎頭打了一頓，劉經逃回河陽。

李罕之窮追不捨，劉經派河陽二號人物張全義去防禦李罕之。誰知道張全義見劉經用事河陽以來，眾將多不服劉經，不想再做劉經的高級馬仔，聯合李罕之反攻河陽。沒想到劉經這回開了竅，大敗李張聯軍，二人逃奔懷州（今河南沁陽）安身。

李罕之為了對付劉經，派人去太原請李克用出兵幫忙。李克用考慮：如果能把李罕之和張全義籠在袖中，日後就可以把他們當成進入河南的跳板，活捉朱三，好好出口惡氣。使派澤州刺史劉金俊與李張二人合力進攻河陽。這回劉經撐不住了，聯軍攻進河陽，劉經帶著諸葛仲方小朋友狂奔汴州找朱溫避難。

李罕之讓張全義守洛陽，自己則做起了河陽節度使（這通亂）。朱溫沒撈到河陽，只能把注意力集中在秦宗權身上，知道秦宗權盡早要來找他喝茶的。

唐光啟三年二月，朱溫派都指揮使朱珍去淄州（今山東淄博）一帶招兵買馬，做好迎戰準備，約好到入夏時，朱珍訓練好新軍回汴梁。汴州和淄州本不搭界，中間還隔著泰寧軍節度使齊克讓，齊克讓聽說朱珍準備借道行路，覺得這買賣不做可惜，伏兵孫師坡企圖滅掉朱珍。汴軍戰鬥力甚強，雖然遇伏，卻也不怕，朱珍率軍進擊伏軍，大勝，然後進入乾封（今山東泰安南）。

平盧節度使王敬武惱怒朱溫到他地頭上發財，起馬步軍二萬，在金嶺驛紮下三寨，防止朱珍胡來。可惜王敬武遇上的是朱溫手下的頭牌朱珍，汴軍連破三寨，繳獲軍資無數，隨後來到淄州，開始募兵。這個場面實在太搞笑了，朱溫在王敬武的地界徵兵，王敬武知道打不過朱珍，只能看著朱珍直發呆。

四

唐光啟三年四月，秦宗權的大隊人馬已經殺到汴州，秦賢部屯版橋，張晊部屯北郊，各擁兵數萬，連營二十里，聲勢浩大。朱溫深以為憂，正遑急間，朱珍帶著新招募的萬餘新兵和一千多匹馬回到汴州。朱溫大喜：「得此生力軍，還怕什麼秦宗權！」再語眾將：「賊欺我兵寡，必不以為備，況也不知朱珍之增兵，今我當親獎雄師，出其不意，擊斬賊首。」眾將拱手：「敢不聽命！」

深夜時分，朱溫挑選精銳，銜枚出城，襲攻秦賢寨。汴軍及至寨外，張兵直擊，呼殺連天。朱溫戎服縱馬，指揮戰鬥，汴軍士氣大盛，加上蔡軍根本沒有防備，連破蔡宗四寨，斬首上萬，蔡軍狂呼奔散。

朱溫取得汴州保衛戰的重大勝利，但這卻不是最終的勝利，因為秦宗權又派大將盧瑭再率萬餘蔡軍殺來，盧瑭屯守萬勝鎮（今河南中牟西北），跨汴河兩岸分下南北寨，準備扼住河運要道，困死朱溫。朱溫不能坐以待斃，必須敲掉盧瑭。

朱溫率精銳汴軍出城，老天也比較偏向朱溫，這一天大霧四起，瀰散天際。朱溫大喜，急馳蔡軍寨中，雖然此時蔡軍發現了汴軍，但已經來不及了，被汴軍虎蹚羊群，蔡軍大潰，包括盧瑭在內的大多人無路可走，投水溺死。朱溫回城後，大賞將士，所得甚豐厚，所以汴軍「各懷憤激，無不奮勇」。壯士參軍，無非就希望搏殺出個富貴，朱溫如此不吝，將士們自然也願意為朱溫賣命。

經過這兩場慘敗，蔡軍方才知道朱溫的厲害，其他各路蔡軍雖然再來汴州，都不敢再分開下營，哄至張晊營中，做連橫狀，窩在一起比較安全。

這幫強人倒很聰明，也確實如此，如果各自下寨，那麼蔡軍人數上的優勢便顯現不出來，容易被朱溫個個擊破。現在聚為一軍，不怕朱三再來偷襲。可惜他們太小看了朱溫，汴軍不僅會偷襲，陣地戰也不含糊，強將手下無弱兵，確實是這個道理。

五月間，朱溫再率軍出酸棗門，不再玩偷襲，事不過二，讓他們見識一下汴軍的陣地作戰能力。這一戰打得非常慘烈，由早及晚，汴軍狂嘯擊殺，朱溫立馬喝戰，蔡軍抵抗不住，被朱溫追殺了二十多里才得喘息之機。

秦宗權連得敗報，氣得臉都變形了：「偷鍋賊！敢欺吾如此！」此時秦宗權正在鄭州休整，也沒帶多少人馬，就帶了幾個親將直入張晊營中，準備和朱溫玩命，即使這樣，汴州城下的蔡軍也差不多有十五萬。

朱溫再有能耐，奈何兵力太少，知道秦宗權要狗急跳牆，速調滑州軍前來，但和蔡軍相比，還是不佔優勢。這時朱溫想到了鄰居朱瑄，朱瑄霸著天平軍，實力較強，忙快馬告急。不用朱溫多說，朱瑄都是要來幫忙的，秦宗權要是滅了朱溫，他朱瑄一準跑不了，唇亡齒寒，哪能不救？何況他們還是「同宗」，朱溫呼其為兄，必須要來的。

朱瑄和悍勇可比呂溫侯的兄弟朱瑾各率精銳兗、鄆軍撲至汴州，加上滑州援軍，足夠對付秦宗權，朱瑄屯兵靜戎鎮，朱瑾屯兵封禪寺。蔡軍已經被朱溫給打怕了，見到各路援軍到來，旗幟兵甲甚為鮮亮，更加畏懼，守不敢出。朱溫不希望這樣和秦宗權耗下去，主動出擊，殺條活路出來。

此日，朱溫與兗、鄆軍合兵出城，這是一場決戰，汴兗諸軍進則生，退則死，當人被逼到懸崖邊上時，往往會爆發出恐怖的力量，反正橫豎是一死，不如險中求生。

聯軍分攻蔡軍各寨，刀兵相擊時，火星四迸，人頭滾滾，慘聲連連。聯軍殺紅了眼，有進無退，蔡軍精神已經崩潰，無心再戰，打到晚上時，蔡軍徹底被擊潰，秦宗權等人倉皇逃去，聯軍一直追出數十里方才收兵。是役聯軍大獲全勝，收牛馬、兵甲、輜重無數，朱溫狠狠發了一筆。此次大勝，朱溫的生存環境大大改觀，而秦宗權的勢力則日益削弱，無力再發動大規模的戰爭。而尚在河南剽劫的蔡軍各部聽說主子落敗了，這回算是領教朱溫的厲害，都沒敢招惹朱溫，棄城而逃。

朱溫非常感激朱瑄雪中送炭的義舉，對朱瑄大力發揚「雷鋒精神」給予了高度的肯定，並厚犒兗鄆諸軍。朱氏兄弟賺了一票，又掃除了日後隱患，高興而歸。

朱溫捨命打贏了關鍵戰役的勝利，從此陽關大道，任朱溫馳行。朱溫在境內進行整風，淘汰弱兵庸才，休整戰備，安撫流亡百姓。一時間，四方流民多聚於汴鄭間，有了人口，農業生產就能得到保障，朱溫的家底自然也就豐實起來。

當然，朱溫現在的實力還不算很強，周邊各路虎狼哪個也不是輕易能下口的，也只能暗中生聚教訓，慢慢增長實力。在朱溫的這幫鄰居中，最囂張跋扈的自然就是河東的李克用，李克用這幾年也不甚老實，經常在河北一帶摸來摸去，不過都沒摸到什麼大魚。幽州的李匡威、定州的王處存、鎮州的王鎔，也都是渾身帶刺。

而朱溫的乾舅舅、河中節度使王重榮實力也不弱，加上據有兩大鹽池，日子過得頗為滋潤。不過王重榮生性嚴酷，用法很嚴，手下多與王重榮離心。河中部將常行儒嘗因事被王重榮無故辱罵，心懷仇怨，準備對王重榮下手。

唐光啟三年六月，常行儒率本部兵在河中作亂，攻入王重榮府第。王重榮見狀大駭，拼命逃出城外，可惜運氣不好，被常行儒追上，一刀砍死，然後推立王重榮之弟王重盈為河中節度使。王重盈知道常行儒能殺他哥哥，未必就不敢殺他。即立不久，王重盈就誅殺常行儒及其黨羽。

不知道朱溫認沒認王重盈做乾舅舅，當然這些都是虛的，各自的利益才是真的。不過朱溫的宣武軍和王重盈的河中軍並不搭界，中間還隔著河陽（今河南孟縣）的李罕之和東都洛陽的張全義，暫時也沒什麼瓜葛糾纏。

張全義是五代史上非常特別的人物，張全義的名聲很臭，不惡於較晚出世的「騎牆孔子」馮道，也是個「人盡可夫」的滑頭。後來朱溫把張全義的妻女盡數姦淫，張全義談笑如常。等到朱梁被李存勖消滅後，張全義又堂而皇之地做成了李存勖的馬仔，甚至還成了李存勖皇后劉氏的義父。

說張全義為人鮮廉寡恥並不冤枉他，但並不能因張全義的「無恥」就否定張全義對恢復社會經濟做出的特別貢獻。自孫儒焚劫洛陽之後，這座千年古都差不多化為灰燼，「城邑殘破、戶不滿百」。張全義鎮守洛陽以來，為了恢復洛陽經濟，在舊城的基礎上另建南、北兩座新城，招納亡民，免去租稅，百姓歸之如過江鯽，大約來了五六萬戶流民。

張全義「披荊棘、勸耕殖、躬載酒食、勞民畎畝之間」。不數年間，洛陽經濟大有起色，洛陽百姓稱讚張全義：「張公不喜聲伎，見之未嘗笑，獨見佳麥良繭則笑耳。」張全義如此愛民重農，千載之下，仍讓人心動不已。

朱溫對洛陽暫時還沒動什麼心思，也不是時候，畢竟秦宗權還活著。不過朱溫這次有朱瑄的支援，也略覺寬心，大不了再請朱瑄過來幫忙。可朱溫正想著好事，卻發現朱瑄正在挖自己的牆腳。

朱瑄其實不是什麼好鳥，當他看到汴軍的戰鬥力很強，便起了孬心眼。唐光啟三年八月，朱瑄派心腹人去朱溫的軍隊進行策反。朱瑄策反的招數也真夠絕的，他把大把的銀子放在和朱溫地盤交界的地方，讓汴軍兄弟自己來取，誰見錢還不眼開？朱溫的弟兄們都爭先恐後地前去「領工資」。朱溫很不高興，但朱瑄好歹幫過自己，便寫信指責朱瑄。哪知朱瑄根本不理朱溫，依然在「發工資」。

朱溫忍無可忍，派大將朱珍去敲打一下朱瑄，朱珍也給朱溫爭氣，沒幾天就拿下了曹州。朱溫得理不饒人，順手連濮州捎了回來，朱瑄兄弟被揍得找不著北。平心而論，雖然如果把朱溫和朱瑄的位置調換一下，朱溫難保不會幹這樣缺德的事，但就這件事情而言，明顯是朱瑄理虧。雖然他幫助過朱溫，但朱溫已經厚謝他了，沒道理給朱溫在背後插上一刀。

中原形勢這時相對比較平穩，大蔡皇帝秦宗權陛下正在罵朱瑄狗拿耗子呢，沒閒工夫再來搗亂。而此時的淮南形勢卻異常混亂，那位騎著木鶴要得道成仙的高駢先生已經被畢師鐸等人殺掉，廬州刺史楊行密和畢師鐸等人絞殺一團。唐僖宗李儇對朱溫的印象很不錯，看到淮南亂成這樣，就封朱溫領淮南節度使，並任東南面招討使。雖然這只是個空頭節度，但政治意義重大，以後朱溫就可以名正言順打著朝廷的旗號去征服淮南，朱溫差點笑破了肚皮。

唐光啟四年（西元八八八年）二月，李儇就從鳳翔回到長安，改光啟四年為文德元年。隨後不久，魏博軍發生大亂，魏博軍節度使樂彥禎的寶貝兒子樂從訓私募亡命徒為親軍，魏博牙兵非常憤怒，要找樂彥禎討個說法。樂彥禎沒了兵權，只好跑到龍興寺做和尚去了。魏博牙將遂推立牙將羅弘信為軍帥，樂從訓帶親軍逃到內黃（今河南內黃），據守不出。

無論魏博如何亂套，遠在長安的李儇是管不著的。自從李儇身邊沒了那個討人憎的老太監，這兩年日子過得還算安心，李儇覺得自己還年輕，以後的好日子還多著呢。只是誰也沒有想到，他的人生路即將走到盡頭。

唐文德元年（西元八八八年）三月，以打馬球著名青史的昏君唐僖宗李儇崩於長安武德殿，年僅二十七歲。李儇是個很「苦命」的皇帝，太平日子沒享受幾天，被黃巢攆來攆去。

對於李儇的歷史責任，各方史家看法不一，宋人何去非認為：「唐亡不在乎僖、昭之世，而在乎天寶之載焉。以其喪所以制天下之權者也。」而王夫之則把唐朝滅亡的責任推給了宣宗李忱、懿宗李漼和僖宗李儇：「唐自宣宗以小察而忘天下之大恤，懿、僖以淫虐繼之，民怨盜起，而亡唐者非叛民也，逆臣也。」

其實二人說的是一回事，就是唐朝中央政府在安史之亂後喪失了「制天下之權」，所以統治才會崩潰。不過就具體的歷史責任來說，懿宗和僖宗難辭唐朝亡國之罪，相比之下，後來的唐昭宗李曄更值得後人同情，昭宗「為人明雋，初亦有志於興復，而外患已成，內無賢佐」。李曄接手的是一個瀕將崩潰的帝國，就如將傾之大廈，獨木難支，一切都無可挽回。

而李儇的前「乾爹」田令孜，此時正在成都和他的兄弟西川節度使陳敬瑄經營著他們自己的「事業」。唐昭宗李曄繼位後，本有心重振唐朝，但看到局勢已經到了無法收拾的地步，他縱有天大的本事，也只能關起門來做他的「長安皇帝」。

汴州城中的朱溫本打算南征秦宗權，但此時突然接到樂從訓十萬火急的雞毛信：「朱大爺，救救我吧！」朱溫大喜，立刻改變作戰策略，遣李唐賓率馬步軍去攻秦宗權，另遣朱珍速救樂從訓。朱珍急進內黃，不過還是羅弘信手腳麻利，在朱珍趕到之前攻破內黃，殺掉樂從訓。朱珍本就是來渾水摸魚的，既然這條魚死了，再摸另外一條吧。

魏軍和汴軍在臨黃（今河南范縣南）大打出手，魏軍大敗，號稱魏博精銳的豹子軍被汴軍全殲。汴軍乘勝連下河津重鎮黎陽（今河南浚縣）、臨河（浚縣西北），得到了黎陽，朱溫就等於得到了通向河北的跳板。

五

魏博軍的亂局還沒有結束，河陽又亂了起來。當初李罕之和張全義合力謀得一塊立身的地皮，兩人關係極好，曾刻臂為盟，同生同死，如秦末張耳陳餘之交。李罕之得志後，治軍治民無方，貪鄙無厭，不得人心。李罕之見張全義勤儉愛民，罵張全義：「真是村夫所為！」

李罕之經常伸手朝張全義要錢要糧，張全義除了自己的人頭和妻女，要什麼給什麼。李罕之覺得張全義活得窩囊，也沒把他放在心上。因為河陽地盤太小，不夠折騰的，李罕之看上了河中節度使王重盈。唐文德元年（西元八八八年）四月，李罕之盡發河陽兵，出攻河中。

俗諺曰：「不叫的狗咬人最狠」，李罕之不拿張全義當個人物，張全義早就等機會對他下手了。王重盈求救於張全義，張全義自然樂得幫忙。領兵偷襲河陽。李罕之大驚，沒想到張全義居然玩得這麼狠，只好單騎逃奔太原，李罕之家眷數白口都成了張全義的人質。

李克用誰找他幫忙，他就幫誰，當然朱二除外，李克用以康君立為南面招討使，大將李存孝、薛阿檀、史儼、安金俊、安休休為副，率二萬黑衣沙陀軍來攻河陽。在這幫沙陀將中，無疑李存孝的名號最響亮，李存孝號稱殘唐五代第一條好漢，李存孝本名安敬思，善弓馬，驍勇冠絕三軍。

河東軍狂攻河陽，張全義為了活命，將老婆孩子打發到汴梁做人質，求朱溫出兵相救。朱溫聽到李克用的人馬來搗亂，氣就不打一處來（那事你還有理了？），遣大將丁會、葛從周、牛存節督軍往救河陽。李存孝自恃驍勇，讓李罕之率步軍攻河陽，自率沙陀騎兵來會汴軍。兩軍在溫縣（今河南溫縣）狹路相遇，惡戰一場。河東軍與戰不利，被汴軍殺得大敗。康君立和李存孝等人逃回太原，安休休則逃往蔡州找秦宗權拜碼頭去了。

汴軍隨後又把李罕之所率領的河東步兵給包圍了，李罕之腿比較長，又跑回太原哭鼻子去了，朱溫自此併有河洛之地。河東軍撤後，張全義撿得一條性命，對朱溫感激涕零，決定「以身相許」，盡力侍奉朱溫。朱溫留丁會守河陽，讓張全義還回洛陽享福。

這場河陽大戰是李克用和朱溫之間第一場大戰，從此也為後來長達三十年的梁晉（李存勖滅梁前稱晉王）戰爭拉開了大幕。

朱溫把河南局勢穩定下來後，決定開始收拾秦宗權，這個大蔡皇帝經常在朱溫背後捅刀子，實在受不了，不拔掉他，朱溫寢食難安，正如後來趙匡胤所言：「臥榻之下，豈容他人酣睡？」

文德元年五月，秦宗權所屬山南東道節度使趙德諲舉漢南地歸降朝廷，唐昭宗初即位，自然要幹出點名堂，秦宗權是個再合適不過的目標。唐昭宗下詔以朱溫為蔡州四面都統，趙德諲為副，朱溫乃盡出汴軍銳師，親征蔡州。秦宗權前幾次被朱溫狠揍之後，實力大減，加上趙德諲的「叛變」，蔡軍已然如籠中困獸，翻不了多大風浪。

朱溫率軍行至汝水，和趙德諲部會合，然後直薄蔡州城下。朱溫在城外紮下二十八座大寨，將蔡州死死圍住。朱溫下令攻城，朱溫身先士卒，披甲在城下指揮各部攀梯上城。城上亂箭齊下，但因為主帥在前，汴軍都不敢後退，不要命似的衝殺。朱溫正在揮劍指揮，突然從城上射來一支箭，正中朱溫腋下，血流如湧，衣服都被血浸紅了。

要說朱溫也確實是個人物，面不改色，小聲告訴身邊將士：「不許驚慌，亂傳言者斬！」眾人見主帥如此玩命，個個爭先似虎狼。不過蔡軍守城能力很強，一直打到八月，汴軍才攻下蔡州南城，而秦宗權繼續在城中做他的大蔡皇帝。

攻到九月，汴軍糧草漸漸吃光，反正此時秦宗權孤守蔡州一城，對他已經構不成實質性威脅。而能夠威脅汴州的，除了北方的李克用，就算是徐州的武寧軍節度使時溥。朱溫撤軍回到汴州，然後準備轉攻時溥。

十月，朱溫遣朱珍率軍攻徐州，時溥把老底都掏出來了，率三萬徐州兵來前會戰。汴軍在吳康里（今江蘇豐縣南）大敗徐州兵，時溥狼狽逃回徐州，朱溫沒費多大功夫就收下徐州的西大門豐縣、蕭縣。不過朱溫覺得不過癮，又派兵攻宿州（今安徽宿州），宿州刺史張友出降汴軍。至此，時溥手中只剩下一座孤城，和秦宗權成了難兄難弟，朱溫暫時不動時溥，凱旋回師。

朱溫真有本事，把當時天下兩大鎮都打成了孤城，秦宗權和時溥都成了朱溫掌上玩弄的白鼠，無論如何掙扎，都難逃一個死字。在二人中，最先倒楣的是朱溫此時最大的對手秦宗權。

文德元年十二月，蔡州城中發生兵變，蔡軍大將申叢活捉了秦宗權，並打斷秦宗權的雙腿。隨後申叢向朝廷投降，唐昭宗李曄大喜，封申叢為蔡州留後。朝廷使節剛到蔡州，申叢就被另一個蔡將郭璠所殺，功勞雖然還記在申叢的頭上，但好處都讓郭璠給吃了。蔡軍所屬各州縣紛紛投降朝廷，禍亂天下六年之久的秦宗權勢力終於被徹底撲滅。

郭璠把超級巨蠹秦宗權押往汴州，送給朱溫。如果說上次撲殺黃巢立首功的時溥是瞎貓碰個死老鼠，這次朱溫得到秦宗權則是貨真價實的勝利，李克用種樹，時溥摘桃子，朱溫運氣不錯，種樹摘桃子兩不誤。

秦宗權被押到汴州，朱溫「熱情接見」了這位「前朝」皇帝。兩人之間有段對話，朱溫告訴秦宗權：「你實在太不識相了，黃巢那麼大的能耐不也沒把李家的怎麼樣？你就敢犯上？當年你要聽我的勸告，現在你混得絕對不比我差，太可惜了你。」

秦宗權好歹也算是一路梟雄，做過大買賣的，成敗生死，並不在意，從容歎道：「英雄不兩立，有我必無朱公，有朱公必無我，天意如此，我復何言！如果我不反，恐怕朱公也不會混到今天。」朱溫按照國法，將秦宗權送到長安，親由皇帝處置，那還有什麼好？

唐龍紀元年（西元八八九年）二月，唐昭宗李曄在延喜樓上舉行盛大的受俘儀式，痛責秦宗權負國，命京兆尹孫揆押住市中監斬。秦宗權在囚車中伸頭大聲呼孫揆：「孫公明鑒！我秦宗權豈是負朝廷的賊！只是我想為朝廷賣命，可惜沒有進忠之路！」路人聞之狂笑。

只要秦宗權不擅建帝號，其實完全有機會學習王重榮和諸葛爽等人，這幾位都投降過黃巢，後來又反歸朝廷，做了大鎮，秦宗權當時要也這樣，哪會落到這步田地？說沒有進忠之路完全是在騙人，王重榮們怎麼就有路？偏你秦宗權沒有？死到臨頭還在胡扯，真是服了秦宗權。孫揆將秦宗權斬於大柳樹下，秦宗權之妻趙氏被亂棍活活打死。

這次消滅秦宗權，朱溫是首功，唐朝自然大加封賞，進朱溫為東平王。但朱溫野心勃勃，他要得到更多的地盤。亂世奉行的是叢林法則，誰有實力誰當老大，什麼道德禮數都是妝點門面罷了。蛋糕就那麼大，別人多吃一口我就少吃一口，人人都想多吃，這也不能怪朱溫貪婪。

秦宗權滅亡後，朱溫實力暴漲，「朱溫連兵十萬，吞噬河南，兗、鄆、青、徐之間，血戰不解。」邁過了秦宗權這道檻，後面還有許多更加難纏的對手，朱溫不得不小心應付。

三月，朱溫在河南的「親密戰友」——忠武軍節度使趙犨病死。當年秦宗權正威風的時候，河南諸鎮只剩下朱溫的汴州和趙犨的陳州，朱溫嘗出兵救過陳州，兩人交情極好。後來趙犨為了報答朱溫救命之恩，為兒子趙岩娶了朱溫的女兒。趙犨也算是個有眼力的人，他看出朱溫將來必能成大事，所以表面上趙犨盡忠唐朝，暗中輸款朱溫，為子孫鋪出一條金光大道。

朱溫在河南威風八面，他的老朋友李克用在北邊也沒閒著，自封昭義軍節度使的邢州（今河北邢臺）軍閥孟方立平素仗著有朱溫為他撐腰，對李克用經常不三不四。李克用煩透了這個蒼蠅，決定掃掉孟方立。插一句，孟方立就是後蜀高祖孟知祥的祖父。

龍紀元年五月，李克用遣李罕之、李存孝出兵攻邢州。孟方立聞報大駭，速派大將馬溉、袁奉滔帶著數萬邢軍前去作戰。沙陀軍是見過大世面的，沒來由怕你，二李在琉璃陂（今邢臺西南郊）大敗邢軍，活捉馬袁，然後帶到邢州城下，李存孝先宰了馬袁二人，大呼城上：「孟公要想活命，請速出降。」孟方立不應。李存孝命三軍對城大喊：「能取孟方立首級者，賞三州節度使！」

孟方立膽子比較小，見狀嚇得魂飛魄散，回到府中飲毒酒自盡。邢軍眾將速立孟方立之侄孟遷為軍帥，並向朱溫求援。朱溫最恨的就是這個李克用，上原驛的仇恨這輩子是別想解開了。

龍紀元年六月，朱溫小氣，只讓大將王虔裕帶著數百人去救孟遷。王虔裕為了不讓李存孝看清自己的兵力，在夜間摸黑溜進邢州。第二天王虔裕在城上遍樹旗幟，李存孝不知道汴軍底細，一時不易得手，只好撤軍。

北方形勢略有好轉，朱溫又開始對付時溥，讓朱珍再去徐州。朱珍屯兵蕭縣，俟圖進取。朱珍性情急暴，而同行於軍，能力、名望都不下朱珍的李唐賓對朱珍的跋扈很是不滿，兩人經常起口角。六月，朱珍因不滿李唐賓對自己的不恭，一怒之下，斬了李唐賓。

前線發生內亂，朱溫氣急敗壞地來到汴軍駐地，座間擒下朱珍，責罵朱珍擅殺大將，不顧霍存等人的苦苦告免，縊殺朱珍於帳中。朱珍的能力毋庸置疑，但不論朱珍殺李唐賓是有意還是無心之失，朱溫都不能容忍自己的絕對權威受到挑戰，要殺李唐賓也由朱溫下手，絕對輪不到朱珍。朱溫全力進攻徐州，不過時降大雨，不便攻城，朱溫留下龐師古代替朱珍「保護」時溥，回到汴州。

到了年底，唐昭宗下詔改龍紀元年為大順元年（西元八九〇年），唐朝年號最為混亂的有兩個時期，一是高宗武后時期（五十五年換三十二個年號），一就是僖宗昭宗時期（三十年換十一個年號），還是明清皇帝的年號好記，基本上一人一個。

二月，李克用再次發兵攻邢州，領頭的還是李存孝。還沒等朱溫有所行動，河東軍就攻破邢州。孟遷擒王虔裕獻於李存孝，邢州、洺州（今河北邯鄲東北）、磁州（今河北磁縣）盡為李克用所有。李克用讓安金俊為邢洺團練使，王虔裕被帶到河東，不屈遇害。

朱溫知道如果不除掉李克用，這輩子別想過安生日子，時溥垂死困獸，不足慮。唐大順元年三月，朱溫聯合幽州節度使李匡威、雲州防禦使赫連鐸上表朝廷，請誅李克用。李曄知道他們之間純是江湖仇殺，都不是好東西，會議群臣。朝中分為三派，宰相杜讓能和劉崇望堅決不同意討伐李克用，而另一宰相張浚因為早被朱溫重金餵飽了，自然要為朱溫搖尾巴。

張浚奏道：「誰說李克用無罪？當初李克用出兵攻長安，先帝逃難興元，此謂無罪？今三鎮皆曰李克用可誅，何況李克用本突厥遺種，非我族類，其心必異，當斷不斷，必受其亂。」宰相孔緯支持張浚議，而軍容使楊復恭則是中間派，兩不得罪，勸李曄不宜亂動兵戈，安慰一下朱溫就可以，何必得罪李克用？

李曄頗同意楊復恭的建議，但張浚等人拿人錢財，自然要為朱溫辦事，跟蒼蠅一樣盯住李曄不放。李曄實在沒有辦法，只好下詔各鎮討伐李克用。

五月，詔削李克用官職和宗籍，以張浚為太原四面行營兵馬都統，孫揆為副。朱溫為太原東南面招討使，成德軍節度使王鎔為東面招討使，李匡威為北面招討使，赫連鐸做李匡威的副手，鎮國軍節度使韓建為供軍糧料使，負責後勤工作。大發朝廷各路胡漢軍馬五萬，準備討伐李克用。

還沒等張浚出發，潞州（今山西長治）方面就傳重大消息，李克用的弟弟昭義軍節度使李克恭因暴虐無度，被部將馮霸所殺，馮霸向朱溫請降。朱溫大笑，派河陽留後朱崇節火速接收潞州。

潞州噩耗傳來，李克用哭昏於地，大罵朱三無恥。派康君立、李存孝領數萬胡漢兵來攻潞州。朱溫得知情況，再派葛從周於夜間銜枚急進潞州，和朱崇節死守。李儻、李重胤、鄧季筠攻澤州（今山西晉城）的李罕之。

七月間，張浚帶領的中央軍來到晉州（今山西臨汾），張浚雖然收了朱溫的賄賂，但也不希望朱溫勢力坐大，派孫揆帶著兩千軍去「幫助」汴軍守潞州。李存孝得知孫揆要來，率三百騎兵埋伏在長子谷。孫揆也搞笑，持旌節擁大蓋，大張聲勢前進。在長子谷被李存孝一戰擊潰，活捉孫揆。

李存孝很有意思，把孫揆帶到潞州城下，招呼葛從周：「朝廷已派孫尚書來鎮潞州，這裡沒有葛將軍的什麼事了，請回汴州喝茶去吧。」葛從周又不是傻子，當然不肯。李存孝便把孫揆押往太原，李克用本想勸降孫揆，並許以河東副節度。孫揆大罵李克用：「我大子臣也，怎麼能事你這個沙陀小兒！」

李克用大怒，命人用鋸殺孫揆，孫揆見狀大笑：「死狗奴！鋸殺人當以夾板而從，你真是天字第一號蠢蛋！」李克用一想也對，找來木板用鋸鋸死孫揆，孫揆至死罵不絕口。

唐大順元年九月，這場戰爭日益激烈殘酷，幽州節度使李匡威和雲州防禦使赫連鐸合三萬胡漢兵攻雁門（今山西代縣），被河東軍李存信、薛阿檀部擊潰逃去。李克用回過勁來，開始反攻，讓李存孝去救澤州。

六

此時汴軍正狂攻澤州，李儻在城下大聲諷刺李罕之：「相公甘作沙陀走犬，現朝廷兵馬即將破河東，沙陀人被打得無處藏身，看你還能往哪逃？」正大笑間，李存孝率五百悍勇沙陀騎兵呼嘯殺來，大罵汴軍：「我就是你們要找的那個無處藏身的沙陀人，明白告訴你們，爺今天沒吃飯，打算吃人，你們挑些肥壯的漢子過來吧。」

汴軍大怒，鄧季筠躍馬出戰，李存孝的武力指數在五代十國時號稱無人可比，豈是鄧季筠可比？數招擒鄧季筠於馬上。汴軍驚亂，於夜間逃去，李存孝一直追到懷州，斬首萬餘。隨後李存孝轉攻潞州，葛從周、朱崇節聽說李儻等人跑了，也不想做了李存孝的餃子餡，棄城南逃。收復了潞州，李克用讓康君立守潞州。朱溫聽到兩路都敗了，怒不可遏，立斬李儻、李重胤，率軍還汴。

李存孝見自己立了大功，卻讓康君立占了便宜，嘟嘟囔囔地去攻晉州。李存孝心中有氣，不想給李克用真出力，在打敗了韓建後，李存孝寫信給張浚：「亮事的趕緊讓出城來，不然就要亮真傢伙了。」張浚聽明人，一點就透，率軍逃回關中。

李克用得理不饒人，上表呼冤：「臣本無罪，賊臣張浚勾結朱溫離開臣與陛下。」李曄也知道李克用比較冤，便恢復李克用官職和宗籍，後貶張浚為繡州（今廣西桂平南）司戶。本來可以轟轟烈烈的一場大戰，就這樣以鬧劇收場，李曄氣得無話可說，他本就不想打，張浚一定要打，結果弄得大家一起丟臉。

既然朝廷方面沒用，朱溫乾脆就自己來。大順元年（西元八九〇年）十月，朱溫屯兵滑台（今河南滑縣）。朱溫先寫信給魏博軍節度使羅宏信，打算借點糧食，結果汴使為魏博牙兵所殺。朱溫這個氣：「真是個找屎的糞耙子！」讓丁會出黎陽，葛從周出臨河，龐師古出淇門（今河南浚縣淇門渡），霍存出衛縣（今河南衛縣），朱溫率大軍來找羅宏信討個說法。

唐大順二年（西元八九一年）正月，兩軍在內黃交戰，魏博軍連敗五陣，死傷數萬，汴軍直進魏州。羅宏信一聽敗報，魂差點給嚇飛了。趕忙向朱溫求和。朱溫同意了，歸還魏軍俘虜，羅宏信本就在朱溫和李克用之間受夾板氣，反正跟哪一個都要得罪另一個，只能選擇一個對自己威脅最大的聽命。朱溫在魏博一帶耀武揚威一番，回到汴州。

當時天下兩大鎮，北晉南汴，互不服氣，朱溫這邊剛搞定羅宏信，李克用就攻下了雲州，打跑了赫連鐸，李克用以石善友為大同防禦使。不過對朱溫來說，現在拿李克用還是沒辦法，只能先挑些軟柿子下口。朱溫的幾個鄰居中，也就時溥最弱，朱溫當然不會放過時溥。

八月，朱溫遣丁會攻又被時溥收去的宿州，丁會發水灌城，逼降了宿州刺史張筠。汴軍聲勢大振，徐州各路好漢紛紛來降朱溫，其中包括名將劉知俊。時溥這時徹底沒活路了，只能痛苦地等死。

朱溫正盤算著如何吃掉時溥，朱瑄就伸條閒腿湊熱鬧，十二月，朱瑄讓兄弟朱瑾率三萬軍來攻單父（今山東單縣）。朱溫忙派丁會去對付朱瑾，兗州軍在金鄉（今山東金鄉）幾被汴軍全殲，只有朱瑾光棍似的逃掉了。朱溫覺得朱瑄兄弟始終是個禍害，便甩開時溥，全力對付朱瑄。

唐景福元年（西元八九二年）正月，朱溫率大軍親征朱瑄，並讓長子朱友裕屯兵斗門。朱瑄知道朱溫的厲害，沒敢招惹朱溫，先去招呼一下朱大少爺。朱瑄自帶萬餘騎夜襲朱友裕。朱友裕無備，折了一陣。朱溫聽到兒子有難，忙自將大軍來救。朱溫此時還不知道朱友裕早就跑了，來到斗門時，發現了鄆州軍，朱溫下令追殺朱瑄。

鄆州軍後撤至瓠河，可惜沒追上，只好暫時紮在村野間，正好遇上也退至此的朱友裕。朱溫心疼兒子，讓朱友裕緊隨左右。沒多久，朱瑄就率軍殺了過來，兩軍大戰。鄆州騎兵較多，來回衝擊汴軍陣上，汴軍稍不利。朱溫策馬南奔，結果被眼尖的鄆軍發現，擒賊先擒王，逕直朝朱溫殺來。

朱溫嚇得縱馬狂逃，前面有個大溝，幸好溝中有村民堆放的木柴，朱溫踏馬踩著木柴逃過大溝。汴軍大將張歸厚舞大槊斷後逆擊鄆軍，朱溫這才逃出生天，不過汴軍李璠等人戰死。

汴軍的實力並沒有因小挫而受損，十一月，朱溫讓朱友裕攻濮州（今山東鄄城北），一戰破城，擒歸濮州刺史郡儒。得到濮州，朱溫就可以對朱瑄盤踞的兗鄆地區實行兩面合圍。朱瑄知道朱溫不好對付，老實了許多，朱溫騰出手來，移軍東向攻取徐州。

朱溫的痛苦就是李克用最大的快樂，上原驛的奇恥大辱李克用永遠都不會忘記，可朱溫哪是這麼好滅的，朱溫還想滅他呢。李克用身邊鄰居也不少，幽州的李匡威、趙州的王鎔、定州的王處存，這幫人個個野心勃勃，沒個面瓜。不過還沒等李克用對他們動手，自家後院就起了一場大火，點火是的李存孝。

前次李存孝因救潞州有功，卻只得了個邠州刺史，極為不滿，暗中謀叛李克用。加上蕃漢馬步都校李存信屢在李克用面前構陷李存孝，李存信受寵程度漸超李存孝，所以李存孝對李克用很失望，跟這種人混江湖，到最後恐怕逃不過一個兔死狗烹。

李存孝後改任邢洺留後，有了邢、洺、磁三州之地，覺得有能力單飛了。景福元年十月，李存孝通款成德軍節度使王鎔和宣武軍節度使朱溫，倚為後援，復又上表長安，請以邢洺磁三州歸復朝廷。李曄多了三州的地盤，自然高興，拜李存孝為邢洺磁節度使。李克用得知李存孝居然敢私通王鎔和朱溫叛變，又驚又怒。

景福二年（西元八九三年）二月，李克用以王鎔私納叛將為名，大發河東精銳來攻王鎔。河東軍攻到天長鎮（今河北井徑西）時，王鎔派三萬趙軍來戰。河東軍在叱日嶺下大敗趙軍，斬首萬級。因為連年戰亂，百姓四逃，徵不到軍糧，河東軍只好醃死屍充饑。吃了人肉，河東軍精神大好，直撲鎮州而來。

李存孝率本部人馬進入鎮州，和王鎔共同守城。不過雙方實力懸殊，王鎔忙向朱溫求救。此時朱溫正全力對付時溥，實在騰不出手來，便寫封信去嚇唬李克用：「虎旅十萬，頓留鄴下，只要你敢過來，小心你的狗頭。」李克用知道朱溫這是糊弄他，回信罵道：「潑皮！少糊弄你家老爺。真有十萬兵，我就早發現了，別說廢話，你真有本事的話，那就過來決一死戰。」

王鎔見朱溫不濟事，只好轉向幽州節度使李匡威求救。鎮、幽互為唇齒，當下就率兵來救王鎔。李匡威剛出幽州，他的寶貝弟弟李匡籌就把幽州給占了，自封為幽州留後。李匡威曾經酒後姦淫過弟媳張氏，所以李匡籌恨透了哥哥，趁勢絕了哥哥的後路。

李克用得知李匡威狗拿耗子，只好撤軍。李匡威對王鎔有救命之恩，王鎔也沒忘了他，厚酬二十萬金帛，將李匡威打發回幽州。李匡威剛行至深州（今河北深縣），晴天霹靂傳來，李匡威差點暈倒，大罵弟弟無恥下流（你也不比李匡籌有恥上流）。沒地方去了，怎麼辦，李匡威只好上表朝廷，請歸長安。

因為李匡威的名聲太臭了，長安百姓聽到李匡威要來，都驚呼：「金頭魔王來了！」紛紛逃竄山谷避難。朝廷自然也不喜歡這個煞星，不理他，李匡威成了流浪狗，正哭呢，王鎔知道情況後，覺得李匡威還有些用處，至少能幫他守城，便派人來迎李匡威入鎮州享福。李匡威羞羞答答地去了鎮州，王鎔倒很客氣，以父禮事之，這年王鎔也只有十七歲。

李匡威救過王鎔，王鎔自然要厚待李匡威，當然如果朱溫當時要出了兵，李匡威可能還不會落到這步田地。朱溫如果不是因為時溥還盤踞在徐州，早就過去救王鎔，朱溫非常清楚，以河東的實力，如果再拿下成德軍，朱溫以後對抗李克用會更加吃力，所以朱溫必須以最快的速度攻下徐州。長子朱友裕奉命圍徐州，時溥聯絡朱瑄前來相救，朱瑄派朱瑾來救時溥，剛到徐州被汴軍打了回去，朱友裕為了保存實力，縱朱瑾逃去。

朱溫的義子朱友恭告發朱友裕放走朱瑾，朱溫大怒，派人去調龐師古代替朱友裕，然後準備重懲朱友裕。沒想到送信的人居然把調令傳給了朱友裕，朱友裕知道父親的脾氣，一旦較了真，天王老子也救不了他。嚇得帶著兩千騎兵逃往碭山，藏到了大伯父朱全昱家中避難。事情被朱溫夫人張氏聞及，張夫人心疼兒子，便遣體己人去碭山把兒子召回來，讓朱友裕給父親認個錯，也就行了。

朱友裕有母親撐腰，便放了膽回到汴州，伏地哭泣請罪。朱溫怒氣未消，命人推出斬首。張夫人急了，甚至來不及穿鞋子，光著腳跑到堂下，抱住朱友裕哭言：「你如果怕死，還敢回來？單身請罪，可見你絕對沒有反心。」這話明顯是說給朱溫聽的，朱溫想想，也確實如此，朱友裕真要反心，絕不敢回來，加上父子天性所出，夫妻感情擺在這，只好作罷，出朱友裕為許州刺史。

朱溫從兩年前開始拿時溥開刀，直到現在，依然沒有拿下來，朱溫不想再等下去了，夜長夢多。景福二年四月，朱溫下令讓龐師古抓緊時間動手。時溥這幾年和朱溫大打出手，結果越打越蔫。時溥拉下臉皮向朱溫請和，朱溫和時溥也沒有私人恩怨，他要的只是徐州。朱溫告訴時溥：「我可以不殺你，但你必須離開徐州，讓朝廷給你安排個地方。」

四月，時溥答應了朱溫的條件，朱溫上報朝廷，李曄以宰相劉崇望來鎮徐州。可時溥隨後又後悔了，覺得朱溫這人太不靠譜，自己若出城，命落朱溫手，萬一朱溫翻臉怎麼辦？時溥拒城不出，劉崇望得到消息，又回到長安。朱溫趁機攻城，牛存節、王重師夜破徐州城，時溥攜妻登上徐州名樓燕子樓，舉火自焚死。自此，徐州成了朱溫的地盤，朱溫調宋州（今河南商丘）刺史張廷範為感化軍留後。

徐州是天下重鎮，自古就有「得徐州者得天下」之說，朱溫得到徐州，既擴大了自己的戰略縱深，保障了汴州的絕對安全，又可以從側翼包圍朱瑄，一舉數得。

在唐末五代，因為政權較多，所以事關各方生死利益的著名軍事重鎮非常多，比較著名的有汴州、徐州、幽州、河東、揚州、魏州、鎮州等超級大鎮。基本上是一個政權擁有一個大鎮，朱溫運氣好，左汴右徐，安全形勢較為樂觀。在這些大鎮中，王鎔的鎮州四面皆是強敵，想坐穩這份家業確實不容易。

不過王鎔也不是個白給的人物，雖然年紀小，但還是有點能耐的。可惜他剛認下的「義父」李匡威倒覺得王鎔年少好欺，盤算著：「丟了幽州，若得鎮州，也不吃虧。」李匡威設計想謀殺王鎔，沒想到王鎔命大，從李匡威手中逃了出來，鎮州軍本就不喜歡李匡威，格斃李匡威。

幽州城中的李匡籌聽說哥哥死了，大喜，這下可沒人和他爭地盤了。不過表面上假惺惺上奏朝廷，請朝廷發兵誅殺王鎔，為哥哥復仇。李曄哪認你李匡籌，理都懶得理。

王鎔搞掉了李匡威，下面就該考慮如何面對李克用了。李克用因為李存孝還在邢州待著，一日不除這個禍害，李克用一日不踏實。景福二年七月，李克用率軍攻邢州，路過王鎔地界，順手教訓了王鎔，河東軍猛攻鎮州。王鎔被打得鼻青臉腫，只好向李克用求和，並出金帛五十萬犒勞河東軍。為了討好李克用，王鎔拋棄了李存孝，派兵隨李克用一起去滅李存孝，不過李克用一時沒能得手。

另一頭的朱溫也沒閒著，朱瑄猶虎也，在一日，朱溫便一日不能安枕。唐乾寧元年（西元八九四年）二月，朱溫再一次「御駕親征」，在魚山附近和朱瑄接上手，兩軍一場混戰。老天爺可能覺得場面不熱鬧，給兩個姓朱的開了個玩笑，一會東南風，朱瑄占了上手，一會又是西北風，朱溫又得了先機。朱瑄就是笨蛋一個，為什麼不藉著風勢放一把火？朱溫沒有錯過這個機會，一把大火，燒得朱瑄兄弟狼狽鼠竄，丟下一萬多具屍首逃回鄆州。

朱溫剛打敗朱瑄，邢州的李存孝因為軍糧用盡，被李克用讓夫人劉氏騙到河東軍營，李存孝泥首謝罪：「兒蒙大王恩，本不敢如此。都是李存信從中誣兒，不得已才這樣。」李克用見李存孝就一肚子的氣，大罵：「李存信誣你？難道你通款王鎔和朱三也是李存信所為？」李克用拿下邢州，將李存孝帶回太原，以五馬分李存孝，暴屍城中。不過李克用雖然除掉李存孝，但念及舊情時，李克用仍有些怏怏不樂。

此時朱溫卻管不了李克用如何，先滅了朱瑄再說。朱瑄忙向李克用求救，李克用只要是有人找他幫忙對付朱溫，他都願意幫忙。不過此時李克用正準備在北方用兵，對付幽州節度使李匡籌，只是派了騎將安福順、安福應、安福遷兄弟三個帶數百精騎來幫朱瑄。

六月，李克用大起兵馬，北上攻雲州（今山西大同），很快就破城而入，活擒他的老朋友大同防禦使赫連鐸。大同是太原北方重鎮，有了大同做屏障，太原可以高枕無憂。同年十二月，李克用轉攻幽州，連破武州（今河北宣化）、嬀州（今河北懷來）。李匡籌知道李克用來者不善，也盡發所部精銳驅至居庸關（今北京昌平西北），李克用使大將李存審出戰，李匡籌數戰數敗，兵馬盡失，只好帶著家眷想逃到長安，在景城（今河北滄州西）被滄州節度使盧彥威一舉端掉。李克用進幽州後，留前燕帥李匡威舊將劉仁恭守幽州。

七

唐乾寧二年（西元八九五年）正月，護國軍（河中）節度使王重盈病死，河中軍將推立王重榮繼子王珂做河中軍帥。王重盈的兩個兒子王珙和王瑤極為不滿，兄弟三人為了爭奪帥位開始內訌，連環腳、鴛鴦腿，太極八卦全都用上了。王珙、王瑤為了找個靠背的，投靠了朱溫，並致信朱溫：「王珂本是家中老蒼頭，小名蟲兒，這等下作僕才，如何做得鎮帥？」

那邊的王珂也不示弱，倒向了李克用，並書信自辯：「亡父有功朝廷，父亡子繼，有何不可？」李克用見王珙兄弟拜了朱溫的碼頭，那自然偏向王珂，上奏朝廷，請封王珂為節度使。

因為朱溫正在鄆州作戰，擊敗了沙陀援軍，擒安氏兄弟於陣上，但朱瑄命硬，朱溫屢攻不克，也沒多少時間過問河中事。王珙又轉向聯絡靜難軍節度使王行瑜、鳳翔軍節度使李茂貞、華商節度使韓建，請他們幫忙除掉王珂。三位爺各自上奏，都說王珂不是王家子，不能主節河中，請任王珙。這回李曄相信了王珂的說法，准了李克用的保薦。

王行瑜等人見李曄如此不給面子，大怒，三位大爺決定親自去長安一趟，找昭宗皇帝講講道理。唐乾寧二年五月，王行瑜、李茂貞、韓建各率數千鐵甲兵入覲昭宗。長安大亂，百姓狂逃。李曄見這幫強人如此不講規矩，帶著怒氣親御安福門見了這幾位老。王李韓三人名義都還是唐朝臣子，禮數還是要講的，在城下舞蹈三呼。李曄喝問：「你們都是國家大臣，懂規矩的人，怎麼能未經允許擅自領兵入朝？你們如果不想幹，都給朕滾開，朕自命賢臣赴鎮！」

這幫人在皇帝面前不敢放肆，低頭無語。李曄也不敢把這夥強人逼急了，只好屈尊設宴招待。

三人見達不到目的，便把火氣洩到了宰臣身上，上奏誣告韋昭度、李磎等人無能，請旨誅殺，昭宗當然不肯。

「你不願意？我們願意就行！」三人遣兵把韋昭度和李磎、樞密使康尚弼等人抓來，就地梟首。三人再請李曄任王珙為河中節度，這回李曄識數了，一就是一，二就是二，馬虎不得，同意了。

李克用見這夥賊人居然敢劫駕，那還了得，要劫駕也得是他李克用，王行瑜等人算哪根蔥？七月，李克用帶著十一歲的兒子李存勖率軍渡過黃河，上表暴三個賊人犯闕之罪。李克用先攻下絳州，斬了王瑤，然後進擊長安。

李茂貞等人聞之大懼，準備劫下李曄逃往鳳翔，神策軍李筠部率侍衛護衛昭宗。鳳翔軍沒劫下來，李曄乘亂帶著親王公主內人數百在李筠和扈蹕都頭李君實的保護下，出啟夏門，逃往南山。隨行百姓數十萬。半路又被當地強人劫了一票，死傷數萬，士民號哭，震動山谷。

八月，河東軍破同州（今陝西大荔），王行瑜準備亂中取勝，再劫昭宗。昭宗這時唯一能依靠的就是李克用，遣供奉官張承業去找李克用，火速救駕。河東軍在梨園大敗靜難軍，王行瑜實力大為削弱，李茂貞也掂出分量來了，忙上表謝罪，並向李克用求和。

李曄拜李克用為邠寧四面行營都招討使，會同定難軍節度使李思諫、彰義軍節度使張等人進討最不聽話的王行瑜。李克用先讓兒子李存勖去行在請昭宗還京。李曄見李存勖少年可愛，大呼奇相，安慰這個小孩子：「你是國家棟樑才，日後當盡忠朝廷。」隨後帶著李存勖回到長安。

安頓好昭宗後，李克用率軍進抵邠州，王行瑜哪還有什麼兵，嚇得在城上胡言亂語：「聖駕是李茂貞劫的，與我無干！李公可擒李茂貞，我自赴京請罪。」李克用才不吃他這一套，冷笑：「詔令我討三逆臣，其中就有王公，得罪了。」王行瑜知道勢已不可救，攜眷出走，半路上為部將所殺，傳首長安。為了感謝李克用救駕，李曄下詔，封李克用為晉王，食邑九千戶，賜「忠貞平難功臣」，李克用真是撈了一塊大肥肉，得意洋洋地回師太原。

遠在千里之外的朱溫得知李克用大大風光了一回，妒火中燒，朱溫沒吃到肥肉，那就只能將就著啃骨頭了。同年底，朱溫率精銳在曹州（今山東菏澤南）大敗朱瑄的鄆軍，一直追到巨野（今山東巨野），生俘鄆軍三千多人，鄆軍主將賀瑰、柳存也被活拿。此時狂風四起，揚沙飛物，朱溫狠勁大發，獰笑：「殺人不足，致風如此狂虐！」命將所俘鄆軍全部誅殺，不過赦免了賀瑰，留為己用。

朱溫治軍之嚴狠，史上著名，汴軍作戰時如果主將戰死，其所屬兵全都要殺掉，所謂「拔隊斬」。雖然許多部兵在主將被殺多逃逸不敢歸，因為朱溫賞罰嚴明，千金之賞必有勇夫，所以汴軍的戰鬥力並沒有下降。

朱瑄知道朱溫是不會放過自己的，忙向河東求救。朱溫的敵人就是他李克用的朋友，先遣大將李承嗣、史儼率精騎數千南下救鄆。在五代時能隨便就派出一萬騎兵的還真不多。在冷兵器時代，少數民族騎兵對漢族步兵作戰是佔有很大優勢的。

唐乾寧三年（西元八九六年）正月，李克用再派李存信、何懷寶等人率萬餘騎來救鄆州。李存信準備借道魏博，朱溫密使人告訴魏博的羅宏信：「李克用野心可比董卓，今公借道於克用，他日軍還，恐有假途伐虢之陰計。」羅宏信尚在猶豫，李存信因治軍不嚴，河東軍在魏博境內抄掠，民怨沸騰。羅宏信大怒，出師夜襲無備的河東軍，魏博軍斬首數千，河東軍退至洺州。從此魏博和河東成為仇敵，羅宏信專心和朱溫交朋友，羅宏信附汴也把李承嗣等人的北歸路給堵死了，李承嗣等人回不了河東，只好和朱瑄一道死守。

李克用本不想得罪羅宏信，既然羅宏信翻了臉，那也不客氣了。四月，李克用親自出馬，強行借道魏博，大敗魏軍數陣，進圍魏州。朱溫擔心羅宏信打不過李克用，留龐師古繼續圍攻鄆州，自率大軍前來會老朋友，兩軍對峙於洹水。自從上源驛一別，兩人已經十二年沒見面了，當初都是意氣風發的青年，現在已經是白髮微添的不惑之人，二人心中肯定有許多感慨。

李克用在陣上見到仇人朱溫，分外眼紅，大罵朱溫，朱溫也不客氣，張嘴還罵。罵夠了，開始進入正題。李克用派出他的長子落落領著三千鐵騎叫陣，汴軍陣中出馬的是大將葛從周。「山東一條葛，無事莫撩撥」，說的就是葛從周，怎一個猛字了得？葛從周生擒落落。

李克用看到兒子被擒，差點沒背過氣去。親自率軍前去救兒子，剛入陣中，李克用所乘馬撲倒在地，汴人大喜，急上前來捉李克用。李克用運氣好，用箭射殺汴軍數人，加上後軍來救，方才得免於難。

李克用派人求朱溫高抬貴手，大人不計小人過，宰相肚裡能撐船，能放小兒一命，做牛做馬也使得。朱溫先是慢慢享受著李克用的低聲下氣，過完癮後，一聲令下：「斬！」李克用這個心疼啊，恨透了朱溫，但一時又勝不了，只好返回太原，繼續懷念和大兒子在一起度過的歲月。

朱溫沒有撤軍，朱瑄的存在就是對朱溫最大的不敬，為了朱溫的未來，朱瑄必須死。汴軍聚於濟水之側，準備發動最後的總攻。龐師古先聲奪人，攻破鄆州，朱瑄帶著家小北奔，但半路上卻被葛從周追上，五花大綁地獻給朱溫。朱溫一頓奚落之後將朱瑄斬於汴橋，兗鄆等地被朱溫所奪。朱瑾被追得走投無路，南下渡淮，投降了楊行密。

朱溫先將朱瑄妻榮氏奸宿了幾夜，然後帶回汴州，張夫人聞知丈夫凱旋，迎至封丘（今河南封丘）。朱溫得意洋洋地把戰事告訴夫人，哪知嘴上跑風，把奸宿榮氏的醜事給說了出來。張夫人面色不悅，速見榮氏。榮氏命懸他人手，見張夫人哭拜不已。張夫人也哭著還拜道：「朱太尉（朱瑄為檢校太尉）與汴州同姓，互為大國，兄弟間以小隙起大干戈，殊為不幸，而命我姊受辱若是。假如太尉陷汴州，我恐怕也要和你一樣的下場。」言罷又哭。

朱溫最敬愛張夫人，對張夫人言必聽計必從，從不敢少忤。朱溫何等聰明，聽出了張夫人的弦外音：「如果你要失敗了，我照樣被朱瑄所辱。」朱溫一陣慚愧，便送榮氏入寺為尼，從此不再近榮氏之身。張夫人心善，經常派人送榮氏衣食。

朱溫是五代著名煞星，殺人從不手軟，管你是皇帝老子，還是僕從侍人，只要他高興，叫你三更死，絕對活不過五更天，但朱溫唯獨對張夫人禮敬有加，實在讓人感歎。

朱瑄終於被除掉了，朱溫好不暢快。朱溫必除朱瑄和三國時曹操必除呂布其實是一個道理，就是「臥榻之側豈容他人酣睡？」。朱瑄、呂布對朱溫和曹操的威脅是致命的，所謂「肘腋之患」，是絕對不能留的。

曹操在平定袁紹勢力後，二十萬大軍南下，而朱溫還沒有平定李克用，就也要南下了。乾寧四年（八九七年）剛入春，朱溫大舉南下。因為朱友恭前不久和淮南軍作戰大勝，佔領了鄂州（即今武漢），鄂州地盡長江之利，順江東下可直達金陵，這也是朱溫頓起南征雄心的原因。讓龐師古率東路軍出清口，葛從周率西路軍出安豐，兩路合進。淮南行政長官楊行密得知朱溫大舉南下，心中暗罵：「你這個不要臉的朱三，我楊某人招你惹你了，來找我的麻煩？」

楊行密可不是李煜，那也是個久經考驗的「地主階級革命家」，不怕你這手。楊行密派朱溫的老朋友朱瑾赴壽春「招待」龐師古，沒想到朱瑾這回突然開竅了，上次朱溫用火攻，這次我用水攻。

其實水攻並不稀奇，關鍵是朱瑾的對手不是朱溫，而是有勇無謀的龐師古。朱瑾見汴軍地處河下口，便決了淮河水，淮南軍乘勢衝殺過來，結果龐師古部措不及防，被朱瑾「水淹七軍」，汴州兵全都變成了「蝦兵蟹將」，龐大將軍也死於亂戰之中。西路的葛從周見龐師古完了，可不想玩水，也退了回來。

其實這次清口之敗，負主要責任的還是龐師古。首先汴軍所駐紮的清口地勢低下，前面高處就是淮河，淮南軍一放水，汴軍根本沒地方跑。而且部下已經有人看到這個危險，提醒過龐師古。可龐師古對朱溫的忠心實在是大大的，沒有得到朱溫的命令，不能亂換地方，最可氣的是龐師古居然殺了提醒自己的這個有識之士，真是愚蠢加糊塗，該死得很。

來而不往非禮也，楊行密也想給朱溫點顏色看看，光化二年（西元八九九年）五月，楊行密盡起精甲五萬大舉來犯，徐州告急。朱溫聽說楊行密得理不讓人，心想：「真是給臉不要臉，我都撤軍了，你這廝還來糾纏我？」朱溫準備親征，教訓楊行密，給龐師古報仇。可楊行密一聽朱溫要來，二話沒說就撤了。

朱溫其實也不想和楊行密玩命，畢竟北方事多，李克用是最大的威脅，還有佔據幽州的劉仁恭、佔據鎮州（今河北正定）的王鎔，以及魏博的羅宏信，犬牙交錯，形勢還不明朗。在北方形勢沒有穩定之前，不宜在南方大動干戈。

朱溫對時局的分析確實很正確，幽州節度使劉仁恭出兵攻魏博軍，陷屠貝州（今河北清河），羅宏信向朱溫求救。汴軍在內黃和幽州軍大戰，兩下正打得難解難分之際，駐守山東的葛從周火速派兵支援，大敗幽州軍，斬首兩萬多。劉仁恭偷雞不成蝕把米，敗回滄州。

打完劉仁恭，朱溫又和李克用幹上了。潞州是晉陽和汴州之間最重要的軍事據點，誰得到潞州誰就佔據有利地勢。可這一仗朱溫打得很不順利，最終還是沒有奪下潞州，這成了朱溫的一塊心病。

朱溫占不了李克用的便宜，又打起了劉仁恭的主意。光化三年（九〇〇年）四月，朱溫命葛從周率山東軍北上攻打滄州，這一次比較順利，連下滄州德州。劉仁恭前來找葛從周算帳，結果被葛從周猛吃了一頓，死傷萬餘。劉仁恭其實也是不自量力，當時北方實力最強大的是李克用和朱溫，劉仁恭實力有限，應該學會在夾縫中生存，而不是四處招搖。

李克用偷襲洺州，準備消滅魏博，朱溫又不辭辛苦地去收復洺州。沒想到河東的李進通聽到朱溫來了，嚇得肝驚膽裂，溜了。朱溫見李進通跑了，沒地方發洩憤怒，便順道去鎮州收拾王鎔。照例葛從周為前軍，朱溫坐纛中軍。王鎔差點沒嚇哭，忙派部下周式求和。

朱溫剛開始還怒氣沖沖，周式的口才不錯，娓娓而談：「朱公是當世豪傑，是我朝的齊桓晉文。朱公的仁義不在齊桓晉文之下，何必把王鎔逼上絕路，救人一命，勝造浮屠，朱公還是給王鎔留條生路吧。」

但凡殘暴的人多喜歡聽別人誇他仁義，朱溫也不例外，激動地握住周式的手說：「周式同志說得太好了，就這樣吧，王鎔送個人質過來，我就撤兵。」王鎔沒有辦法，只好送兒子王昭祚做人質，朱溫撤軍。

朱溫決定要北方開拓一個全新的局面，十一月間，派大將張存敬出征劉仁恭，攻下瀛州（今河北河間）、莫州（今河北莫縣）。張存敬受朱溫命令轉攻定州（今河北定縣），義武軍節度使王郜（王處存之子）沒有打過張存敬，攜家小逃到晉陽。王郜的叔叔王處直知道不是朱溫的對手，向朱溫請和。

朱溫寫信質問定州：「為什麼經常拍李克用的馬屁？」王處直回信說：「我哥哥和李克用在討伐黃巢的時候結下了深厚的戰鬥友誼，加上又是鄰居，平時紅白喜事也少不了來往，並沒有什麼別的企圖。」

朱溫此次北征鎮、定主要是戰略威懾，讓這幾個實力不強但卻可以左右他和李克用之間均勢的軍閥倒向自己，孤立李克用。王處直既然答應做自己的附屬，其他的一些「地市級」軍閥也紛紛向朱溫臣服，東北局勢穩定下來，便收兵回來。

從戰略形勢上來說，朱溫地控中原，北連魏趙，對死敵李克用造成了很大的壓力。趙魏是中原重要的戰略側翼，就如同淮南對江東有重大的戰略意義一樣，後來李存勖滅梁，也是先吃掉趙魏，打掉了梁朝的右側縱深，奇襲汴梁得手的。

八

優勝劣汰，弱肉強食，古今不變之大理也，到了西元十世紀前後，許多小軍閥已經被吞併了不少。這時能算上大鎮諸侯的有中原的朱溫、河東的李克用、成德的王鎔、義武的王處直、魏博的羅紹威、河中的王珂、幽州的劉仁恭、青州的王師範、鳳翔的李茂貞、定難軍的李思諫、兩川的王建、荊南的成汭、江西的鍾傳、淮南的楊行密、浙江的錢鏐、福建的王審知、湖南的馬殷、廣東的劉隱，各路好漢今天你攻我，明天我攻他，狗咬狗一嘴毛。

對於這樣的混亂局面，坐在長安城中被人當菩薩來拜的唐昭宗李曄對此毫無辦法，只能得過且過，聽天由命。別說出兵討伐逆臣，就是長安城中，李曄也沒多大的發言權。安史之亂以來尾大不掉的宦官勢力到這時依然能鬧出點動靜，田令孜是跑了，可其他的太監們照樣把皇帝捏在手裡玩。李曄對內受制於左軍中尉劉季述，對外受制於朱溫的哈巴狗宰相崔胤，生存環境極度惡劣，心情如何可想而知。

當命都掌握在別人手裡的時候，唯一能暫時解脫痛苦的也許只有飲酒，能喝死最好，喝不死醉中挨上一刀也不覺痛。李曄經常喝酒，醉後喜怒無常，甚至因醉手刃好幾個太監宮女，天亮後不開宮門，宮外人不知內情，人情洶然。

劉季述作為皇帝的「監護人」，自然要來過問，光化三年（西元九〇〇年）十一月，劉季述率禁軍千餘人闖門而入內宮，問了其他宮人，得知昭宗醉後殺人，心中暗喜。劉季述早就想尋機廢掉李曄，現在機會來了，豈肯錯過？劉季述出宮會集宰輔相議：「皇帝如此昏悖，豈可復為天下主！

今日為社稷所謀，當行伊尹故事，諸公勿疑。」讓眾人簽名，以便日後有個證據，眾人攝於劉季述有兵，不得已都簽了名狀。

隨後劉季述復率兵入宮，李曄酒醒，見狀大驚，何皇后嚇得花容失色：「軍容大人勿傷官家，有事好商量。」劉季述沒理何后，出百官署名狀，冷言：「大臣均請陛下退位，由太子監國，陛下可頤養天年。」李曄還在做最後掙扎：「昨天朕喝多了，以致殺人事，悔之甚矣，軍容何必如此？」

何皇后知道劉季述心狠手辣，怕把他惹急了，忙勸昭宗：「陛下今日就聽軍容大人的吧。」捧國寶交給劉季述，然後和李曄一起乘車去東宮，被劉季述軟禁在少陽院，由太監王仲先看管。劉季述率百官擁立太子李柷，奉李曄為太上皇帝。

劉季述如此膽大妄為，百官多為不滿，宰相崔胤和前僕射張浚都是朱溫的好朋友，暗思現在唯一能除這幫宦官的也只有朱溫了，密信飛傳汴州。而劉季述也想到了朱溫，派侄子劉希貞來找朱溫，請朱溫承認小皇帝。此時朱溫還留在河北，聞著宮變，急速還於汴州，召文武議事，不過朱溫對是否拋棄李曄承認李柷還有些猶豫。

剛從長安辦事回來的李振勸朱溫：「季述閹醜小人，敢廢天子，自專朝廷，是謂國恥，大王若不討逆此臣，如何號令天下？何況自古得天子者成大事，魏武所行事，大王亦其效之。」朱溫大悟，決定甩開劉季述，派李振入長安，聯結崔胤等人謀誅宦官。

劉季述擅行廢立，已經激起眾怒，鹽州都將孫德昭、董從實曾經因為偷盜庫錢被王仲先發現，羞辱過他們，所以密謀誅宦官。崔胤知道他們和太監有仇，密勸他們：「若誅夷逆閹，復迎上皇，公等實天下功臣。」二人大喜，復聯繫周承誨、董彥弼等人，以本部兵先攻王仲先。此時王仲先正準備入朝，眾人擁出，擊斬王仲先，然後來到少陽院，劫出李曄。李曄怕有詐，不敢出，眾人將王仲先的人頭丟到院中，李曄大喜。

光化四年（西元九〇弓年）正月，李曄臨御長樂門，安慰群臣。這時，劉季述等太監已經被擒，像死狗一樣被拎到了長樂門下，李曄大罵劉季述。崔胤與京兆尹鄭元規帶著萬餘人各持大棍來到樓下，李曄命殺劉季述。萬棍齊下，將劉季述等人打成肉泥，並夷三族。

孫德昭等人復立有功，皆厚加封賞。朱溫得知李曄復立，開始自我吹噓，握李振手笑道：「興緒所言，也正是我的想法，天地可以作證（劉崇家的鍋也可以做證）。」自後更加信用李振，視為心腹人。

雖然這次李曄復位後並沒有多少朱溫的功勞，但李曄還是封朱溫為東平王，以表彰他的「反正之功」。李曄其實是想拉攏朱溫，給自己找一個更安全的靠山，朱溫當然心領神會。

朱溫知道昭宗對他來說有著非常重要的戰略價值，當年曹操如果不是聽從荀彧「要天子討不臣」的戰略主張，取得政治優勢，能否戰勝袁紹都很難說。朱溫所處的形勢和曹操非常相似，朱溫照抄曹操的老文章就行了。

朱溫要想尊獎王室，獨令中原，就必須掃清周邊那幫礙事的，而已經投靠李克用的河中節度使王珂不幸成了朱溫的第一盤甜點。河中居晉、汴之側翼，拿下王珂，就能從左翼牽制河東。朱溫大會文武，慷慨言之：「王珂僕豎小才，自持李克用為奧援，狂悖無以加，今日我當斷孽蛇之腰，諸公請予我一繩，往縛此獠！」

同月，朱溫派都指揮使張存敬率軍攻河中，史稱張存敬「有膽勇，臨危無所畏憚。」是朱溫手下一流大將，沒多久，張存敬軍就拿下絳州（今山西新絳）、晉州（今山西臨汾），把刀尖伸到了李克用的鼻子下面，大大了扭轉了對李克用的不利局勢。

張存敬圍攻河中，王珂窮急無法，先後向盤踞在鳳翔的鳳翔節度使李茂貞和李克用求救，但都被拒絕了。王珂窮急無路，只好投降，不過王珂想起了朱溫曾認王重榮做乾舅舅的風流雅事，告訴張存敬：「我與朱公是親戚，希望朱公能來河中，我自降之。」張存敬便發信給朱溫說明情況。

朱溫速趕至河中，先是假模假樣地拜奠了乾舅舅王重榮，哭得驚天動地，河中士人多受感動。見朱溫如此不忘本，王珂這才放心，出城來見朱溫，朱溫表演天賦極高，和王珂抱頭痛哭。王珂心想這個乾老表真不錯，便跟著朱溫去汴州享福，但最終還是難逃一死，被朱溫殺掉了。

朱溫又勝一陣，李曄也毫不吝嗇，光化四年三月，進朱溫為梁王，後來朱溫稱帝建梁，國號即始於此。掃掉礙事的王珂，朱溫的下一個目標自然就是河東的李克用，這廝太討人嫌了。

光化四年三月，朱溫大舉進攻李克用，氏叔琮為一路，出太行；晉州刺史侯言為一路，出陰地關（今山西汾西東北）；洺州刺史張歸厚為一路，出馬嶺關（今山西太谷東南）；葛從周為一路，出土門（即大名鼎鼎的井陘口）。四路汴軍會同出飛狐（今河北淶源）的義武節度使王處直部和出新口（今河北磁縣附近）的天雄軍節度使羅宏信所屬張文恭部，共六路大軍，直搗李克用的老巢太原府。

河東的一些滑頭將軍哪見過這個陣勢，知道朱溫找的李克用，何苦把自己的小命搭下，紛紛向汴軍投降。拜李克用的碼頭和拜朱溫的碼頭有什麼區別沒有？反正都是混口飯吃。

汴軍氏叔琮部進攻太原南部門戶潞州（今山西長治），昭義軍節度使孟遷出降。四月，張歸厚部攻遼州（今山西左權），遼州刺史張鄂投降。南路汴軍連過芒車關、腰鼓嶺、石會關（均在今山西武鄉西北），越秦城（今山西太谷南），直撲到太原城下，諸路軍馬將太原城圍個水洩不通。同月，李曄下詔改光化四年為天復元年。

李克用知道朱溫善者不來，在內部深挖戰爭潛力，男女老少全都上城防禦。老天也不長眼，陰雨不斷，李克用冒雨指揮，有時甚至連飯都來不及吃。當然要先保住太原了，否則脖子上那個吃飯的傢伙沒了，一切也就無從談起。

汴軍開始攻城，但太原可是唐朝起家的地方，城牆高大，加上河東軍同仇敵愾，沒有得手。李克用手下的兩員大將李嗣源和李嗣昭率敢死士在雨夜中趁汴軍不備，衝出城去殺了個汴軍措手不及，汴軍死傷不少。雁門都知兵馬使李存進率另一路河東軍在洞渦驛（今山西清徐東）大敗汴軍氏叔琮部，給了汴軍當頭一個大棒。

汴軍屢攻不下，加上軍糧不濟，軍中瘧疾肆傳，軍心不穩。朱溫只好下令撤軍，汴軍回撤的時候又被士氣大盛的河東軍周德威、李嗣昭部狠攏了一刀，死傷甚多，汴軍狼狽回去。

李克用和朱溫交手二十多年，屢有勝敗，但這次是李克用所遇到的最危險的一次，險些喪命。朱溫雖然沒有消滅李克用，但卻將軍事重鎮澤州和潞州奪了回來，還算沒虧本，朱溫取得了這一回合的勝利，留下丁會守潞州重鎮。

搞定了李克用，朱溫把目光轉移到長安，困居長安的李曄雖然有名無實，但卻是價值傾國的金字招牌，誰不欲得之？朱溫覺得該到了對李曄下手的時候，把他「接」過來，就近控制。不過因事體重大，朱溫不敢貿然行事，聯繫宰相崔胤，尋找時機。

崔胤雖然做宰相，但宦官勢力仍然是崔胤的一塊心病，必欲除之而後快。崔胤經常勸李曄誅盡宦官，李曄當然願意，不過事情被宦官韓全誨等人聽到了，大為驚懼，伏告李曄請給條生路。李曄表面上安慰宦官，背地裡責罵崔胤辦事不力：「以後有話寫在紙上，別張著大嘴巴到處鼓舌頭。」這幫宦官實在太聰明了，耳朵不管用，那就用眼，韓全誨私募到十幾個識字的美女打著侍奉官家的旗號入宮，專門看崔胤的奏章寫的什麼。沒多久，崔胤的小算盤都被宦官們知道了。韓全誨大憤，準備除掉崔胤。

崔胤發現走漏了風聲，忙密信飛報汴州：「長安有變，公宜將兵速來，否則李茂貞早一步動手，大勢去矣。」朱溫知道事不宜遲，萬一李茂貞要先下手為強奪了皇帝，自己豈不白忙一場？

天復元年（西元九〇一年）十月，朱溫大發汴師七萬，西進長安，準備劫駕。可惜晚了一步，韓全誨聽說崔胤的朋友朱溫要來，知道自己要落入朱溫手中，絕對保不了命。韓全誨等人搶先下手，劫持李曄奔往鳳翔，投靠李茂貞。朱溫聞著消息，氣得不行，不過既然來了，就絕不能空手回去，這不是朱溫的性格。

十一月，汴軍攻破同州（今陝西大荔），隨後再破華州（今陝西華縣），華商節度使韓建打不過朱溫，只好出城投降，朱溫隨即把韓建打發到許州任忠武留後。汴軍一路西進，李茂貞好不容易撈到塊大肥肉，豈容朱溫來下嘴，派大將符道昭屯於武功（今陝西武功），防禦汴軍。汴軍根本沒瞧上符道昭，一戰大敗鳳翔軍，活捉六千多人。隨後汴軍進駐鳳翔。

李茂貞被臭揍了一頓，擔心朱溫要吃人，便脅迫李曄下詔讓朱溫退兵。朱溫冷笑：「哄傻小子的吧？這必是李茂貞和韓全誨的奸計，我是這麼好打發的嗎？」

李茂貞知道汴軍的強悍，開動大腦想辦法，突然想起了「活雷鋒」李克用，李克用逢朱溫必亂，肯定願意幫忙，急請李克用來救。李克用上次沒幫王珂，讓朱溫占了河中，有些後悔。這次不想錯過機會，南下給朱溫添亂，派王牌主力李嗣昭、周德威率軍攻下隰州（今山西隰縣）、慈州（今山西吉縣）。朱溫見暫時還攻不下鳳翔，便把李茂貞晾在一邊，去會會老朋友李克用了。

天復二年（西元九〇二年）三月，汴軍康懷英部、氏叔琮部共十萬人在蒲縣（今山西蒲縣）大敗河東軍，收復隰、慈。汴軍在主帥朱溫的率領下，進攻晉州（今山西臨汾），十餘萬汴軍連陣數十里，河東軍人心慌亂，鬥志全無，被汴軍一陣擊潰，河東軍幾被全殲，汴軍又活捉了李克用的一個兒子李廷鸞，幸虧李克用兒子多，不然非絕後不可。朱溫覺得李克用這路沒什麼威脅了，就自回關中，氏叔琮等人率軍北上教訓李克用。汴軍藉著勝勢再一次撲到了太原城下，狂風驟雨般地攻城。

李克用這回可真害怕了，命全城百姓上城死守，但形勢依然不見好轉，李存信勸李克用不如逃往雲州，再做打算，李克用有些動搖。劉夫人苦勸李克用：「李存信不過是個放羊的，懂得什麼？一旦出城，優勢不在，必為汴軍所擒。」眾將也極力相勸，李克用這才作罷。汴軍連攻太原不下，軍中又起了疫情，無奈之下，只好撤軍。和上回一樣，李嗣昭和周德威二位先生再一次熱烈歡送汴軍，小撈了一票。

連續兩次差點成了朱溫的俘虜，李克用這時才算真正知道了朱溫的能耐，朱溫是比較「無恥」，但「無恥」不等於沒有能力，李克用自此再不敢沒事招惹朱溫。河東後來滅梁，主要是因為對手換成了兒孫輩，李克用有個英雄兒子李存勖，接替朱溫的卻是優柔寡斷的朱友貞。在李克用生前，河東一直被朱溫壓下一頭，李存勖的能力勝過朱友貞遠矣，但客觀來說，李克用確實不如朱溫。

河東被打成了烏龜，朱溫可以全力對付李茂貞。李茂貞見李克用也不頂事，又使人去成都求西川王建出兵「救駕」。王建是五代十國時著名的君子，只做好人不做惡人，兄弟有難，自當來援。天復二年八月，王建派義子王宗滌、王宗播率五萬川軍北上「幫助」李茂貞。不久，蜀軍連破岐軍四寨，接著猛攻興元（今陝西漢中），逼降山南西道節度使李繼密，奪去李茂貞的心中肉漢中。漢中自古就是西川天險屏障，得到漢中，王建可以高枕無憂了。

李茂貞見王建如此無恥，氣得大罵，可再怎麼著也不可能罵回漢中，只好硬著頭皮和朱溫過招，可惜連戰連敗，損傷死重，老本都快光了，李茂貞堅守不出。

李茂貞一邊縮頭做烏龜，一邊遣人去鄜州（今陝西富縣）去請鄜坊節度使李周彝，請李兄弟看在多年交情的份上，拉兄弟一把。鄜、岐互為唇齒，李周彝傾其軍南下來救鳳翔。鄜軍屯於城北，舉火為號，向鳳翔軍發出信號，城中也舉火相應，夜中連城火把，甚是壯觀。

朱溫見李周彝過來搗亂，嘿嘿一笑，計上心來，十二月，朱溫派大將孔勍率軍趁鄜軍南下之機，偷襲鄜州得手，周邊的邠州（今陝西彬縣）、坊州（今陝西黃陵）、寧州（今甘肅寧縣）都被朱溫奪去。李周彝在前線聽說老家被抄了，家小都成了朱溫的人質，嗡的一聲，差點沒暈倒，萬般無奈之下，只好舉軍投降朱溫。

九

李茂貞搬不來救兵，只能縮頭當起烏龜，任朱溫在城中叫罵。汴軍攻了近一年也沒有破城，朱溫有些撐不住了，打算撤軍。後來聽從義孫高季興的計策（高季興之計將在荊南一章中列出），將岐軍主力騙了出來，好一陣痛扁，大獲全勝。

汴軍為了瓦解城中岐軍士氣，常在夜中擊鼓鳴角，咚咚呦呦聲，撼天動地，加之明火如晝，此等場面，實在撼人心魄。岐軍不服，在城上大罵汴軍「你們這夥劫天子的賊！」汴軍毫不嘴軟，還罵：「你們是奪天子的賊！」兩下互不相讓。因圍城日久，城中糧食極度短缺，餓死者甚眾，甚至人肉都賣到了一百錢一斤。李曄還在城裡，李茂貞只好殺狗進奉膳食。

李茂貞的本錢差不多都打光了，無奈之下，只好腆著老臉向朱溫請和，並把責任全栽到了韓全誨等人的頭上。在請了李曄的旨意後，李茂貞誅殺宦官以韓全誨為首七十餘人，獻頭汴營。

天復三年（西元九〇三年）正月，李曄幸汴營，朱溫素服伏地，長哭請罪。李曄知道朱三在演戲，也只好假惺惺地勸慰：「非卿相救，社稷已成灰土矣。」

數日後，朱溫護送李曄回長安，及至長安時，朱溫又開始做起了「忠臣」，牽李曄馬前行，一直走出了十多里地，行人見之，多稱朱溫為忠臣。宰相崔胤以下迎於城外，舞蹈三呼。

朱溫得手之後，就開始著手處理宦官問題，因為李曄幸岐就是太監們給折騰出來的，朱溫決計斬草除根。同月，朱溫和崔胤具名上奏：「天寶以來，閹人得勢，握兵權，行大逆，累弒君王，作亂天下。請陛下懲前車，絕後患，罷諸司監軍。」李曄早就恨透了太監，巴不得如此，當然准奏。

朱溫發兵捕拿宦官數百人，除了留下數十老弱太監侍奉皇帝外，其餘不論善惡，一體誅夷。宦官勢力自李輔國時開始坐大，到了元和朝，開弒君先河，把持朝政，為害甚烈，久為天下所詬惡，自此，唐朝的宦官禍徹底被撲滅。

朱溫安頓李曄後，回到了汴州，雖然沒把李曄帶在身邊，但長安已為朱溫控制，實際效果是一樣的。皇帝雖然尊貴至極，但也要看是什麼樣的皇帝，手中有權那是真皇帝，否則，像漢獻帝劉協、東魏孝靜帝元善見、唐昭宗李曄這樣的空頭皇帝，連自己的生死都無法掌握，當得窩窩囊囊，還不如一個草頭王自在。權力才是最尊貴的，至於名義上是不是，並不重要。

西患解除後，朱溫開始掃除東邊的一些討人嫌的傢伙，首先就是在朱溫西征期間手腳極不乾淨的平盧軍節度使王師範。天復三年四月，朱溫派侄子朱友寧率兵攻青州，平盧節度使王師範硬著頭皮頂了一下，被朱友寧揍得鼻青臉腫，弟弟王師克也賠了進去。

四月，王師範派人到淮南請楊行密發兵來救，楊行密是朱溫的二號冤家，也是逢朱溫必反的主兒。派大將王茂章北上救青州。此時汴軍已經攻破博昌（今山東博興），攻至登州（今山東蓬萊）。青州軍和淮南軍聯合作戰，非常難得地大破汴軍，朱友寧在亂中戰馬仆地，被青軍所殺。

朱溫聽到噩耗，大怒，親率虎狼師二十萬急赴青州，七月間，汴軍開始圍攻青州，數破青軍，王茂章奈何朱溫不得，也不想白白為王師範獻身，率軍撤回淮南。汴軍楊師厚部撲打青州，王師範越打越沒脾氣，十一月，王師範向朱溫投降。朱溫留李振權治青州，王師範素衣騎驢，帶著家眷數百口遷居汴州，膠東半島地區全歸朱溫。

朱溫這次東征還有一個收穫，就是得到了王師範手下大將劉鄩。劉鄩是五代時最具俠客風骨的名將。劉鄩曾經和朱溫手下大將葛從周戰於兗州，而葛從周的母親正在城中。劉鄩公私分明，見到葛母畢恭畢敬，不敢少怠。而且劉鄩把城中的老弱病殘全都放出城中，只留下本部兵守城。這等俠骨風範，千載之下仍然讓人仰慕不已。孫子所說的為將五條智信仁勇嚴，劉鄩至少當得起一個「仁」字。後來王師範投降朱溫，葛從周勸降，劉鄩這才歸順朱溫。朱溫也非常喜歡劉鄩，常說他是李勣（就是半仙徐茂公的原型）再世。

劉鄩還有一段豔史，特別有名，就是劉鄩曾經買下一個賣餅的王家女孩作為侍女，這個王家女孩國色無雙，人稱「花見羞」。劉鄩死後，王氏帶著劉鄩的大把金子投靠了後來成為唐明宗的李嗣源，深得寵幸，並在後唐以及晉漢之際的政治中發揮了一定的影響，這是後話不提。

唐昭宗李曄改年號上了癮，天復年號只用了三年，又改稱天祐元年（西元九〇四年），本想祈求上蒼保佑大唐，保佑他自己。可大唐氣數已盡，沒幾年折騰了，而且這也是李曄人生的最後一年。李曄本以為朱溫是社稷棟樑，哪知他剛出狼穴，又入虎口，朱溫還不如李茂貞呢。

朱溫為了就近控制李曄，強行把李曄「請」到了洛陽，李曄不想去，但架不住朱溫的威脅恫嚇，只好移駕。行前李曄銜著送行的百姓號哭：「『紇山頭凍殺雀，何不飛去生處樂。』朕今到處流浪，不知道朕會死在哪裡。」左右皆哭。堂堂大唐皇帝淪落到這個地步，不知道唐太宗李世民地下有知，會作何感想？

李曄行前曾秘擬了一道旨意，分道送給河東的李克用、西川的王建、淮南的楊行密，讓他們有朝一日攻滅朱溫，恢復唐朝。而這時其他的一些較大藩鎮，如吳越的錢鏐、福建的王審知、湖南的馬殷、廣東的劉隱等人則坐山觀虎鬥，但多是傾向於朱溫。

不久，王建、李茂貞、李克用、楊行密等人公開聲討朱溫，說朱溫欲行篡逆，諸鎮將聯兵消滅朱溫。朱溫被罵得七竅冒煙。朱溫本想出兵練練這幫大唐的「忠臣」，可又擔心李曄在自己的地盤上製造麻煩，決定除掉昭宗，永絕後患。

天祐元年（西元九〇四年）八月，朱溫派遣朱友恭、氏叔琮以及樞密使蔣玄暉等人去殺李曄。是夜二鼓，蔣玄暉等人率兵扣門請見皇帝，說是急事要面奏官家，內侍不知有詐，開門納入眾人。夫人裴貞一見來者不善，大聲質問：「有急事便奏，帶兵幹什麼？」言畢盡，汴將史太一刀將裴夫人砍死。

昭儀李漸榮知道不妙，大呼：「大人勿傷官家！要殺就殺我們！」此時，李曄酒醒，聞變驚起，繞殿而走。史太箭步追上，正欲刺時，李漸榮撲在李曄身上。史太大喝，踢開李漸榮，一劍刺死李曄，時年三十八歲，史太然後殺掉李漸榮。亂兵又捕到何皇后，何後哭倒在蔣玄暉面前，求條活命。蔣玄暉一時心軟，便免何後不殺。

史家對李曄遇害深表同情：「自古亡國，未必皆愚庸暴虐之君也。其禍亂之來有漸積，及其大勢已去，適丁斯時，故雖有智勇，有不能為者矣，可謂真不幸也，昭宗是已。」李曄可真是活得可憐，死得悲哀。

隨後蔣玄暉等人奉朱溫旨意，擁立十三歲的皇太子李祚在昭宗靈前繼位，更名李柷。朱溫見已得手，速來洛陽處理後事。朱溫確實是個好演員，伏在李曄梓宮前痛哭流涕，好不感人（你不覺得很無聊嗎？）。朱溫又去見哀帝李柷，說一定要為先帝爺報仇雪恨。

李振密勸朱溫：「司馬昭使成濟弒高貴鄉公，今宜罪及朱友恭等人，免得大王自傳惡名！」朱溫真是個狠角，剛哭完李曄，就把「首逆」朱友恭給殺了。朱友恭這個冤枉啊，刑前大呼：「把我賣出來，你早晚也會不得好死！」氏叔琮被貶為白州司戶，遂賜自盡。

朱友恭的「不幸遭遇」不禁讓人想到了另外一個人，就是三國時為司馬昭殺死曹髦的成濟。成濟和朱友恭確實該死，但比他們更該死的是司馬昭和朱溫，至少他們的演技實在過於拙劣，沒有司馬昭和朱溫的命令，成濟和朱友恭敢去弒君？

新皇帝即位，自然免不了一番人事調動，當然都是走走過場而已，朱溫早就定好了。天祐二年（西元九〇五年）三月，李柷下詔，以禮部侍郎張文蔚、中書侍郎柳璨、代理尚書左丞楊涉為宰相。柳璨是唐末著名奸臣，為了富貴，不惜出賣人格，諂事朱溫。柳璨見朝中人士多有思唐之心，勸朱溫除掉他們。李振也勸朱溫早下決斷：「此兒輩常自謂清流，應該把他們扔到黃河裡，清流變濁流！」

天祐二年六月，李振奉朱溫命，將舊相裴樞等朝官三十多人押到白馬驛，命武士盡行斬首，然後投屍於黃河，這就是唐末五代史上著名的白馬之禍。李振經常在洛陽和汴梁之間竄來竄去，為朱溫辦事，朝中人士多私罵李振為「鴟梟」，人皆恨其毒忠。

雖然中原地區成了朱溫的「私產」，但朱溫還是不滿足，地盤總是越大越好。天祐二年七月，大將楊師厚受命攻打山南東道節度使趙匡凝。趙匡凝打不過楊師厚，被楊師厚端了老巢，趙匡凝狼狽逃奔淮南。

見南方各路如此不經打，朱溫復起雄心，準備連楊行密一鍋端了。十月，朱溫親征淮南。朱溫雖然很殘暴，但他的軍事指揮藝術確實很高超，所以毛澤東曾經評價過朱溫：「朱溫處四戰之地，與曹操略同，而狡猾過之。」

淮南有七八年沒有打過大仗了，楊行密看到朱溫來勢洶洶，知道這老傢伙還在記著水淹龐師古的那筆賬呢。朱溫的汴州軍是見過大世面的，在當時能和汴軍相提並比的只有李克用的晉軍。朱溫連連得手，汴軍在江淮一帶橫衝直撞，楊行密拿他毫無辦法，朱溫在壽州（今安徽淮南）碰上一根硬骨頭，淮南軍死守不出，朱溫覺得無趣，打算撤軍。走之前，淮南大將柴克用送哥送到大路邊，斬殺汴軍三千多人，朱溫狼狽逃到汴梁。楊行密不久後病死，長子楊渥襲位。

朱溫在前線吃敗仗，洛陽城中的宰相蔣玄暉、柳璨等「開明人士」已經開始為朱溫張羅改朝換代的事情來了。蔣玄暉有些迂腐，他認為改朝換代必須遵守以前的潛規則，就是先封大國，總百揆、加九錫禮，然後再行實禪代之事。蔣玄暉說得並沒有錯，歷史上許多改朝換代都是這樣玩的，比如司馬炎、劉裕、蕭衍、陳霸先、楊堅等。

不過二位爺的運道不太好，馬屁拍到了馬蹄子上，朱溫不喜歡這麼囉唆，大罵蔣玄暉：「直娘賊！難道我不受九錫就不能當皇帝了？」還是朱溫說得實在，不似司馬炎等虛偽做作，醜態百出，徒留歷史笑柄。

朱溫看到朝中人士對自己稱帝並不熱心，暫時還不好下手，便假模假樣地推掉了九錫。蔣玄暉、柳璨和禮部尚書蘇循等人想當開國新貴，下十二月，蔣玄暉讓柳璨來到汴梁勸梁王稱帝。蔣玄暉、柳璨的所作所為讓很多人不齒，名聲甚壞。朱溫知道他們想要榮華富貴，卻要他來背這個黑鍋，大為惱火。

北院宣徽使王殷和趙殷等人妒忌蔣玄暉受寵，便乘玄暉失勢之時，向朱溫告了蔣玄暉的惡狀：

「蔣、柳輩常與何太后焚香為誓，密覆唐朝。」朱溫聞言大怒，派人捕斬蔣玄暉，二股復誣何皇后嘗與蔣玄暉私通成奸，並派宮人阿秋、阿虔往來通信。

朱溫二話不說，命人殺掉何太后，阿秋、阿虔在殿前被亂棍打死。蔣玄暉死了，柳璨也沒多活幾天，朱溫命斬柳璨，柳璨臨刑前仰天痛呼：「賣國賊柳璨有今日，上天報應也！宜其我死！」張廷範被車裂於市。

正當朱溫準備下一步的計畫時，魏博軍忽然發生譁變，羅紹威控制不住，向朱溫求援。朱溫不能容魏博有失，天祐三年（西元九〇六年）春，朱溫自率大軍去魏博鎮壓。要說朱溫確實不是吹的，兩招就將亂兵蕩平了。羅紹威感激涕零，盛請朱溫盤桓一些日子，其實羅紹威是想借朱溫的名頭震震劉仁恭、王鎔他們。

可沒想到汴軍將士能打仗，也能吃喝，在魏博待了半年，吃掉了七十多萬頭豬羊，花錢更如黃河決堤，差點沒把羅紹威整成了光棍司令。羅紹威心疼得直哭：「合六州四十三縣鐵，不能為此錯也！」朱溫可不管你這些，吃完了喝完了也玩完了，拍拍屁股走人。

天祐三年九月，朱溫起兵攻滄州，劉守光死守不戰，城中餓殍滿路。朱溫在城下勸劉仁恭的長子劉守文：「你老爹已經被我打怕了，他不會來救你了，還是早點投降吧。」劉守文不從：「我是劉仁恭的兒子，當然要為父親守城。大王現在要以仁義制服天下，所以我更不能投降。大王如果用我這個背叛父親的人，那麼天下將如何看待大王？」

劉守文這話說得堂堂正正，無懈可擊，朱溫聽著臉紅一陣白一陣，便暫緩了攻城。劉仁恭生怕兒子有意外，忙又向河東的李克用求救，李克用本不想管閒事。可李克用的兒子李存勖卻很有戰略眼光，對父親說：「吾與燕皆為汴死敵，若燕不存，我們將失去戰略側翼，悔之晚矣。」

李克用覺得有理，派兒子李嗣昭、周德威等人去抄朱溫的後院，沒想到駐守潞州的汴軍大將丁會突然投降李嗣昭。李克用興奮死了，盛宴招待丁會，席間丁會哭道：「梁王雖待我彌厚，然觀其志必篡唐室，出於大義，所以才降大王，以匡王室。」

寫到這，真忍不住要問問丁會：跟著李克用就是忠誠？李克用的「唐」和李世民的唐朝根本不是一回事，李克用也沒少幹對不起唐朝的事，和朱溫不過是「五十步笑百步」而已，丁會要真是對唐朝忠誠，就應該在李曄被弒的時候舉兵聲討朱溫，早幹什麼去了？

朱溫聽說澤潞丟失，直罵丁會是個白眼狼，只好撤軍。劉守文寫信給朱溫，希望梁王能念及天下蒼生，分些糧食給快要餓死的滄州士庶。都說朱溫殘暴，朱溫是殘暴，可同時代的那些軍閥哪個又好過朱溫？朱溫倒很爽快地為滄州百姓留下了大量糧食回去了。

汴軍經此一挫，士氣大受影響，朱溫鬱悶了好些日子。這時羅紹威勸朱溫不如廢掉唐朝自立，讓那些反對朱溫的人沒有了反對的藉口。朱溫沒有立即答應羅紹威，但也覺得是時候換旗號了。即使自己再打唐朝的旗號，李克用、王建、楊渥也不會放過自己。想來想去，朱溫決定廢掉李柷，另建新朝。

十

唐天祐四年四月十八日，也就是西元九〇七年六月一日，梁王朱溫在汴梁正式稱帝，改元開平，國號大梁。當然在稱帝的過程上少不了馬屁精的出乖露醜，什麼黃龍現，什麼七彩芝，天花亂墜般胡鬧一通，朱溫心滿意足地做起了五代的第一把金交椅，更名為朱晃，史稱梁太祖。

朱溫稱帝後，追尊先祖，父朱誠為文穆皇帝，母王氏為昭懿皇后，大封宗室，因髮妻張氏已經在天祐元年（西元九〇四年）病逝，追冊為賢妃。張氏死前曾苦勸朱溫不要廢唐自立，朱溫沒有聽進去。不過朱溫對張氏的感情是沒有變的，直到朱溫死時，他也沒有立過皇后。張氏為朱溫生了一個兒子，叫朱友貞，就是後來的梁末帝。

沒有了張夫人的規誡，朱溫開始縱淫起來，他寵幸過上百個女人。歐陽修在修《新五代史》時把朱溫狠狠臭罵了一通，但歐陽修卻把朱溫後來的慘死歸於「女禍」，說什麼「女禍」小者亡家，大者亡天下，所謂「紅顏禍水」者也。可是「女禍」只是外部因素，真正起到決定因素的還是男方的自我修養，封建社會中，男性統治者造成天下大亂，卻讓女人來背黑鍋，實在不太公平。

唐朝滅亡了，但當時天下卻四分五裂，戰爭頻仍，形勢極為混亂。中國歷史上有兩個最為混亂的時期，一個是東晉十六國，一個就是五代十國，也難怪歐陽修說：「嗚呼，五代之亂極矣。」

後來梁朝被李存勖所滅，一直到後周，因為這三朝都是河東軍政系統出身，都視朱梁為偽朝。趙匡胤建立宋朝後，而趙匡胤並不是河東系的，所以才承認梁朝的正統地位。但是朱溫的篡位和之前的南朝隋唐的方式都是一樣的，如果說朱梁是偽朝，那麼唐朝從楊家小兒手中篡位不也成了偽朝？朱溫不是好東西，而所謂「上承唐朝正朔」的李存勖根本就是個冒牌貨，他能算得正統，為什麼朱溫就算不得？

朱溫當了皇帝，頭一個不服氣的人，並不是李克用這個「唐朝正統」，也不是王建這個偷驢賊，而是朱溫的親哥哥朱全昱。剛繼位不久，朱溫賭性大發，聚集宗族賭博，賭桌旁狂呼亂叫，沒個體統。朱全昱早就對這個弟弟看不順眼，趁著酒勁將桌子翻了個底朝天，然後指著朱溫的鼻子罵：「朱三你不過是個草民，跟著黃巢做賊，後來唐朝封你為節度使，這輩子你可以知足了。沒想到你居然滅了唐朝三百年的社稷，你這樣做是要遭天譴的，我們朱家遲早要毀在你的手裡。」說完就拂袖而走，朱溫氣得半天沒說出話來。

朱溫把國都定在汴梁，把汴州改名為開封府，這也是開封歷史上第一次正式做首都，這對開封成為歷史名城有著至為深遠的影響，後來的北宋建都在這裡，把開封的歷史影響推向了極致。而長安則正式告別了一千多年輝煌的建都史，從「貴族」降為「平民」。但長安因為唐朝在歷史上獨特的地位和影響，至今仍是四大古都之一，與北京、洛陽、南京齊名。

朱溫滅唐後，天下諸鎮中，除了李克用、王建、李茂貞、楊渥等人堅決不承認梁政權、仍用唐朝年號外，其他如馬殷、錢鏐、劉隱、王審知、李思諫等人均向梁朝稱臣。他們並不在乎誰做中原皇帝，只要他承認我在本地區的統治權就行。李克用、王建這些人也不是什麼忠臣，王建最丟人，他率先向天下發檄要聯合討伐朱溫，可惜沒人搭理他，原因只有一個，就是王建「非誠實」。果然，沒過幾個月，王建就自稱大蜀皇帝了。

看到那些反對者還在打著唐朝的旗號，朱溫心想，乾脆一不做二不休，把唐廢帝李柷殺死，絕了這些人的「邪念」。梁開平二年（西元九〇八年）春，「濟陰王」李柷死於曹州，年僅十七。末代皇帝往往不得善終，尤其是南北朝時期，「禪讓」的血腥味最濃，這種「傳統」一直延續到趙匡胤。中國歷史上真正意義上不得善終的亡國皇帝是明永曆帝朱由榔，被「與時俱進」的吳三桂逼死，清末代皇帝溥儀經過改造，重新做人，翻開了歷史的新篇章。

這一年，北方的契丹部首領耶律阿保機（也譯耶律按巴堅）向朱溫稱臣納貢，契丹就是後來歷史上鼎鼎有名的大遼國的前身，北宋名將楊六郎鎮守三關，對抗的就是這個契丹大遼國。

朱溫建國後，第一件要做的事便是消滅李克用，開平元年（西元九〇七年）六月，朱溫派保平節度使康懷貞率八萬梁軍會同魏博軍去收復潞州，康懷貞巴不得有這個立功的機會，大搖大擺地去了。結果河東昭義軍節度使李嗣昭死守不戰，梁軍苦攻數月，仍然沒能得手。

晉王李克用得報潞州被圍，也盡遣精銳前去解圍，河東方面的幾員名將周德威、李存璋、李嗣源、安金全等人急馳潞州。朱溫耐心有限，二十多天沒得到捷報，便撤了康懷貞，代之以亳州刺史李思安。

李思安倒有點本事，來到潞州城外，李思安傳令，在城下建立了一座軍事據點，企圖隔斷城中河東軍和城外河東軍的聯繫，梁人稱之為夾寨。周德威不能讓李思安得手，日夜攻寨，即使攻不下來，累也要累死梁軍。梁軍也不想出去送死，龜縮在寨中，以守代戰。

梁開平二年（西元九〇八年）正月，晉王李克用病死，其子李存勖繼為晉王。李克用死前，曾經交給李存勖三支箭，並切齒言道：「幽州不滅，汝切勿南下圖梁，此一矢劉守光也；耶律按巴堅曾與我盟為兄弟，然言猶在耳，彼卻效納汴州，汝必為我雪此恨，此二矢耶律阿保機也；三矢者，謀逆滅我國家之朱全忠也！兒能折此三矢，父於地下無恨矣。」李存勖哭拜而受。李存勖稱帝後，追尊李克用為唐太祖武皇帝。不過這個「唐太祖武皇帝」比起那個唐太宗文皇帝來，差的不只一個段位，連修史者都認為李克用不太能當得起這個「武」字。

李存勖繼位後，覺得自己名望尚淺，便找來他的三叔、振武軍節度使李克寧來給自己吹喇叭抬轎子。李存勖讓位於李克寧：「侄兒雖是塚嗣，然才下德寡，不足當臨一面，三叔河東首望，請三叔為晉王。」

李克寧不癡不傻，自然知道李存勖是讓他來當回「託」，堅辭不受：「先王遺命以汝為晉王，誰敢不從？」遂下拜，以定君臣之份。眾人見李克寧低頭了，都不敢放肆，紛紛拜伏。

並不是所有人都願拜在李存勖腳下，李克用養子李存顥素來看不上李存勖：「有什麼啊，不就是親生的嗎？」見李克寧居然放著天下掉的餡餅都不吃，暗罵李克寧直冒傻氣。來找李克寧：「兄終弟及，人之常理，何況叔父拜侄兒，傳出來不怕天下人笑話叔父？天予不取，必受其禍。」李克寧剛開始不同意：「你別在這裡胡說八道，李家忠孝，舉世共知，再放臭屁我必拿你問罪。」

李克寧的老婆孟氏做夢都想成為晉王妃，便開始扇陰風，李克寧被扇得坐不住了，動了心。便讓李存顥等人分頭準備，俟機對李存勖下手，然後舉河東之地歸降朱溫。李存顥做人不太穩重，這件機密大事被李存顥的好友史敬鎔得知，史敬鎔大驚，速報於李存勖。

李存勖召集近臣議事，暴李克寧陰謀於座間，裝起可憐：「骨肉不可相食，為了李家血脈不絕，我願讓位於三叔。」老臣張承業首先就不同意，自己是李克用的託孤老臣，跟著李克寧算幹什麼的？又不是他的心腹人。眾人也多表示願助晉王除逆，李存勖決定動手。

二月，李克寧等人來府議事，李存勖大喝，武士擁出，擒李克寧和李存顥。李存勖衝著李克寧嚎哭：「前次侄情願讓位於三叔，可三叔不要，現在倒要加害侄兒，三叔何忍心如此！」李克寧無話可說。李存勖命斬二人，賜孟氏自盡，一場內亂，冰消瓦解。

李克用死訊傳到汴梁，朱溫不太相信，怕這是沙陀兒耍的把戲，打算去前線看看形勢。因李思安屢戰不勝，便調劉知俊代替李思安為潞州前線總指揮，不過劉知俊此時尚留在同州（今陝西大荔）。

經過反覆確認，朱溫這才相信李克用是真的見上帝去了，長長鬆了口氣。在朱溫眼中，李存勖還只是乳臭未乾的半大孩子，沒什麼好怕的，便返回汴梁避暑去了。並讓李思安暫時打理前線軍務，等待劉知俊接任。

他想得倒是輕鬆，可惜他眼中吃屎的娃娃李存勖可是個厲害的角色，李存勖年少氣盛，也想出出鋒頭。於開平二年（西元九〇八年）四月間，李存勖親提銳旅前來解潞州之圍。河東軍行至距離潞州以北約五十里處的黃碾下營，李存勖身披重甲，時刻準備上戰場，命人隨時偵探前線情況。當李存勖探知梁營沒有瞭望哨時，大喜過望，機會太難得了，不可錯失良機。

到了五月，這天清晨天降大霧，李存勖率軍輕進至三垂岡（今山西長治附近）埋伏，等待最佳攻擊時機。大霧一直到晚上還沒有散去，李存勖覺得機會到了，便對各部下達了總攻令。李存勖率一路直薄梁營東北寨，周德威和李存審各為一路，三路齊過，朝梁營殺去。李存嗣的乾大哥李嗣源做前鋒，攻破了梁營東北角，河東軍一擁而入。梁軍的偵察功能完全失效，毫無防備，被河東軍這一陣殺得那叫痛快。梁軍近乎被全殲，軍械糧食盡被河東軍奪去。潞州被圍了將近一年，才從梁軍的包圍解救出來。

河東軍想趁勢去取澤州（今山西晉城），但梁朝大將牛存節率援軍已經進入澤州。河東軍開始攻城，在城邊挖地道，準備「神兵地降」，但牛存節一律拒之門外，不得入。河東軍攻了十幾天，澤州紋絲不動，加上梁將劉知俊即將行進至澤州，李存勖知道澤州暫時動不了，反正在三垂岡已經占了大便宜，足夠炫耀的了。便撤軍回到太原，犒賞三軍。

朱溫一邊避暑，一邊得著好消息，哪知道得到的居然是全軍覆沒。朱溫長哭道：「生子當如李亞子，李氏不亡矣！吾家諸子乃豚犬耳。」

八百多年後清朝有一位詩人叫嚴遂成，寫了一首著名的詠史詩《三垂岡》：「英雄立馬起沙陀，奈此朱梁跋扈何。隻手難扶唐社稷，連城猶擁晉山河。風雲帳下奇兒在，鼓角燈前老淚多。蕭瑟三垂岡下路，至今人唱《百年歌》。」又過了二百多年，偉大的書法家毛澤東同志手書了這首《三垂岡》，成為毛澤東書法作品的名作。

朱溫屢遭重挫，為了調整情緒，於開平三年春，遷都洛陽，不過仍以汴梁為東都，地位不變。朱溫越老越猜忌刻薄，鎮守長安的佑國軍節度使王重師在任期間，治軍有方，民善其政，朱溫便覺得王重師有二心。朱溫改任左龍虎統軍劉捍代王重師守長安，讓王重師來洛陽。

王重師不想去洛陽受罪，在長安多自在。劉捍剛到長安，就被王重師給罵跑了。劉捍窩了一肚子火，見到朱溫後，就有鼻子有眼地說王重師私通李茂貞，陰欲謀反。朱溫早就榨乾了王重師的剩餘價值，留著也是個禍害，便貶王重師為溪州刺史，不久下詔殺王重師，夷其族。

王重師不過是有些居功自傲，但要說他有反心，那是大大的冤枉。朱溫治軍極嚴酷，待將也多刻薄。《舊五代史》把朱溫的幾員大將氏叔琮、朱友恭、朱珍、王重師、李思安等人合為一傳，他們都是朱溫著名功狗，卻都被朱溫以各種罪名殺掉。舊史批評朱溫：「諸人俱不得其死，豈不惜哉！得非鳥盡弓藏，理當如是耶？將梁祖之雄猜，無漢高之大度歟？」

客觀來說，朱溫待這些人是薄了一些，但要是拿誅氏、朱、王等人事給朱溫扣上一頂「卸磨殺驢」的大帽子，倒有些冤枉朱溫了。因為同是汴朝名將的龐師古、葛從周、劉鄩、牛存節、楊師厚、張歸霸等人要麼戰死，要麼善終，朱溫為什麼不殺他們？不僅因為他們是朱溫頭等武將，更重要的還是他們自身沒有朱溫可以拿到的把柄，做人要謹慎，觀王重師事，益信。

朱溫剛殺掉王重師，就傳來忠武節度使劉知俊造反的消息。朱溫大為不解，劉知俊可是他的老臣，怎麼也說反就反？朱溫寫信質問劉知俊：「朕待你不薄，為什麼要背叛朕？」劉知俊回信道：「臣本不敢負陛下，然王重師亦陛下忠臣，猶不免族滅，臣今畏之，故爾有此。」

朱溫被劉知俊兜心一拳，打得啞口氣得無言，只好遣使勸慰劉知俊：「劉捍說王重師聯結李茂貞，所以朕一時不察，致使重師冤死。現在想來，追悔不及。卿但來，朕必不負卿。」

劉知俊跟了朱溫這麼多年，對朱溫的脾性非常了解，此公陰狠毒辣，什麼絕戶的事幹不出來？劉知俊不從。朱溫折了面子，自然大怒，派劉鄩前去平叛。劉知俊不是劉鄩的對手，不到一個月，劉知俊兵敗逃入岐境，找李茂貞喝茶去了，西部形勢穩定下來。

沒想到一波未平，一波又起，劉知俊叛變剛被平息，鎮州的王鎔又和晉王李存勖勾搭起來，關係很曖昧。朱溫總對王鎔不放心，開平四年（西元九一〇年）十一月，朱溫藉口燕王劉守光準備南下攻鎮、定，派出供奉官杜廷隱等人前來「幫助」王鎔守城。王鎔知道梁軍此來沒安什麼好心，但又不好公然拒絕，朱溫是什麼樣的人王鎔當然清楚。

杜廷隱率軍來到深州（今河北深縣），要王鎔把他們放進城去，「防禦」燕軍。王鎔不敢不從，梁軍進入深州據守。朱溫的意圖很明顯，就是要在王鎔身上插進一根刺，只要王鎔敢有不軌，立刻捅死他。王鎔一直在猶豫，要和朱溫撕破臉皮，即使搬來李存勖，有沒有把握戰勝梁軍？萬一失敗，九族俱毀！戰爭從來都是這樣殘酷，「夷其族」，說得很輕巧，其中的慘烈外人誰又能體會得到？人都是有血有肉的，一人失敗，卻要整個家族的生命來埋單，不管是耄耋老翁，還是黃口孺子，沒二話可說，就一個字：殺！

此時梁軍中有人叛逃至鎮州，把朱溫的算盤捅給了王鎔：消滅鎮州、除絕後患。王鎔還在猶豫，只是寫信告訴朱溫說燕軍已經走了（根本就沒來！），希望王師還都。朱溫裝好人，派人去安慰王鎔。

可沒過幾天，王鎔就接到深州梁軍將城中的鎮州軍殲滅。知道朱溫這個「無恥之徒」要來真格的了。經過一番激烈的思想鬥爭，王鎔決定跳出朱溫這條賊船，轉投李存勖並向燕王劉守光求救。

十一

劉守光收到了王鎔的雞毛信，但他卻機械地運用「卞莊射虎」策略，說是等兩軍元氣大傷後再出手不遲，沒有聽從部將孫鶴「援趙鞏固幽州週邊」的正確戰略建議。劉守光很有點意思，他曾經勾引上父親的侍妾羅氏，被劉仁恭打了一頓。劉守光懷恨在心，居然出兵攻打老爹，將老爹擒去，幽居別室。

老子當了兒子的俘虜，真是千古奇聞。事情到這還沒完，劉守光的哥哥劉守文見老爹當了弟弟的俘虜，來攻劉守光，結果在陣前使詐被劉守光識破，劉守文也當了俘虜。劉守光這才當上名副其實的幽州節度使，地盤比較大，兵力也比較強，但就能力比較差，人品更是比較低劣，最後還鬧出一系列醜聞，出盡了洋相。

劉守光鼠目寸光，可李存勖卻知道這是千載一時之機，控制鎮、定地區不僅能威脅到梁朝的東線，而且三面合圍劉守光。王鎔來信求援，自然不想錯失天機。晉梁是不共戴天的死敵，削弱朱溫就是壯大自己。李存勖先派周德威率河東精銳步騎來到王鎔地界，駐守趙州（今河北趙縣）。王鎔見到河東軍來了，略覺放心，他相信河東軍的實力。王鎔正式和朱溫決裂，奉李存勖為盟主，尊奉河東的天佑年號。

不久，李存勖親率河東軍主力南下，而這時朱溫也決定向鎮、定用兵，一舉剪除北方威脅。派寧國節度使王景仁、潞州招討副使韓勍和相州刺史李思安出兵北上，和河東軍見個真章。

兩軍對峙於柏鄉（今河北柏鄉），李存勖為了摸摸梁軍的底細，先派周德威出馬挑戰，梁軍固守不戰。李存勖不想這樣耗下去，讓周德威上前罵陣，什麼難聽罵什麼，狠狠地給我罵！

王景仁果然被罵急了，和韓勍盡遣主力出營，找周德威決戰。梁軍先看中了不太能打的鎮州軍，先打掉王鎔的主力，敲開一個缺口。鎮州兵拼死抵抗，但梁軍人多勢眾，鎮州軍眼看要頂不住了，梁軍即將渡過野河。河北岸的李存勖知道不能讓梁軍過河，否則大勢休矣。

李存勖命大將李建及出馬和梁軍對決，河東軍身體強壯，善於野戰。果然，梁軍沒攻下來，兩軍纏在一起進行殘酷的絞殺。一直打到中午還沒分出勝負，梁軍被河東軍折騰了半天，力氣漸漸不支。王景仁不想再這樣打下去，想先回去吃飯。可河東軍哪會放過梁軍，趁梁軍剛剛回轍之機，大呼：「梁軍敗了！弟兄們快殺敵立功啊！」河東軍士氣大漲，衝進梁軍陣中一陣狂殺，梁軍陣腳大亂，形勢在瞬間發生逆轉，梁軍大敗，死傷數萬，餘下的梁軍見勢不好，活命要緊，大隊大隊地解甲投降河東軍。王景仁、韓勍、李思安等人倉皇逃去。

李存勖想趁火打劫，一舉打到汴梁城，活捉朱溫老兒。河東軍一直追到刑州（今河北邢臺），駐節這裡的梁保義軍節度使王檀已經得到敗報，嚴加防備。河東軍打到城下，看到梁軍有備，一時不便攻取，也就見好就收，收兵回去。而待在深州「防禦」燕軍的梁軍杜廷隱部知道李存勖不是個好惹的，當夜就率軍驅趕附近的強壯男子南下撤到梁朝境內。

乾化元年（西元九一一年）正月發生的這場柏鄉之戰是五代史上的著名戰役，柏鄉之戰是梁晉爭霸過程中最具戰略意義的大戰，此戰敗後，梁朝的精銳兵力損失慘重，朱溫為之驕傲的「龍驤」、「神捷」軍全軍覆沒。河北的形勢也發生重大變化，王鎔、王處直全面倒向李存勖，梁朝從此一蹶不振。李存勖基本控制了河北地區，對梁朝的優勢越發明顯。

而朱溫在柏鄉兵敗之後，心情大壞，便把女人當成他的發洩對象。朱溫聽說河南尹張全義妻女有絕色，便打著避暑的旗號混入了張府，玩弄張全義的妻女，連張全義的兒媳婦也沒能逃脫朱溫的魔掌。一時間，張府中淫聲四起，穢不可聞。張全義「學得一個烏龜法，得縮頭時便縮頭」，裝沒看見。看見了又如何？對張全義來說，固然是奇恥大辱，但面子再大，也大不過命。

但張全義的兒子張繼祚還算有些血性，看到自己的老娘、老婆加老妹受辱，氣得操刀就要去和朱溫這個老淫棍拼命。「老烏龜」張全義一把揪住兒子，順手就是一個大嘴巴子，並說了一番大道理：「我一門百餘人性命盡掌於彼手，你能殺彼，彼尚有子，豈不覆滅我？當年你老子我在河陽受困的時候，不是朱家的來救，哪還有你們這些王八蛋？這些事算什麼？」張繼祚這才把刀放下來。

其實張全義心裡明白，自己的生與死就在朱溫一念之間，即使朱溫以前沒幫過自己，現在他也不敢對朱溫怎麼樣。朱溫是五代頭一號煞星，惹惱了這位爺，王師範就是他的下場。

朱溫這時候快滿一個甲子了，可他愈老愈精神，玩過了張家的女人後，朱溫感覺索然無味，又把色眯眯的眼睛盯上了他的兒媳婦們。朱溫兒子不少，但朱溫卻最喜歡乾兒子（五代前期盛行認假子）博王朱友文，甚至張氏夫人的親生兒子均王朱友貞也不如朱友文受寵，不過朱友貞和朱友文的關係倒還不錯。

朱友文雖然是個美男子，博學多才，還能寫詩，但這些卻不是受到朱溫寵愛的深層次原因。因為朱友文有個漂亮老婆王氏，美麗指數在朱家的妯娌中高居第一，朱溫為了這個乾兒媳流了不少口水，最後實在耐不住欲火煎熬，把王氏勾搭上手了。民間把公公勾搭兒媳稱為「扒灰」，朱溫只顧逞自己的肉欲，還管什麼道德約束？道德約束的前提是自己想受約束，如果不想受約束，那道德對你就毫無意義。

同時和朱溫發生性關係的還有郢王朱友珪的老婆張氏，所以表面上是兩個女人爭風吃醋，暗中卻是朱友文和朱友珪的較量，結果本不是朱家血脈的朱友文卻占了先機，因為王氏比張氏更受寵。

梁乾化二年（西元九一二年）閏五月，朱溫讓王氏親自去趟東都汴梁，召朱友文來洛陽準備繼承皇位，王氏興高采烈地去了。而她的冤家張氏得到這個消息後，心中一陣悲涼，不住地吐酸水：老娘把身子都給了你這個老淫棍，卻落得如此下場。回去告訴朱友珪：「完了！老頭子準備把位子傳給朱友文了。朱友文當上皇帝，我們都不得好死！快點想辦法自救吧。」說罷痛哭起來。

朱友珪縱妻亂倫，無非就是要做皇位繼承人，哪想到被朱友文占了先手。形勢緊急，容不得朱友珪多作他想，朱友珪決定鋌而走險，用武力解決問題。

乾化二年六月，朱友珪買通禁軍將領韓勍，朱友珪作為禁軍統領，可以自由出入大內，便讓韓勍帶著五百牙兵混入控鶴都中趁夜斬關入宮，找到了正準備睡覺的朱溫。朱溫身邊的侍衛見來了亂兵，都嚇跑了，只剩下朱溫這個老光棍目瞪口呆地望著朱友珪。

朱溫在琢磨透了朱友珪的來意後，大罵道：「朱友珪你這個畜牲敢反老子?!」

朱友珪也不客氣：「對!就是你兒子我！」

朱溫氣得渾身發抖：「我早就懷疑你有謀反意圖了，後悔沒早點殺掉你，以致今日。你膽敢弒父，老天有眼絕不會放過你！」這是朱溫留給世界的最後一句話。

朱友珪哪還有心思和他講理，大喝一聲：「我先把你宰了再說。」遞給家奴馮廷諤一個眼色，馮廷諤手腳麻利，一個箭步躥到朱溫跟前，一刀下去，朱溫慘叫一聲，倒地身亡，死時整六十歲。

縱橫唐末三十多年、親手埋葬大唐帝國的一代梟雄朱溫就這樣死了，死得這麼不值、這麼突兀，甚至讓人發笑：縱容老婆和父親亂倫的兒子因為沒有得到自己「應該」得到的「報酬」，便把老爹殺死。

朱溫死前也許會想到大哥朱全昱曾經說過的一句話：「你這樣做是要遭天譴的，我們朱家遲早要毀在你的手裡！」

朱溫在歷史上的名聲極差，歐陽修就說：「嗚呼！天下之惡梁久矣！」而且歐陽修撰《新五代史》時承認朱梁，就有反對者認為：「梁負大惡，當加誅絕！」甚至後來趙匡胤建宋，承認朱梁政權，也被王夫之批評為「宋之得天下也不正，因許朱溫以代唐」。

朱溫一生，從「革命者」到「革命叛徒」，從唐僖宗李儇賜名朱全忠到廢唐稱帝，經歷了無數的刀光劍影、血雨腥風，建立了一番霸業，在他所處的那個時代，朱溫確實是個人物！

國人向來以成敗論英雄，成者王侯敗者賊，殘忍好殺並不是否定英雄的藉口，不然，後世許多人更應該被否定，可現在那些殺人遠多於朱溫的人卻成了被屠殺者後代心目中的英雄。朱溫固然不是什麼英雄，但五代時除了柴榮，基本上就沒有英雄可論，至於李存勖等輩，和柴榮差了不只一個身位，比朱溫也好不了多少。

朱友珪偽造遺詔，讓駐守汴梁的均王朱友貞殺死朱友文和大美人王氏，然後才放心地登上皇位。可朱友珪得志後，變得和朱溫一樣荒淫無恥，殘忍暴虐，眾人本就不服朱友珪，看到他胡作非為，更加失望不已。

朱溫的女婿、駙馬都尉趙岩和外甥、馬步軍都指揮使袁象先決定除掉朱友珪，改立均王朱友貞。朱友貞當然巴不得天上掉餡餅，自然樂得應允。趙岩告訴朱友貞：「成德節度使楊師厚德望隆重，為禁軍所服，彼但有一言，友珪頭可立至麾下。」朱友貞知道楊師厚的分量，便密遣心腹人馬慎交去魏州遊說楊師厚。

馬慎交銅嘴鋼牙，力勸楊師厚倒向朱友貞：「郢王敢弒君父，是謂大逆當誅，加之篡位數月，凶淫無道，人情洶洶，令公何苦臣服此賊？不若改效均王。僕行前，王許僕向令公諾，事成後，餉魏勞軍錢五十萬緡，令公仍然坐此鎮。」楊師厚知道朱友珪不像幹大事的，可朱友貞就一定能成事？有些猶豫：「郢王已經繼位，君臣名分已定，若再反水侍均王，有虧臣節，此事怕行不得！」

馬慎交緊追不捨：「人倫之道，君父為尊，令公屈膝於弒君殺父之逆賊，千載之下，不懼董狐筆乎？況均王係嫡子，仗義討賊，人望皆屬。如果令公在此坐山觀虎，萬一均王事成，令公難道再反均王不成？」一席話讓楊師厚如醍醐灌頂，決定把賭注押在朱友貞身上，寫信給禁軍將軍，曉以大計。並屯兵滑州，接應朱友貞。

朱友貞一切準備就緒後，密令洛陽城中的袁象先率已經策反了的禁軍攻入宮中，來殺朱友珪。朱友珪見狀，驚駭萬分，企圖逃出洛陽。但四下盡是朱友貞的人馬，根本跑不掉。絕望的朱友珪讓他的「功臣」馮廷諤先殺了「皇后」張氏，再把自己給做了。馮廷諤知道自己的罪過，降也是死，也抹了脖子。

袁象先等人見大事成功，便和趙岩一起來到汴梁勸進，朱友貞不想去洛陽，畢竟汴梁是自己的勢力範圍。乾化三年（西元九一三年）二月，朱友貞在汴梁繼位。

和朱友珪生母吳氏出身「低賤」不同，朱友貞是真正的「龍生鳳產」，他是朱溫和張氏夫人的愛情結晶。而且朱友貞生性溫和，喜歡和讀書人交朋友，在梁朝統治集團上層很有人緣。所以朱友貞稱帝後，很快就得到了梁朝上層人物的擁護，迅速把形勢穩定下來。

不過朱友貞只是穩定了國內局勢，當朱友貞面對更複雜的北方局勢時，他很快就意識到，他的真正對手並不是志大才疏的朱友珪，而是稱雄河東的晉王李存勖。

第三章

風雲帳下奇兒在——梁晉爭霸之李存勖、朱友貞

一

在五代十國後期，周世宗柴榮胸懷大志，決心統一中國，當然他也有這個實力。但周世宗之前還有一個人也具有統一中國的實力，這就是後唐莊宗李存勖。

李存勖於唐僖宗光啟元年（西元八八五年）十月出生在太原。當然按規矩，後世史家開始吹牛，說曹夫人即將生李存勖時，「嘗夢神人，黑衣擁扇，夾侍左右。載誕之辰，紫氣出於窗戶。」所有的帝王全都這樣，實在是無聊透了。不過這些帝王生下來全都是一團火，沒見有發大水的，有些遺憾，呵呵。

唐大順元年（西元八九〇年），河東軍打敗邢州（今河北邢臺）的孟方立，還師河東，路過潞州境內的三垂崗。李克用大置酒會，讓伶人奏唱《百年歌》，音愴然而感傷，李克用因為屢被朱溫壓制，神色淒哀，眾人也陪著愁眉苦臉。此時的李存勖只有五歲，李克用極疼愛此子，指李存勖謂眾人：「此吾家奇兒也，二十年後，他必能為朱三勁敵。」

曹操還沒有成名的時候遇上名士許子將，許子將認定曹操是個「治世之能臣、亂世之奸雄」，和曹操一樣，李存勖也遇過一個「伯樂」，這個人正是前面提到過的唐昭宗李曄。

有一次，李存勖跟著老爹李克用去拜見李曄，李曄一見李存勖大驚失色，說道：「這個小傢伙長得與眾不同！」「李亞子」這個品牌商標的持有人正是李曄，李曄說過「此子可亞其父」，所以世稱李存勖為李亞子。

李存勖的軍事天才毋庸置疑，《舊五代史》作者薛居正曾經評價李存勖：「以雄圖而起河、汾，以力戰而平汴、洛，家仇既雪，國祚中興，雖少康之嗣夏配天，光武之膺圖受命，亦無以加也。」

但同時李存勖在達到人生高潮的時候，卻突然從軍事天才變成了政治白癡，「忘櫛沐之艱難，徇色禽之荒樂。外則伶人亂政，內則牝雞司晨。靳吝貨財，激六師之憤怨；徵搜輿賦，竭萬姓之脂膏」。結果國亡身死，為天下笑。

以李存勖的軍事天才，只要他哪怕有周世宗柴榮一半的政治才能，都有可能完成統一大業，畢竟當時的統一形勢比較明朗。天下十分，李存勖至少占得七分，而且剩下的只有五六個割據小政權，實力較弱，如果李存勖能「兼弱攻昧」，用不了幾年，天下就可統一。

果真如此，那我們就無從尋覓一代聖主柴榮的英雄事蹟，而「被部下逼迫當皇帝」的趙匡胤更會落得青史無名，最多我們能從浩如煙海的故紙堆中尋到「某某節度使趙匡胤」的名字，但是歷史無法假設。

梁開平二年（西元九〇八年）正月，晉王李克用病死太原宮，年五十三歲。李克用和朱溫鬥了幾十年，沒有分出來勝負，終李克用之世，朱溫死死壓制住了河東，讓李克用一輩子都沒翻過身來，帶著遺憾離開人世。李存勖在靈前繼位晉王，時年二十四歲。

李存勖剛上臺沒幾天，就在太監張承業的幫助下，除掉了企圖推翻自己的三叔李克寧，鞏固了自己的地位。說起這個張承業，很有傳奇色彩，他本在唐宮用事，後來跟隨了李克用，經常提出一些正確的建議。李克用也從不拿他當太監使喚，李存勖對他也非常尊重，大小事情一體茲問，足見張承業在晉陽的地位。

李存勖初立不久，雖然也取得過三垂岡、柏鄉之戰等重大戰役的勝利，但那都是老皇曆，畢竟老本總有吃完的時候。李克用死前曾遺他三矢，其中一矢便是指幽州的劉守光，而且相對朱溫來說，劉守光實力較弱，而且劉守光「地方兩千里、帶甲三十萬」，如果能把幽州拿下來，不僅能樹威，而且能擴大自己的戰略週邊。

劉守光的野心比李存勖還大，梁乾化元年（西元九一一年）八月，劉守光在幽州即位，國號大燕，年號應天。按常理說，兒子當皇帝，老子應該做太上皇，比如劉邦的老爹劉太公。可劉守光當皇帝，他老子劉仁恭照樣當他的俘虜。

李存勖得到消息，大笑數聲：「此等奴才也敢做皇帝！」為了培養劉守光的優越感，李存勖派太原少尹李承勳前去通使幽州，自然用鄰邦之禮，劉守光卻逼李承勳以臣禮相見。

李承勳是河東大郡的人，憑什麼給你稱臣，李承勳不給劉守光面子。劉守光非常光火，把李承勳關了起來，幾天後再問李承勳：「稱不稱臣?!」李承勳笑：「燕王如果能打敗河東，那我就向大王稱臣。」劉守光無言以對，河東的實力他是清楚的，晉梁並稱大國，自己那點家底，不夠李存勖吃的。

不過還沒等李存勖對劉守光動粗，劉守光就開始不老實了，同年十一月，燕軍攻義武軍，義武軍節度使王處直向太原告急。李存勖大喜，師出有名矣。

梁乾化二年（西元九一二年，河東稱天祐十年。此後為了連接方便，只稱五代的正式年號）正月，李存勖遣振武節度使周德威經飛狐（今河北淶源）東進，王鎔、王處直部出祁溝討伐劉守光。

河東軍在易水會合鎮州軍、定州軍，三鎮聯兵直取祁溝關（今河北涿縣西南），不日既下，然後合圍涿州（今河北涿縣），劉守光的馬仔涿州刺史劉知溫是個精明人，不想為劉守光送死，開門投降。

此時大梁皇帝朱溫接到劉守光的雞毛信，為了不讓李存勖少年得志，朱溫以六十歲高齡之身，親率大軍來攻鎮州，以分劉守光之危。三月間，梁軍攻棗強（今河北棗強），負責攻城的是梁朝大將軍楊師厚。梁軍狂攻數日，以非常大的代價才攻下棗強。隨後梁軍攻趙州，在趙州駐守的河東大將李存審知道朱溫老邁不中用了，專門嚇唬朱溫，捕殺梁軍外出打柴的軍兵數百，並把幾個幸運兒的手臂砍去，縱回梁營告訴朱溫：「晉王不日即率雄師來找朱皇帝較量較量。」

李存審和史建瑭等將率驃騎千餘穿上梁軍服號，混入梁軍大營，放火大喊，一通亂箭，把梁營弄得雞飛狗跳貓上吊。前次被砍去手臂的梁軍見狀，真以為李存勖來了，跟著搗亂：「晉王真至矣！」朱溫接連敗給李存勖數陣，對李存勖有些打怵，聞之大駭，率軍連夜逃去。

結果還走迷了路，多跑了一百多里的冤枉路，這才狼狽回去。朱溫派探子打聽晉軍情況，回來報告：「不是李存勖，而是史建瑭的幾百游騎兵。」幾百人就能嚇跑數萬梁軍，朱溫這個惱怒，又羞又愧，得了重病，不久回到東都。

四月，周德威以兵少為由，請李存勖再發援軍。李存勖這次對幽州是志在必得，前線要什麼就給什麼，再派李存審率吐谷渾等部騎兵增援周德威，同時命李嗣源出偏師攻南路，李嗣源攻下瀛州（今河北河間）等城，對劉守光實行戰略合圍。

周德威部繼續挺進，行至龍頭岡（今北京房山西），遇上燕軍大將單廷珪。單廷珪是劉守光手下頭號大將，單廷珪行前，曾大言軍中：「周楊五（周德威小名）小兒，何足畏！今日吾必馬上擒此賊！」兩軍列陣開戰，單廷珪匹馬縱入陣中，來捉周德威。單廷珪擰槍朝周德威便刺，周德威側身躲過，復以大鐵錘砸單廷珪於馬下，河東軍上陣把單廷珪生俘，懸於軍前。燕軍大駭，慌亂退走，河東軍趁勢追殺，連斬三千多人。

河東軍在這邊作戰，南邊就傳來讓河東人極為振奮的消息：梁朝郢王朱友珪縱妻與朱溫亂倫，因沒有得到嗣君的位子，在洛陽發動兵變，殺死朱溫，隨後朱友珪繼位。河東軍現在管不到中原，任由朱家的上演愛情悲劇，他們現在唯一的目標就是劉守光。梁乾化三年（西元九一三年）正月，河東軍周德威部攻下順州（今北京順義），李存審部攻下檀州（今北京密雲），形勢越發對河東有利。

不過此時汴梁形勢有變，梁乾化三年二月，朱溫的外甥左龍武統軍袁象先等人率禁軍攻入宮中，朱友珪畏罪自裁。袁象先派朱溫的女婿趙岩奉國寶去汴梁，請朱友貞赴洛陽即位。朱友貞不想去洛陽，所以朱友貞覆書告訴袁象先等人：「太祖皇帝創業於東京，天下禁中之地，北憑河東，東臨淮海，而且東京地近大藩，萬一有變，可以就近處置。」朱友貞留在東京的理由固然很充分，但主要的原因還是自己在汴梁經營多年，有雄厚的人脈關係，何必再跑到人生地不熟的洛陽重新開始。

梁乾化三年二月，朱友貞在汴梁即皇帝位，廢去朱友珪的鳳歷年號，仍沿用太祖皇帝的乾化年號，隨後不久，朱友貞改名為鍠，後來又改為朱瑱，不過為了行文統一，還稱為朱友貞。朱友貞能順利滅掉朱友珪，功勞最大的是楊師厚，所以對楊師厚極為尊重。當然作為此時梁朝最有名望的上將軍，楊師厚對朱友貞的意義不言而喻，只要楊師厚在，就足以對付河東的李存勖。

南邊在平定內亂，北邊則繼續開疆擴土，三月，河東軍李嗣源部出攻武州（今河北宣化），逼降武州刺史高行珪。劉守光大將元行欽聽說高行珪如此不中用，前來攻擊高行珪，高行珪大懼，派弟弟高行周（五代名將，高懷德之父）去向李嗣源求救。李嗣源和高行珪一直追到廣邊軍（今河北赤城南）才趕上撤通的元行欽，一共打了八場大戰，把元行欽差不多打成了光棍，元行欽只好屈膝請降。

各路燕國好漢見大勢已去，紛紛投降，劉守光的「地方兩千里」只剩下了一個幽州城，劉守光這回可以過足「孤家寡人」的癮。四月，河東軍攻到幽州城下，劉守光再沒有優越感了，只有強烈的恐懼。劉守光忙向梁朝求救，而這時的「大梁皇帝」是朱友珪，他正忙著「穩定局勢」呢，哪有工夫去搭理什麼劉守光，自然是泥牛入海。劉守光又求契丹主耶律阿保機，阿保機同樣沒理他。

二

朱友貞剛繼位，按老規矩，先要放幾把火，不然會讓別人小瞧。四月，朱友貞派楊師厚和劉守奇率中原精銳十萬，北攻鎮州，名義是救劉守光，實際上則是想滅掉王鎔，對河東進行戰略包圍。河東方面聞警，派史建瑭率五千精騎從趙州狂奔到鎮州，協助鎮州軍守城。楊師厚率梁軍主力從弓高（今河北交河東）渡過永濟渠，進攻重鎮滄州（今河北滄州）。橫海節度使張萬進見梁軍氣盛，不敢和楊師厚玩真的，開門投降。雖然張萬進投降梁朝，但朱友貞因嫌張萬進油頭滑面不可靠，改任張萬進為平盧軍節度使，由劉守奇為橫海節度使。奪得了滄州，就能阻止河東勢力滲透到黃河沿岸，大大緩解了梁朝東北方的軍事壓力。

至此，劉守光的「地方兩千里」絕大部分都劃到了李存勖的戶頭上，滄州還被朱友貞給拿了，劉守光現在成了真正的光棍。劉守光見大勢已去，無奈何只好向周德威投降，不過卻開出了一個條件：「我要親自向晉王投降，晉王不來此，守光寧死不降。」李存勖也不想把滅燕的首功留給周德威，這本是自己樹立威信的好機會，怎能平白給了周德威？

梁乾化三年十一月，李存勖留下張承業守晉陽，帶著幾位大將來到幽州城外河東軍營。李存勖很有魄力，單人匹馬到城下，對著城上發呆的劉守光大喊：「劉君，讓我來，我便來，現在你還有什麼話可說？」

李存勖從來就不是個信人君子，但為了取得劉守光的信任，先騙出來再說。李存勖在城下折箭為盟，告訴劉守光：「只要出降，我必保你不死！不信請視此箭！」

劉守光已經心動，可他的心腹人李小喜卻勸劉守光再堅守一段時間看看，也許還能逃出生天。劉守光覺得李存勖未必就一定能破城，便不再談及出降事。哪料到當天夜裡，他的左膀右臂李小喜朋友就逃出城去，出降河東軍，李小喜告訴李存勖：「幽州城中已經彈盡糧絕，一戰必下。」

李存勖當然巴不得劉守光拒降，這樣他就能名正言順地擒殺劉守光，也不必背上日後言而無信的惡名。李存勖一聲令下，河東軍駕梯撲城，沒多久就攻進城。劉守光打不過就跑，帶著老婆孩子出城逃命，倒把老爹劉仁恭丟給了李存勖。

克城已畢，李存勖大駕進城，河東文武伏拜三呼。李存勖以周德威為盧龍軍節度使，像幽州的軍事重鎮，必須要找心腹人來守，一旦出了變數，後果不堪設想。

而那位前大燕皇帝劉守光君帶著妻、子南向逃奔滄州，想投靠劉守奇。可能是劉守光穿的太少，大冷天的，把腳給凍腫了，又迷了路。劉守光只好讓「前大燕皇后」祝氏去討口飯來吃，鄉戶張師造接待了祝氏，張師造是個細心人，發現祝氏穿著與尋常婦女不同，便逼問真相，祝氏因害怕，便把劉守光的大名給抖了出來。

張師造大喜，速派家人擒拿了劉守光和三位「皇子」，押到幽州來見李存勖。李存勖見到劉守光，諷刺道：「我來幽州，劉君應該做個好東道，何必逃跑，這豈是待客之道？」劉守光垂頭不語，李存勖命人把他和劉仁恭關在一起，好吃好喝先養起來。

隨後李存勖讓掌書記王緘草露布，「露布」不是布，而是一種檄文的名稱，唐朝以來，軍中多把奏捷文書稱為「露布」。這本是極尋常的事情，可沒想到偏偏在王緘身上出了一個超級大洋相。王緘雖然作為掌書記，但並不知道露布的典故，王緘就把文書寫在白布上，讓侍人捧著白布來見李存勖。眾人有知道掌故的，哪裡還能忍得住，狂笑跌倒，一時間傳為大笑柄。

既然得到了幽州，大功告成，李存勖開始了節前返鄉的旅程。梁乾化三年十二月，李存勖從幽州出發，李存勖為了羞辱劉家父，讓劉仁恭、劉守光戴著枷鎖頂著王緘的超級發明「露布」，跟他回太原「探親」。劉仁恭好歹也算是響噹噹的人物，沒想到大好江山被寶貝兒子徹底葬送。劉仁恭氣得吐了劉守光一臉唾沫：「不是你這個畜牲，劉家也不會破敗至此！」事已至此，說什麼也沒有用，劉守光閉眼裝作聽不見。

梁乾化四年（西元九一四年）正月，李存勖回到太原，河東軍高奏凱歌入城。劉守光這時還在做著富家翁的美夢，可李存勖卻不想給他這個機會。李存勖下令斬殺劉守光，劉守光不服：「我死無大恨，此前據城不降，皆李小喜教我也！」李存勖命人把李小喜叫來對質。李小喜小人得志，瞪起牛眼反駁劉守光：「你淫父妾，也是我教你的嗎?!」

李存勖打心裡厭惡李小喜這種人，先把李小喜砍了，然後再殺劉守光。劉守光也不吹牛死無大恨了，向李存勖哀號：「晉王，我好歹能騎馬打仗，天下未定，留我條生路，給大王賣命！」

倒是劉守光的老婆祝氏爽快，唾了一口劉守光：「窩囊廢，事已至此，活著倒不如死了，快給老娘來個痛快的吧！」只見刀光一閃，人頭落地，劉守光死前還在哭號。李存勖隨後讓河東節度副使盧汝弼把劉仁恭帶到雁門，拿老劉的人頭當貢品，祭奠李克用。

劉守光集團被消滅，河東實力暴漲，從此晉（河東）梁形勢開始逆轉，河東佔據了戰略主動，並轉守為攻，此時的晉梁開始了戰略僵持時期，展開了慘烈的拉鋸戰。

由於李存勖的對手由老奸巨猾的朱溫變成了一時摸不清底細的朱友貞，為了替朱友貞號號脈，好知道他有幾斤幾兩，李存勖決定會會這個朱友貞。

梁乾化四年七月，李存勖親率河東軍主力，同時調平盧軍節度使周德威、昭義軍節度使李嗣昭各部來到趙州和趙王王鎔的鎮州軍會合，聯軍南取邢州（今河北邢臺）。

梁朝的「二號皇帝」鄴王楊師厚親往救援，還沒等兩軍交戰，河東軍突然發生騷亂，一部分士卒投降梁軍。李存勖見梁朝畢竟不是劉守光，而且有楊師厚這個狐狸在，自己未必能討得什麼便宜，下令撤軍，各路軍皆回本鎮。

梁朝雖然在和河東的殘酷競爭中略處下風，但整體實力並不比河東差多少，還是天下數一數二的大國。朱友貞的軍事能力雖然不如李存勖，但比王衍、孟昶、李煜們強多了，只不過他面對的是李存勖，如此而已。

乾化四年九月，朱友貞調五弟福王朱友璋為武寧軍節度使，沒想到原節度使王殷不想離開徐州這塊寶地，「不受代」，並向吳國稱臣。朱友貞下詔削王殷官爵，並復其本姓蔣，遣天平軍節度使牛存節、開封尹劉鄩進兵徐州。

淮南方面主政的是徐溫，天上掉了個大餡餅，徐溫當然要吃。淮南方面出馬的是朱梁的老對手朱瑾，朱瑾率軍北上。牛存節知道朱瑾是個刺頭，不宜正面交手，便在宿州設下伏兵，淮南軍一到，梁軍呼嘯殺出，吳軍大敗，朱瑾也威風不起來了，丟下糧草輜重竄回淮南。打跑了管閒事的朱瑾，梁軍開始集中兵力圍攻徐州。

梁乾化五年（西元九一五年）正月，梁軍牛存節部、劉鄩部合力攻破徐州城，蔣殷無路可逃，舉族自焚。說來也巧，這是牛存節第二次攻破徐州，上次是時溥，兵敗自焚，這回也是如此。梁軍在火中尋到蔣殷屍骨，砍下人頭送往汴梁告捷，朱友貞大喜，隨即讓福王朱友璋去徐州赴任。

太祖時代的老將大多退出了歷史舞臺，此時能稱得上名將的，也就楊師厚、牛存節和劉鄩，其中楊師厚的地位最高，權力也最大。不過相對於比較「老實」的牛存節和劉鄩來說，楊師厚到了晚年，「矜功恃眾，擅割財賦」，並徵募數千名精悍軍卒，置銀槍效節都，以為親軍。加上楊師厚所鎮守的魏博軍是汴梁門戶，朱友貞對楊師厚疑心甚重，天知道楊師厚到底想幹什麼？

不過值得朱友貞慶幸的是，楊師厚晚年多病，到了三月，一代名將楊師厚病故於魏州。朱友貞表面上戚戚然，其實心中欣然不已，輟朝三日，追贈太師，風光下葬。

楊師厚雖然死了，但鑒於魏博軍在梁晉爭霸中的特殊地位，朱友貞擔心魏博軍實力太強，對自己始終是個威脅。租庸使趙岩入勸朱友貞：「自唐藩鎮割據以來，魏博便是大鎮，常為朝廷肘腋患。田承嗣、王武俊數人周旋於唐，羅紹威、楊師厚復又陰倨傲本朝。魏博之所以屢能為禍，都是地大兵多所致。今日楊師厚既死，陛下應該利用這個機會將魏博分為兩鎮，使地小而兵寡，再無為朝廷患。不然，誰敢說繼任者再不做楊師厚乎！」朱友貞大喜，鼓掌曰「善」。

三

朱友貞下詔，將魏博分為兩鎮，魏博共六州：魏州（今河北大名）、博州（今山東聊城東北）、相州（今河南安陽）、衛州（今河南汲縣）、澶州（今河南濮陽）、貝州（今河北清河）。朱友貞以魏州、博州、貝州仍為魏博軍，以相州、衛州、澶州為昭德軍。這樣一來，魏博對朝廷的威脅便不復存在，朱友貞可以更好地控制魏博六州，保住和河東軍對抗的本錢。同時任命平盧節度使賀德倫為魏博節度使，為了防止分鎮時出現意外，讓劉鄩率兵六萬打著征討王鎔、王處直的旗號去魏博監督分鎮。

朱友貞的想法不可謂不好，分鎮詔書上也寫得明白：「相、衛兩州，皆控澤潞山口。兩道並連於晉土，分頭常寇於魏封。既須日有戰爭，未若懼分節制。」但這卻嚴重脫離實際，純屬紙上談兵。首先，魏博是梁朝的頭號重鎮，分勢反而自我削弱魏博在對抗河東的相對優勢，就如同本來用一個拳頭打人，卻改成用五指打人，效果可想而知。

當分鎮的詔令傳來時，沒想到遇上了嚴重的阻力，魏博軍兵自安史之亂後成為一大軍鎮之後，軍兵多連親帶故，已經形成龐大的關係網，不願分鎮。劉鄩先遣澶州刺史王彥章帶五百龍驤軍騎兵進魏州，宣布皇帝旨意，並讓赴昭德軍戍守的魏博軍士攜家帶口遷到相州，賀德倫也急催他們快點上路。

魏博軍卒對此極為不滿，相聚而謀：「楊令公坐鎮本州，官家早就疑心，現在令公不在了，官家就要對我們下手。六州為魏博，已歷百餘年，本地人做本地兵，久已成常例。現在一旦分鎮，骨肉就將分散，再無相會之日。不如反了，或許還有生機。」這天晚上，魏博軍發生大譁變，在城中放火大掠，百姓死傷甚眾。亂兵圍攻王彥章。王彥章見勢不妙，奪城而出。

亂兵又闖入牙城，攻殺準備任職昭德軍的賀德倫的五百親兵，並把賀德倫軟禁起來。這次軍變的組織者之一效節軍校張彥知道再鬧下去，非把老百姓逼反不可，喝止亂兵劫城。朱友貞聞變，又驚又怒，但還不敢激怒這幫發瘋了的軍爺。四月，朱友貞派人安慰魏博軍，並許諾讓張彥主政分鎮後的魏博。

新魏博實在太小，張彥覺得不滿意，上章勸朱友貞收回成命，恢復魏博原建制，但朱友貞不同意。張彥非常憤怒，撕毀詔書，南向大罵：「天子庸僕小才，被人玩弄於股掌上。魏博雖是大藩，但要和朝廷對抗，只有去河東找李存勖來幫忙。」張彥逼迫賀德倫向河東寫降書，賀德倫有奶便是娘，跟誰都一樣，便向河東通款。而貝州刺史張源德不願降晉（河東），聯繫劉鄩，準備對抗李存勖，收復魏博。

李存勖本覺得楊師厚是自己滅梁的一大障礙，但沒想到楊師厚死了，更讓李存勖開心的是魏博軍發生重大事變，向河東納降。李存勖臉上笑開了花。

梁乾化五年（西元九一五年）四月，李存勖先命蕃漢馬步軍指揮使李存審為前鋒。隨後李存勖自將大軍，越黃澤嶺（今山西左權東南）東進，進屯臨清（今河北臨西）。因怕魏博軍有詐，不敢輕入。賀德倫非常痛恨張彥，便密使心腹來見李存勖：「大王入魏，本魏人之福，但張彥縱兵殺人，不去此賊，恐魏人不服大王。」李存勖心中有數。

張彥見搬動了李存勖，非常高興，挑選了五百強悍的銀槍效節兵，操刃來見李存勖。李存勖指張彥大罵：「爾等因私利，掠魏城，殺百姓。這幾天已經有數百人來我這告發你。我來魏州，是為安民起見，並不是貪圖魏郡。爾等雖然於我有功，但爾等罪孽深重，我不得不誅殺以謝魏人！」喝令左右當場撲殺張彥等八人，餘者勿問。

李存勖真有手腕，他新來魏州，就要抓住魏博的軍心和民心。李存勖召見銀槍都，安慰他們：「罪止張彥等人，不及爾輩。從此以後，我待你們如自家人。」眾人感動得痛哭流涕，伏呼萬歲。李存勖進入魏州時，就以銀槍都為扈從，被甲張刃，魏博軍被李存勖治得服服帖帖。

李存勖下令暴掠百姓者殺無赦，魏博百姓深感李存勖治軍嚴整，愛民如子，多半心服。李存勖這招非常高明，新征服的地方往往不能濫用暴力威懾，實行懷柔政策，感化百姓，這叫不戰而屈人之民，民心不可侮！

在得到魏州的同時，李存勖還得到一位五代時期著名的「經濟專家」魏州孔目孔謙，讓孔謙主管魏州財政。孔謙出道以來就做吏，和梁山大頭領宋大哥一樣，吏術純熟，「為人勤敏、巧善事人」。孔謙做人玲瓏八面，深得李存勖和河東人士好評。魏博亂後，百姓窮困，財政非常困難，孔謙想盡辦法，保證魏州軍需物資供應，李存勖對此極為滿意。

李存勖下一步需要對付的是遊弋在魏博的梁軍劉鄩所部，劉鄩所部六萬，加上劉鄩本人係梁朝名將，李存勖不敢大意。不過在先對付劉鄩之前，李存勖還要先拔掉刺眼的貝州刺史張源德，部下勸李存勖先取貝州。

李存勖搖頭笑道：「不能如此，貝州城高兵眾，就算能拿下，自我損耗太大。不如先取橫在滄州和貝州之間的德州，德州兵少，一戰便能攻下。如此，則滄、貝失去了聯繫通道，我軍就可以各個擊破。」李存勖只發五百騎兵就嚇跑了德州守軍。李存勖不愧是軍事天才，戰略眼光遠不是朱友貞書生輩所能比擬，先隔開滄州和貝州，讓他們成為滄海一粟，取之易若覆掌。

梁乾化五年七月，梁朝大將劉鄩得知李存勖進入魏州，便要來會會李存勖。劉鄩在城外洹水附近設下埋伏五千勁兵，然後引誘李存勖，果然李存勖上了當，只帶著百餘騎兵冒險前來，梁軍四面殺出，將李存勖重重包圍。李存勖見狀，縱馬狂呼，率百餘騎來回縱橫衝殺，梁軍紛紛後退。但梁軍人數太多，不久又將李存勖圍住，李存勖又是一番苦戰，使出吃奶的勁才從陣中殺出，正好遇上李存審的援軍，這才脫險。

劉鄩也不想和河東軍做過多的糾纏，看到河東精銳多集中在魏州一帶，晉陽必然空虛，劉鄩想給李存勖來個「絕戶計」，偷襲晉陽，引兵走黃澤嶺北上奇襲太原。劉鄩為了騙住李存勖，想了一個妙招，把旗幟插在草人身上，用驢馱著草人在城中來回走動。

李存勖被騙了兩天，感覺情況不太對勁，怎麼城中不見煙火？李存勖沉不住氣了，進城捉住負責餵驢的伙夫問：「劉鄩哪去了？」伙夫說劉鄩早就率軍偷襲晉陽去了。李存勖有些瞧不上劉鄩，鄙夷道：「劉鄩除了會搞偷襲沒別的本事，他就是不敢和我打野戰，否則我必能生擒劉鄩。」

劉鄩的運氣不太好，正趕上連天陰雨，加上山路泥濘，等梁軍連滾帶爬地來到樂平（今山西昔陽）時，發現糧草已經用盡，而且非戰鬥減員了五分之一的軍隊。劉鄩聽說李存勖後隊已經追上來，覺得偷襲計畫已經失敗，只好回來，駐紮在莘城（今山東莘縣）。河東軍也隨後趕到，兩軍對峙，大小戰鬥數十起，河東軍並不占多少優勢。

時間一長，梁軍軍糧漸漸吃光，劉鄩有些著急。河東軍也發覺梁軍無糧，便經常前來挑釁，劉鄩死守不出。河東軍多是胡人，最善於陣地作戰，而梁軍擅長城戰，所以劉鄩不會以己所短擊敵所長。

劉鄩是梁朝名將，他之前輔佐的朱溫也是個善於將將之人，但現在的皇帝朱友貞卻基本不懂軍事，有時純粹是瞎指揮，這次魏博大亂就是他瞎指揮的惡果。朱友貞見劉鄩勞師無功，有些不耐煩了，下詔責備劉鄩用兵無方，拖延戰事。劉鄩覺得非常委屈，沒糧拿什麼打仗？上書自辯：「臣本打算奇襲晉陽，後掃滅二王，只是天降大雨，糧草短缺，士兵多病。逆軍騎兵多，多善射，所以臣不敢貿然出戰，等待機會再戰。」

朱友貞再問劉鄩有何破敵良策，劉鄩現在最要緊的計策就是如何籌備糧食，「無糧不成軍」，回奏：「臣現在什麼辦法也沒有了，只需要陛下給士兵們每人發十斛糧，吃飽了飯，臣就能率軍破賊。」

朱友貞實在是個書呆子，居然反問道：「你要這麼多糧食，是打仗的，還是填肚皮的？」並派出太監前去監督劉鄩。怪不得朱溫曾說他的兒子們沒一個能比得了李存勖的，後勤給養是戰爭的重要組成部分，戰鬥和後勤之間的關係不是割裂的。即使是戰鬥機，沒有油喝照樣趴在地上不動，何況是人。

劉鄩見皇帝如此糊塗，搖頭歎息，私下告訴心腹：「皇帝昏庸，小人進位，再這樣鬧下去，真不知道將死於何處？」皇帝指望不上，劉鄩只好自己想辦法，同年八月，劉鄩率軍去抄掠鎮、定，準備找王鎔、王處直他們「借糧」。河東軍李存審部、李建及部在半路追擊梁軍，梁軍不利，劉鄩收殘兵撤退。

劉鄩在前線吃苦受罪，朱友貞在後方也過得不甚如意，朱友貞最寵愛的妃子張氏這時得了重病，奄奄一息，眼見得要沒救了。朱友貞為了補償一下對張氏的歉疚，於九月間，冊張氏為德妃，這天夜裡，張氏病死，只有二十四歲，朱友貞痛哭不已。

四

朱友貞當上皇帝後，八弟康王朱友孜不服朱友貞。朱友孜有目重瞳，所以朱友孜對此極為自負，私謂有天子相。當然朱友孜也清楚，自己手上無兵，真和朱友貞動真傢伙，肯定不是老四的對手。所以朱友孜便在江湖上尋了個殺手，潛入宮中去殺朱友貞。不料這位爺是條白蠟槍，朱友貞正在睡覺，發現有動靜，驚起將此賊擒住。經過酷刑審問，招出了朱友孜，朱友貞大怒，立刻捕誅朱友孜。

朱友孜是自己的親兄弟，都敢對自己這樣，其他人不問可知。自此以後，朱友貞對宗室倍加猜忌，專信趙岩、張漢傑等輩。其實這時朱氏兄弟也沒多少，朱溫這一支只剩下朱友貞、五弟福王朱友璋、六弟賀王朱友雍、七弟建王朱友徽。

大伯父朱全昱的三個寶貝兒子衡王朱友諒、惠王朱友能、邵王朱友誨，這三個堂兄弟沒個老實人，經常在外面惹是生非，和大伯朱全昱的為人處世風格大相逕庭。朱友貞一方面要對付李存勖，一方面還要提防這些兄弟對自己放冷箭，活得很累。

梁乾化五年十一月，朱友貞改乾化五年為貞明元年，算是期冀有一個新的開始吧。

貞明二年（西元九一六年）二月，李存勖不想就這樣耗下去，尋找機會準備和梁軍決戰。李存勖對外詐稱他已經回到晉陽，劉鄩對李存勖的軍事能力一向比較頭疼，聽說李存勖走了，大喜過望，率軍來攻河東軍。兩軍正在激烈交戰時，劉鄩猛然看到晉王李存勖指揮作戰，大驚失色：「李存勖欺我！」劉鄩往回收軍，河東軍趁梁軍稍亂，大舉進攻，梁軍大敗，死傷七萬多人。

正當劉鄩和河東軍對峙時，梁朝的匡國節度使王檀奏請朱友貞准許關中軍偷襲晉陽，以緩解魏博的不利局面。朱友貞也想畢其功於一役，調集關中諸軍三萬由王檀率領東渡黃河直襲晉陽。河東主力多在東邊，沒有想到梁軍居然從西線偷襲，準備不足，梁軍發瘋似的攻城。

晉陽留守張承業集合工匠和百姓固守城池，梁軍此時氣勢正勝，幾度都差點破城。幸虧老將安金全糾合家兵幫忙守城，這時，駐守潞州的昭義節度使李嗣昭聽說梁關中軍偷襲晉陽，急發兵去救。河東軍漸有起色，和梁軍打了幾仗，梁軍連敗，損失不少，王檀見立奇功無望，只好撤軍。

李存勖不想見好就收，繼續趁熱打鐵，貞明二年八月，河東軍攻下河北重鎮相州，李存勖留李嗣源鎮守相州。沒用多長時間，除了黎陽之外的河北六鎮數十州之地盡數收歸李存勖囊中，梁朝的北方防線退到了黃河，河東軍甚至隨時都可能渡河南下。同年十月，梁朝開國重臣葛從周病死於偃師，太祖的那一代人都不在了，留給朱友貞的，只是夜晚無盡的彷徨還有恐懼。

到了貞明三年（西元九一七年）的二月，李存勖想把梁朝插在河北的最後一顆釘子黎陽給拔掉，出兵攻打黎陽。結果李存勖被駐守黎陽的劉鄩當頭一棒，揍了回去。李存勖不服，還想再挑戰劉鄩，劉鄩是梁朝最後的名將，戰勝強大的敵人才會產生強烈的征服感，這個道理古今同然。可沒等李存勖準備再次南下，就突然接到後院起火的消息。新州（今河北涿鹿）發生兵變，殺死弟弟防禦史李存矩，副將盧文進率眾逃入契丹。

正好這個時候契丹主耶律阿保機嫌自己的場子太小，也想擴大地盤，便讓盧文進做嚮導，親率三十萬契丹軍大舉來犯新州。刺史安金全棄城逃去，耶律阿保機打敗前來平叛的「常勝將軍」周德威，周德威敗退幽州，契丹軍圍攻幽州。李存勖不想坐失好不容易取得的對梁朝的戰略優勢，便讓李嗣源、李存審、閻寶等人率七萬大軍前往救援。

李嗣源自請為先鋒，帶著他的養子李從珂率三千將士先行解幽州之圍，在大房嶺（今北京周口店）遭遇契丹人，李家父子合力擊退契丹軍，後面的河東軍很快跟進。兩軍在幽州城下交戰，李存審用疑兵計動搖了契丹軍的判斷，並趁機發起總攻，把契丹軍殺個慘敗而逃。耶律阿保機這才領教了河東人的手段，知道李存勖比李克用還厲害，不敢輕易再來找李存勖的麻煩。

留守晉陽的張承業每當李存勖出兵征伐時，不僅能出色地完成留守任務，而且能保證後勤給養的暢通。張承業在發展河東經濟上做出了很大的貢獻。但張承業公私分明，任何人也不要打公款私用的主意，包括李存勖在內。有時李存勖想賭錢取樂或賞賜侍從，問張承業要錢，都被張承業拒絕。

李存勖很不高興，心想整個河東都是我的，還不能用這幾個小錢？李存勖乾脆就以小兒子李繼岌的名義問張承業借錢：「七哥，我這小子最近手頭比較緊，你看我的面上借他一點吧，以後保證還你。」

張承業把自己的寶帶好馬送給李繼岌，但對於公款，張承業就是一毛不拔，並對李存勖講了一番大道理：「錢庫裡錢多的是，但這些錢不是用來花天酒地的，而是用來前線開支上的。這些姓公不姓私，所以我不能答應大王的請求。」

李存勖仗著酒勁有些惱羞成怒，罵了張承業幾句，無非就是「你這個老雜毛，連你都是我的，何況這點錢？真他媽不識抬舉。」

張承業也是頭倔驢，上了火：「我不過是個太監，沒有子孫後代，這些錢我留給誰用？我這麼摳門，無非是為了大王的江山社稷。大王要想用錢，何必和我商量，想怎麼用就怎麼用。不過醜話說在前頭，以後打了敗仗，可不要怪我。」

李存勖從沒被人這麼頂過，氣得要殺張承業。張承業也不跟李存勖客氣，上去奪劍就要抹脖子。李存勖的母親曹太夫人知道後，連忙過來替兒子賠不是，並讓李存勖給張承業磕頭謝罪。剛開始張承業還有些不買帳，但第二天曹太夫人又和李存勖來到張宅請罪，張承業見戲演得差不多了，再裝就有些矯情了，和李存勖言歸於好。

從這件事上可以看出李存勖是個「齊桓公」式的人物，即身邊必須有一個地位顯赫、說話有分量的「管仲」來輔佐他，這樣才能監督他不犯或少犯錯誤。這樣的人物在思想上往往很不成熟，缺乏自律精神，身邊有賢士則是明主，身邊多小人則是昏君。但話說回來，這樣的人在明主裡頭最多只能算個半瓶醋，而像曹操、朱元璋這些人，都很成熟和自律，不需要找管仲這樣父親式的人物。

李存勖不管怎麼說，身邊好歹還有個「管仲」，可他的對手朱友貞身邊有的卻是「易牙」、「豎刁」，比如前面那個出餿主意而激起魏博兵變的趙岩。其實朱友貞身邊並非沒有「管仲」，朱溫的老臣敬翔就是。敬翔是朱溫手下第一智囊，其才智能力絕不在張承業之下，但朱友貞只信任趙岩，對敬翔是敬而遠之。敬翔忍不住氣憤，上書批評朱友貞，說他「陛下居深宮之中，所與計事者皆左右近習」，並「稱讚」朱友貞「儒雅守文、晏安自若」，可惜朱友貞走火入魔，聽不進勸，但畢竟他生性寬厚，也沒把敬翔怎麼樣。

貞明四年（西元九一八年）八月，李存勖在晉陽坐不住了，又要南下攻梁。不過這次李存勖想玩大的，李存勖集合河東、鎮定等幾大鎮，以及契丹（不是契丹耶律部）、室韋、吐谷渾等諸部番兵十幾萬屯駐魏州。架勢不小，可動靜不大，兩軍並沒有發生大的衝突。李存勖有些不耐煩了，自引侍衛出陣叫罵，梁軍見李存勖人少，奇貨可居，把李存勖四下圍住，要拿他個「現行」。結果李存勖命硬，從亂軍陣中衝了出來。

後來王鎔寫信勸他不要這樣輕舉妄動，萬一有個閃失，豈不誤事？李存勖看完信大笑，說了句極有英雄氣概的話：「定天下者，非百戰何由得之！安可但深居帷房以自肥乎！」也許不用這樣也可以取得成功，比如隋文帝楊堅和宋太祖趙匡胤，但如果要讓天下人心服口服，只有親自上陣，從槍林彈雨中搏殺出來的富貴就是比吃祖宗的老本有更強烈的說服力。

還沒等兩軍交手，梁軍中突然爆發內亂，兩位主將賀瑰和謝彥章發生矛盾，賀瑰請朱友貞旨意後誅殺謝彥章。李存勖聽說後，大笑不止：「梁人自相殘殺，我看都是活得不耐煩了。現在我們應該趁梁軍主力多集此地汴梁空虛的好時機，率軍直搗汴梁，活捉朱友貞。」

但李存勖的這番高見，支持的人並不多，周德威頭一個反對，說：「謝彥章雖然死了，但梁軍士氣尚在，大王還是以持重為上。」李存勖已經被熱火燒了心，聽不進去，親自率軍南下。賀瓌見河東軍南下攻汴，率梁軍在後面跟著，一直跟到胡柳坡（今山東甄城附近），就地下營。

周德威看到賀瓌來了，便對李存勖說：「我軍長涉至此，比較疲憊，而且這裡是梁境，我們應該慎重行軍，不要貿然出戰。」李存勖血性方剛，哪裡聽得進去，大喝道：「上次沒遇上汴軍，這次遇上了，還能讓他們跑了不成？周公既然害怕，就請在後面為我觀陣吧。」說完就率親軍殺出營去，周德威不得已，只好跟著。

五

梁軍結陣而行，李存勖率敢死軍衝入梁軍，東砍西殺，好不痛快，梁軍大潰。號稱名將的梁將王彥章壓不了陣腳，只好往濮陽方向撤退。而這時處在西邊的河東負責看守輜重的部隊見梁軍朝自己衝來，不知底細，被梁軍衝亂，河東的輜重兵又闖進了周德威部，周德威措手不及。王彥章見天上掉下一個大餡餅，喜出望外，率軍衝殺。河東兵大亂，一代名將周德威竟然死於亂陣之中。李存勖聞著噩耗，差點被驚死過去，放聲大哭：「都是我害了周將軍！」

周德威可以說是河東頭一號的名將，文武全才，是統帥型的將領，類似於明朝的徐達。李存勖視張承業和周德威為左膀右臂，張承業主抓內政建設，周德威主抓軍事建設。周德威一死，李存勖即使隨後在土山戰勝梁軍，損失好幾萬，但也無法彌補周德威之死的損失。周德威和張承業是一個「合成版的管仲」，後來李存勖稱帝時，張承業已死，再無「管仲」對李存勖進行勸誡，終於釀成大禍。此次胡柳坡之戰，梁、河東雙方各損失了大半主力，而河東因為死了二號統帥周德威，更顯得不划算。李存勖心情大壞，引兵歸還晉陽。

雖然在梁朝和河東的戰爭中，河東占了明顯的上風，梁軍屢戰屢敗。但此時梁朝還沒有受到致命性的打擊，依然有能力發動對河東的戰爭。貞明五年（西元九一九年）四月，梁朝為了扭轉對河東的不利局勢，派賀瑰渡河攻河東。賀瑰上次在胡柳坡沒占到李存勖的什麼便宜，這次勢在必得，率梁軍乘坐大艦圍攻黃河南岸的德勝南城（今河南濮陽境內），梁軍知道李存勖必然要前來，所以想在李存勖來之前拿下德勝城。梁軍像瘋狗一樣對德勝城連抓帶咬，守將氏延賞向李存勖告急，李存勖果然率軍前來解圍。

李存勖看到梁軍在河南岸泊有大艦，知道梁軍主力多集於艦上，一時沒有想出好辦法，便重金懸賞徵求破艦之策。一聽有重賞，幾十位「身懷絕技」的「民間高人」來到大營，揚言有破艦之策。這個說我嘴裡能吐火球，那個說我能念咒語讓敵人刀槍動彈不得。李存勖一聽很高興，便讓他們當著他的面試驗一下，結果這杆子「民間高人」全都現了原形，沒一個是真的，李存勖氣得把他們亂棍打出。

這時，李存勖的部將王建及挺身而出，大叫道：「臣有辦法！」李存勖問他有何妙計，王建及笑著附在李存勖的耳朵上：「如此如此，這般這般。」李存勖也不禁眉開眼笑。

王建及的辦法其實也很簡單，就是火攻。他用大鐵鍊把幾十條小船固定起來，帶上三百名死士，帶著武器坐連鎖船渡河。當船行至河中央離梁軍大艦不遠處，王建及命人把灌滿油膏的大罈子放在堆滿木頭的竹筏子上，點上火後，順風向梁艦衝來。王建及划著連鎖船在後面跟著，放煙大喊，製造聲勢。梁軍沒有料到河東軍居然還會玩這一招，火船撞著梁艦，大火四起，梁軍死傷無數，撤回河南。這次賀瑰本想給李存勖點顏色看看，好在皇帝面前顯擺顯擺，哪想到被河東軍一把火燒了回來，心裡窩囊，不久便鬱悶而死。

賀瑰死了，但梁朝並沒有任何收軍的意思，並派開封尹王瓚接替賀瑰繼續和河東軍作戰。河東軍也不怕梁軍，兩軍每天吃完飯睡足覺後，就捉對廝殺，誰也不服誰。一個多月間，兩軍共打了一百多場，互有勝負。

雖然最終梁朝被河東滅亡，但梁軍的戰鬥力和素養並不遜色於河東軍，之所以梁朝最終滅亡，是因為這場梁和河東的戰爭真正的主角並不是兩支軍隊中的任何人，而是李存勖和朱友貞。

兩軍博弈，博於帥而非博於卒，如果把朱友貞和李存勖的位置調換過來，最終滅亡的就可能是河東而非梁朝。當然這又引出了一個話題，就是「英雄創造歷史」還是「奴隸創造歷史」？以唯物主義的觀點來看，應該是奴隸創造歷史，但又不能否定英雄在歷史進程中發揮的重要作用，有時甚至是決定性的作用。個人認為，奴隸創造歷史，英雄改變歷史。

李存勖想急於求成，親自率軍來劫梁軍的糧草，逼迫梁軍決戰。可沒想到王瓚早就料到李存勖會出這樣的損招，伏兵半路，把李存勖殺個大敗，又差點活捉李存勖。有時真為梁朝可惜，梁軍至少有三次活捉李存勖的機會，全都被浪費掉了，成功一次就足以改變歷史，也許這就是「天意」。

李存勖連「五代頭號煞星」朱溫都沒怕過，還怕你個王瓚？率領河東軍渡河，與梁軍背水一戰。剛開始梁軍還能占得先手，但河東軍越來越多，多點攻擊，梁軍支撐不住，被河東軍殺敗，王瓚逃回開封，河東軍乘勝奪取河南重鎮濮陽。

東線失利，梁朝又派劉鄩在西線尋求戰機，劉鄩先與華州節度使尹皓合兵攻同州，討伐騎牆的河中節度使朱友謙。朱友謙向李存勖發出求救信號，李存勖派大將李嗣昭來救，梁軍與河東軍在同州大戰。

這時的劉鄩已經老了，早不復當年風流將軍的神韻，李嗣昭督軍猛攻，梁軍不敵，退守華州。河東軍緊追不放，在華州聯合朱友謙的河中軍對梁軍進行合圍。梁軍士氣大沮，毫無戰意，被聯軍一陣狂殺，一直殺到渭水，大獲全勝。

劉鄩這時收到朱友貞調令，讓他去洛陽休養，劉鄩壓抑著報國無門的悲壯，準備調整後再來找李存勖報仇。可朱友貞已經不願再給他這樣的機會了，密令河南尹張宗奭（就是張全義）把剛到洛陽的劉鄩強行藥死，時年六十四歲。

梁龍德元年（西元九二一年，河東稱為天祐十八年）春，此時的形勢是黃河以北地區基本上為李存勖所控制，梁朝全面退守黃河以南。

李存勖威震天下，自然就有人來拍李存勖的馬屁，魏州開元寺有個叫傳真大師的和尚來到晉陽，向李存勖獻出了他珍藏四十餘年的一塊傳國寶玉，上有八個大字：受命於天，子孫寶之。有了這個契機，河東的官員們開始興奮起來，可逮到機會拍馬屁了。於是群臣蜂擁上書，請求晉王殿下「順天應人，以紹唐統」，李存勖當皇帝，自己的行政級別也好再上一個新臺階。這時蜀主王衍和吳主楊溥也來湊這個熱鬧，寫信請李存勖稱帝。

李存勖知道現在時機尚不成熟，便學起曹操來，持書對群臣說：「是兒欲踞吾著爐火上邪（曹操的原話）」，李存勖的大概意思是說早在幾十年前先王在位時就有機會當皇帝，之所以不做是因為我們李家是大大的忠臣，寧死不為此不忠不義不仁不孝之事，所以你們以後不要再做這樣無聊的事了。眾人熱臉蹭了個冷屁股，掃興而歸。

當然並不是所有人都沒有識破李存勖內心深處的想法，李存勖的「二分之一管仲」張承業就看出來了，知道李存勖這次拒絕只不過是裝給別人看的。張承業勸李存勖：「河東與逆梁血戰三十年，正是為大唐社稷起見。希望大王滅梁恢復大唐之後，尋找唐室後人為帝。雖然如此，但大王功高齊天，天下人誰不心服？寧受實利，不受虛名，請大王三思。」

李存勖含糊其辭，推託過去。張承業知道李存勖起了私念，大哭一場，重病不起。

不知道張承業想過沒有，如果以後李存勖統一天下，讓李存勖再找出一個素無功德的唐朝後代做皇帝，每天對著這個「皇帝」三跪九叩，李存勖能做到嗎？樹是李存勖種的，果子卻要讓不相干的人來摘，別說李存勖，換成任何人都不可能做到。

即使李存勖立起一個皇帝，然後再走「禪讓」程序取而代之，李存勖依然免不了落個「篡位」的把柄，何必多此一舉？

誰種的樹，果子就是誰的，古往今來，莫不如此，李存勖肯定會這麼想。

李存勖還沒有做好攻梁的準備時，鎮州突然發生內亂。「趙王」王鎔因投靠河東，軍事上多由李存勖為他做主，樂得清閒，開始尋歡作樂，搜刮民脂民膏供他揮霍，惹得民怨沸騰。王鎔的養子張文禮早就窺視「王位」，勾結死黨發生兵變，殺死王鎔，並乞請李存勖允許他繼承「王位」，李存勖勉強答應了。而張文禮也知道李存勖並不可靠，便又向梁朝求援。

對於梁朝來說，如果能得到鎮州，那將大大緩解目前不利的戰略格局，向北推進梁朝的戰略縱深，攻守自如，實在是個千載一時的機會。老臣敬翔很敏銳地看到了這一點，力勸朱友貞出兵鎮州，發動對河東的戰略反攻，並警告朱友貞道：「這次鎮州之亂是陛下戰勝河東的最後一次機會，機不可失，失不再來，請陛下趕快出兵北上。」

可朱友貞身邊的紅人趙岩偏偏就看不慣敬翔的老臣做派，極力阻止朱友貞出兵。說現在朝廷精銳多沿河防禦河東軍，無力再救張文禮。何況張文禮是個小人，和他乾爹王鎔一個德性，讓我們出兵替他撈好處？陛下不要上了他的當。朱友貞聽從了趙岩的話，不再理會張文禮，敬翔氣得直跺腳，大罵趙岩豎子。

趙岩說張文禮是個小人，他也不是個正人君子。趙岩是朱溫的女婿，平生最仰慕的人居然是唐憲宗的女婿杜悰（大詩人杜牧的堂兄），因為杜悰生活奢華，所以趙岩立誓要過得比杜悰還要奢華，所以「豐其飲膳，嘉羞法饌，動費萬錢」。朱友貞信任這樣的人，梁朝不滅亡，也是天理難容了。

《黃石公三略》云：「君用佞人，必受禍殃。」小人得志的背後往往就是人才的湮沒無聞，任何一個時期都有人才，這個世界最不缺的就是人才。韓愈所謂「千里馬常有，而伯樂不常有」。千里馬用於「能使馬者」，那它就是千里馬；如果它用於「僕隸」，那它只能是匹普通的馬。敬翔就是這樣，如果朱友貞聽從敬翔的建議，至少梁朝不會滅亡得如此迅速。

六

李存勗得知朱友貞放棄出兵北上的消息，慶幸之餘，忙派天平節度使閻寶前去剿平張文禮，可還沒等河東軍攻城，張文禮就得病死了，張文禮的兒子張處瑾據守不降，河東軍攻城，這一仗打得頗不順利，從龍德元年（西元九二一年）八月一直打到龍德二年（西元九二二年）的九月，河東軍才攻破鎮州，活捉張處瑾，平定鎮州之亂。

而梁朝雖然沒有直接救援張文禮，但梁天平節度使戴思遠不想錯過這個機會，趁河東軍在鎮州和幽州同時作戰，河北一帶兵力空虛之際，北上攻克河東的衛州，活捉刺史楊婆兒（性別：男；兼職：俳優），並一鼓作氣，重新奪回重鎮相州（今河南安陽），河東軍大敗，損失慘重。不久，河東再遭到一次嚴重的挫折，潞州節度使李繼韜突然向梁朝投降，並遣子為質，朱友貞興奮異常，他似乎又看到了黑暗中僅有的那一點光明，雖然很暗，但總歸還有點希望。似乎李存勗的人頭就在自己眼前晃動，等待著自己伸手去摘。

可梁朝突然的「復興」，其實只是迴光返照而已，梁朝的整體性劣勢並沒有得到根本的扭轉，而且梁朝的戰略指揮系統完全失靈，整體協同作戰能力喪失殆盡。河東雖然折了一陣，但綜合實力依然遠強於梁朝，梁朝的滅亡已經不可避免。

西元九二三年是梁朝的最後一年，梁朝年號是龍德三年，可就在這一年的四月，李存勗在魏州稱帝，國號大「唐」（以後就稱河東軍為唐軍），年號同光，史稱後唐。李存勗稱帝，免不了封官加爵，祭告上天，當然無非就是「皇帝臣存勗，敢用玄牡昭告於皇皇后帝」云云，都是老文章，直

影。接抄現成的就能用。之後文武百官三跪九叩，舞蹈山呼，這其中就有後來「騎牆孔子」馮道的身

沒過多久，有個叫盧順密的梁軍將領前來投奔李存勖，說現在的梁軍主力多在潞州、澤州一帶，山東空虛，天平節度使戴思遠也不在城裡。李存勖不想錯失機會，派李嗣源去偷襲鄆州，唐軍雨夜攻城，梁軍不防，被唐軍全殲。

朱友貞聽說鄆州丟了，得到潞州的興奮勁一下就洩沒了，失魂落魄。敬翔先是拿繩子準備在朱友貞面前上吊自殺，說是以謝先帝，朱友貞知道他有話說，拽住他便問。敬翔說：「現在事已至此，也不需要多說什麼了。如果陛下不想亡於李亞子，只能派上王彥章了，也許只有他才能救陛下。」朱友貞向來都不聽敬翔的，但這次事出無奈，也只得聽從，因為手上沒牌打了。

自從劉鄩死後，王彥章可以說是梁朝最後的一位名將，武功出色，時人號稱「王鐵槍」，衝鋒陷陣是把好手。可王彥章只是將才，而非帥才，他不懂政治，不知道軍事和政治的天生關聯。他行前曾經對人說：「等我捉了李亞子，再回來收拾趙岩、張漢傑這些小人。」王彥章在政治上比較單純，這話讓趙岩聽到了，當然銜恨，趙岩和同黨密謀讒害王彥章，他和同與王彥章出征的段凝合謀，俟機傾軋王彥章。而段凝也是個小人，他為了當上統帥，私出重金賄賂趙岩。老臣敬翔、李振等人知道段凝肚子裡沒多少貨，堅決反對，可朱友貞架不住趙岩的死磨硬泡，最終還是同意改任段凝。讓王彥章負責游擊戰，準備收復鄆州。王彥章憋了一肚子的氣進攻鄆州，卻被李嗣源打敗，退守中都。

王彥章並非不知道當下形勢，梁朝氣數將盡，自己也不過是盡盡人事而已。果然，王彥章率梁

軍和唐軍展開最後的決戰，此時梁軍早就無力作戰，被唐軍盡數殲滅，王彥章被唐軍生擒，獻於李存勖。李存勖知道王彥章的大名，想勸他投降，為新朝效力，並揶揄道：「你經常說我是個小毛孩子，今天你成了我的俘虜，你服不服啊？」可王彥章本事再不濟，忠心還是有的，寧死不降：「豈有為臣為將，朝事梁而暮事晉乎！得死，幸矣！（洪經略有愧否？）」李存勖見勸說不動，也就成全了王彥章，斬於任城（今河北任縣）。

王彥章一死，朱友貞徹底崩潰了，知道大勢已去，再也沒機會翻盤了。聚宗族哭作一團，並找來敬翔，問他還有什麼辦法。敬翔哪還有什麼辦法，只好跟著哭：「陛下若早聽臣言，事必不以至此。現在這個局面，即使張良陳平再世，也無能為力了。現在臣只有先死，不忍心看到我們大梁就這樣滅亡。」此時梁朝人心大亂，文武百官已經作鳥獸散，各奔前程去了，而朱友貞的姐夫趙岩也丟下朱友貞，逃到許州，找他的老朋友忠武軍節度使溫韜避難去了。

後唐同光元年（西元九二三年）十月，唐軍李嗣源部攻下曹州，距離汴梁不足百里，這時梁朝存在的時間只能用天來計算了。朱友貞長歎數聲，父親太祖皇帝三十年才打下的大梁江山就這樣毀在了自己手裡，有痛心、有慚愧，也有不服，但卻無路可逃，又不願做李存勖的俘虜，把心一橫，讓部將皇甫麟「弒君」，時年三十六歲。

三百年後，同樣一幕又在這裡上演，無路可逃的金哀宗完顏守緒在蒙古兵即將破城之際，說了一番很讓人感慨的話：「自知無大過惡，死無恨矣。所恨者祖宗傳祚百年，至我而絕，與自古荒淫暴亂之君等為亡國，獨此為介介耳。」用這句話來形容朱友貞死前的心情再合適不過了。

中國歷史上的亡國之君中，梁末帝朱友貞、金哀宗完顏守緒、明崇禎皇帝朱由檢都是國亡在即，自殺殉國。後人很同情他們，認為他們並不是真正意義的亡國之君。他們都有「復興之志」無「復興之才」，耳朵根比較軟，做事優柔寡斷，最終亡國。（明朝應該是亡於永曆，但此時已經屬南明時期。）

歷史就是這樣殘酷，歷史與其說是用筆記載的，不如說是用血寫就的。當我們打開舊紙堆時，發現裡面除了鮮血，還有淚水，無論是光榮還是屈辱，都不可能改變這個規律。

西元九二三年十月，梁朝滅亡，歷經二主，共十六年。

不久，唐軍兵臨汴梁城下，梁朝開封尹王瓚開城投降。同一天，後唐皇帝李存勖率軍進入開封。而梁朝的百官們卻不知羞恥地跪在李存勖馬前，腆著厚臉向李存勖請罪，說什麼「臣等身事偽梁，罪該萬死，今日重見大唐中興，雖百死而無一恨」云云。當然也不能怪這些人，如果反過來是梁朝滅了河東，河東百官也照樣會這樣做，人嘛，哪個不知道「人在屋簷下，不得不低頭。」

被朱溫倚為謀士雙璧的李振和敬翔見朱友貞殉國，欲哭無淚，不過李振比敬翔識時務，聽說李存勖已經下詔免死梁臣，便動了心，勸敬翔改效新朝。敬翔不同意：「變節倒是容易，但如果李存勖問我們為什麼不效死梁室，我等何以言對？」李振才不管你敬翔如何，顛顛兒地跑去拜了李存勖的碼頭。

敬翔得知消息，仰天長歎：「本國淪喪，皇帝自殉，吾等受先皇帝大恩，豈可朝臣梁復暮臣晉乎？李振向稱大丈夫，今日所為，不知羞恥為何物！」即日自殺，算是報答了朱家兩代皇帝的厚恩，舉族受誅。

李振本以為只要投降仍會得到厚封，可惜後唐君臣非常討厭李某人，郭崇韜見到李振，一臉的鄙夷，指其身謂人：「都說李振天下大才，今日一觀，遜敬翔遠矣，常人耳！」當天就被李存勖給滅了族。先前逃跑的趙岩也沒好下場，溫韜本就是個四面透風的滑頭，沒理由給朱友貞陪葬，見趙岩來送死，大喜，立斬岩頭，送於李存勖。

李存勖詔割朱友貞的人頭，漆封入庫。為此他發了一通感慨：「敵惠敵怨，不在後嗣。朕與梁主十年對壘，恨不生見其面。」還算比較有人情味，但李存勖對朱梁皇族絲毫沒有手軟，盡數誅滅，唯獨留下朱溫長兄朱全昱一家不殺，想必也知道當年朱全昱臭罵朱溫的故事，所以手下留情了。

「偽梁」即滅，原梁境內的各路節度使以及其他大小藩鎮無不見風使舵，向唐稱臣。這時吳國的權相徐溫有些猶豫，不知道該不該向唐稱臣，謀士嚴可求笑道：「聽說李存勖向來驕傲自大，管理無方，照他這樣，沒幾年就會自取大禍，我們不必害怕他，只要不惹他就行了。」李存勖向吳國發送「詔書」，以示自己的正統地位，可吳國根本不吃他這套，回書用「大吳皇帝上大唐皇帝」。李存勖初定中原，並不想在江南動兵，也就沒當回事。

「棄暗投明」的原梁朝河南尹張全義向李存勖建議遷都洛陽，以示這個唐朝的正統地位，畢竟「以前」的那個唐朝的正式國都是長安和洛陽，長安早就殘敗，不宜定都。

後唐滅掉後梁，後唐國土基本由原河東轄地和梁朝組成，後來又實際控制了鳳翔（李茂貞的地盤），在五代十國時是面積最大的一朝。前面曾經說過，黃巢在進入長安後立刻發生質變，從一個農民軍起義領袖蛻變成「準地主階級代言人」，不久便遭失敗。李存勖也沒有跳出這個「興亡週期論」，在他滅梁後，他的蛻變越發明顯，而李存勖發生質變的原因除了他自身因素外，還有另外一個人，這個人就是他的正宮皇后劉氏。

劉氏出身「低賤」，卻是國色，且極善歌舞，這點最投李存勖的脾氣。因為李存勖也是個風流天子，懂音樂，有表演天賦。經常在暇餘時間和戲子們一起演戲，討好劉皇后，而那些戲子因為和李存勖混熟了，竟然也不顧尊卑地和他打鬧，李存勖並不介意，他也得意地自呼為「李天下！李天下！」。

劉氏有件事做得非常絕，她出身不好，等她富貴之後，她的老爹劉太公來找她，可劉氏為了在嬪妃競爭中勝出，不願認這個「低賤」的父親，並說這個老頭是騙子，亂棍打出。劉氏為人刻薄，貪財如命，劉氏與呂雉、武則天相比，有其狠毒，而無其治才，真不知道李存勖怎麼會看上這個女人。

七

唐朝的門第之風盛行，到了五代時依然沒有什麼改變，因劉氏出身平民，她總感覺在那些出身顯貴的嬪妃中抬不起頭來，於是想找一個地位顯要的乾爹。劉氏在朝廷重臣中挑來挑去，居然挑中了那位前梁河南尹張全義，這兩位都是活寶，真可謂「魚對魚、蝦對蝦、烏龜對王八」，湊到一塊去了。劉氏帶著李存勖來到張全義家中喝酒，喝過三巡之際，劉氏提出要拜張全義為義父，張全義心中高興，攀龍附鳳的事他在梁朝就幹過，「推辭」不掉後才收下劉皇后做乾女兒。

李存勖開始貪圖享受，他想蓋幾棟大房子，但又怕樞密使郭崇韜嘮叨。正不知所措時，可能是郭崇韜得罪了宮中太監，或者說關係沒處到位，有個太監就對李存勖說：「聽說郭大人家的宅子比皇宮還要豪華，陛下不用聽他的。」李存勖一聽便起了疑心，不但把豪宅建起來，而且對郭崇韜也開始疏遠起來。

本來唐朝的宦官在朱溫當政時被誅殺乾淨，宦官干政已經成為歷史，而且整個五代中的梁、晉、漢、周都沒有宦官惹亂，唯獨在後唐李存勖在位的這幾年，宦官勢力開始有所恢復。這些人和劉皇后勾結在一起，漸漸形成一個反動的政治集團，對朝政施加影響，雖然影響沒有唐朝的那樣惡劣，但至少對李存勖來說，這是他走向滅頂之災的開始。

河南令羅貫正直敢言，郭崇韜很欣賞他，支持他清除豪門積弊的工作，效果很不錯。但羅貫卻得罪了後宮集團、大官僚集團和宦官集團，這些人非常痛恨羅貫，在李存勖面前詆毀誹謗。李存勖的母親曹太后死後安葬坤陵，但通往坤陵的路橋因為各種原因坍塌，太監們便乘機陷害羅貫，果然李存勖大怒，把羅貫抓來，打得死去活來。郭崇韜非常心疼，上來勸阻，說「陛下和一個縣令鬥氣，傳出去對陛下名聲不利。」李存勖哪裡肯聽，乾脆把郭崇韜關在宮外，讓宦官把羅貫活活打死，暴屍街頭，以示警戒。羅貫一死，天下呼冤，並開始對李存勖是否有能力中興唐朝產生了極大的懷疑。

不僅如此，李存勖還幹了一件失盡軍心的蠢事。李存勖寵信的戲子周匝曾經被梁軍俘虜，周匝為了報答在梁期間受到「同行」陳俊和儲德源的照顧，藉自己的三分薄面請求李存勖封他們做刺史，以示報恩。李存勖想都沒想就答應了，旁邊的郭崇韜一聽就急了，忙上前勸阻：「不可！河東將士們從陛下百戰滅梁復興我唐，現在將士們還沒有得到封賞，如果封了這幾個戲子，會讓將士們寒心的，會生出亂子來。」

李存勖並不是一個糊塗的人，他也知道其中利害，但他拒絕郭崇韜的理由居然是「我已經答應周匝了，我不能失信於人」。任憑郭崇韜苦勸，李存勖依然封陳俊和儲德源為刺史。消息一出，舉軍譁然，將士們都憤怒異常，準備找「李天下」討個「說法」，被郭崇韜好言相勸方才無事。但李存勖在軍中的威望已經降至冰點，雖然他現在還能耍耍皇帝的威風，但這主要是因為能威脅到李存勖地位的那個人暫時還沒有站在前臺上。

這個人是誰？成德軍節度使李嗣源！

民心不可侮，軍心同樣不可侮，對於一個階級社會的統治者來說，軍心遠比民心重要，畢竟「槍桿子裡出政權」的概率要遠遠大於「民心裡出政權」的概率，何況古代也沒有民主選舉。軍事是政治的延續，但沒有軍隊，政治一天也運轉不起來。李存勖如果不是喪失軍心，他也不會失敗得如此迅速，現在的李存勖不僅是個政治白癡，也變成了軍事白癡，雖然不久後他還能耀武揚威一把，出兵消滅前蜀。

前蜀自王建割據稱帝以來，四川沒有經歷過什麼大的戰事，比較穩定，王建死後，小兒子王衍繼位。這個前蜀皇帝吃喝玩樂是把好手，但毫無才能，如果不是他老娘徐氏得寵，他也做不了皇帝。王衍當皇帝七年來，蜀中政治腐敗到了極點，老百姓被統治者多如牛毛的苛捐雜稅逼得生不如死。李存勖也許是戲唱得太多，覺著乏味，想換個遊戲。曾經來洛陽朝見的荊南節度使高季興也勸過李存勖伐蜀，說「蜀地富民饒，獲之可建大利。」郭崇韜也是這個意思，李存勖下決心出兵。李存勖任命長子魏王李繼岌為統帥，郭崇韜為副。李繼岌乳臭未乾，懂什麼軍事？大主意還得由郭崇韜拿。

郭崇韜行前，又奏請李存勖，說北都（太原）留守孟知祥很有才能，可以在滅蜀後任西川節度使，李存勖也答應了。郭崇韜和孟知祥的關係不錯，想藉此扶朋友一把，可他哪裡想得到，他的這一念之間卻讓原本沒沒無聞的孟知祥「名垂青史」，成了後蜀高祖皇帝。

後唐同光三年（西元九二五年）九月十八日（既是個好日子也是個壞日子），唐軍大舉攻蜀。雖然這時後唐的政治建設和軍事建設嚴重滯後，但唐軍的戰鬥力還是冠絕天下的，蜀中二十多年沒有重大戰事，蜀軍主要是防禦性質的，而且王衍昏庸無道，在這樣的皇帝統治下，一群獅子也會變成一堆綿羊。唐軍勢如破竹，直進西川，連得鳳州（今陝西鳳縣）、興州（今陝西略陽）、成州（今甘肅成縣）。王衍聽說唐軍來攻，忽起雄心，他要「御駕親征」，率軍來到利州（今四川廣元）。蜀軍和唐軍在三泉（今陝西寧強西北）大戰，結果毫不意外，蜀軍慘敗，王衍連夜逃回成都。

唐軍雷厲風行，蜀中的一些實權派開始要考慮自己的前程了，蜀東川節度使宋光葆、武定軍節度使王承肇、興元節度使王宗威、武信軍節度使王宗壽決定向唐軍投降，四節度所轄的十八州土地盡數入唐，前蜀只控制成都附近一帶。李存勖不失時機地寫信給王衍，勸他投降，否則大軍殺到雞犬不留。王衍還沒考慮好，唐軍已經殺到綿州（今四川綿陽），王衍無計可施，只好「泥首銜璧」出降唐軍，前蜀滅亡。唐軍暫時沒有撤軍，軍政大權還由郭崇韜掌握，這時李存勖並派太監向延嗣督軍還朝。

郭崇韜這時又犯了和梁朝王彥章同一個錯誤，他雖然痛恨誤君小人，但不應該把這種情緒表露出來，讓人抓住把柄。郭崇韜最痛恨宦官干政，對向延嗣冷眼相加，向延嗣懷恨在心，回到洛陽後，在李存勖和劉后面前大說郭崇韜的壞話。李存勖早就對郭崇韜不滿（少不了劉氏的枕頭風），便密令魏王李繼岌俟機殺掉了郭崇韜。李存勖一不做二不休，順勢滅了郭崇韜的九族，一時間朝野紛紛議論，皆不自安，郭崇韜這樣的重臣說死就死，下一個難保不是自己。

轉眼到了同光四年（西元九二六年）的春天，李存勖對李嗣源的疑心越來越重，他的幾個兒子沒一個能鬥得過李嗣源，萬一自己不幸早死，天下肯定要被李嗣源奪去。李存勖卻不知道如何除去李嗣源，可這時，突然從魏州傳來一聲晴天霹靂：魏博軍發生兵變！

這次兵變的原因很荒唐，居然是因一則謠言引起，民間傳說魏王李繼岌被皇帝殺死，而劉皇后為了給魏王報仇，又把皇帝李存勖給殺了。加上駐守貝州的魏軍沒有及時瓜代回家，軍心動盪。這時魏博軍節度使楊仁晸手下有個叫皇甫暉的看到局勢混亂，便想渾水摸魚，糾合同黨劫持了節度使楊仁晸，說：「我們魏軍為皇帝奪天下立下汗馬功勞，可現在皇帝不但不賞，反而要加害我們。何況現在皇帝已死，洛陽大亂，大人何不與我們一起討逆，謀取好一場大富貴？」楊仁晸不從，被皇甫暉一刀砍死，亂兵強行擁立指揮使趙在禮，在魏州作亂。李存勖得到消息後，大為震怒，先是派出幾路人馬平叛，但都被打了回來，李存勖無奈之下，只好派出他的政敵李嗣源前往魏州平亂。

八

可李存勖沒有想到，李嗣源居然也被亂兵「劫持」了，亂兵當然和李嗣源無仇，但他們已經對李存勖失去了信心，強行推立李嗣源為皇帝，並說「請今上當河南皇帝，令公當河北皇帝。」李嗣源號哭不從，可亂兵哪裡肯聽，簇擁李嗣源來到魏州，和趙在禮一夥合在一處。李嗣源在軍界威望甚高，早就對李存勖心懷不滿的軍隊高層願意奉李嗣源為主，李嗣源「不得不」勉從所請，說要是去洛陽見皇帝李存勖把事情說明白，當然是帶兵去的。（都說趙匡胤陳橋驛兵變是抄郭威的老文章，其實郭威也是從李嗣源這裡學的本事。）

李嗣源畢竟和李存勖知根知底，還是有些猶豫，萬一事變，滅族是肯定跑不了的。這時，他的寶貝女婿石敬瑭站出來說話：「幹大事者不能猶豫不決，我們現在已經沒了退路。」李嗣源問他下一步如何走，石敬瑭到底有些本事，獻計道：「汴梁扼中原咽喉，只要我們得到汴梁，成便進取中原，不成還可以退保河北。」李嗣源點頭稱是，便讓石敬瑭率兵偷襲汴梁。

李存勖見形勢亂成這樣，不親自出馬是不行了，放眼朝野，唯一有資格和李嗣源做對手的也只有他這個皇帝。文武群臣見皇帝親征，便請求李存勖給軍隊加餉，以保證戰鬥力。可沒想到劉皇后居然帶著幾個年幼的皇子抱著幾個銀盆站在群臣面前，說：「我們家現在窮得叮噹響，哪有錢犒什麼軍？覺得這幾個盆值錢，拿去好了。」眾人哪見過這個架勢，伸舌而退。

李存勖覺得自己還是有把握戰勝李嗣源的，可他率領的大軍還沒走多遠，軍隊逃亡大半。在亂世中，軍權就是政權，而且軍人多享有高度的「自由」，他們參軍就是追求富貴，誰給的價碼高就跟誰。這些人在李存勖和李嗣源的PK中都把寶押在了李嗣源身上，所以趁機逃亡，奔向李嗣源。

同光四年（西元九二六年）三月，當李存勖來到萬勝鎮（今河南中牟西北）時，聽說李嗣源軍已經攻下汴梁，距自己不過百餘里，而且自己手下士兵不滿萬人，帶來的可是兩萬五千人啊。李存勖心中悽惶，喝了一通悶酒，然後返回洛陽，再做打算。在回洛陽的途中，李存勖還勸慰將士們：

「朕知道你們跟著朕也很不容易，家裡老小都要奉養，魏王繼岌帶著成都的金帛就回來了，等回京後朕一文不要，全都給你們。」本以為衛士們會山呼萬歲，哪想衛士都不冷不熱地回答：「陛下的賞賜太晚了，即使給了，將士們也不會再領陛下的盛情。」李存勖混到如此淒涼的地步，不禁放聲痛哭。

李存勖前腳剛回到洛陽，石敬瑭就已經跟到了汜水關（今河南滎陽西北），形勢非常地不妙。這時宰相豆盧革勸說李存勖：「陛下不必過於驚慌，魏王殿下的西征軍很快就能趕回來，勝負未分之際，還請陛下據守汜水，不能讓叛軍過來，否則大勢真要去了。」李存勖覺得有理，決定再做最後一搏，調集他所能調動的所有精銳部隊，東征和李嗣源決戰。

一切準備就緒後，李存勖陣兵於城外，步騎兵種俱全，如果這支部隊能夠忠於李存勖，那麼李存勖還是有很大的機會翻盤的。但李存勖沒有想到，他輝煌的人生並不是結束於他的世仇朱友貞，也不是結束於他的乾兄長李嗣源，而是結束於一個叫郭從謙的無名之輩。而且，不是結束於兩軍陣中，而是他的洛陽城中。

郭從謙原來是個戲子，因為戲演得好（藝名叫郭門高），所以「演而優則仕」，當上了從馬直指揮使。郭從謙看到李嗣源來勢洶洶，而李存勖則如喪家之犬，知道李存勖大勢已去了，就煽動士兵說：「皇帝信不過咱們，早晚要把我們活埋了。現在李令公大軍西進，不久便攻克洛陽，願意跟我取大富貴的就去幹掉昏君，立下奇功。」軍爺們一聽，都說：「有道理！」於是便在洛陽城中造反。亂兵以郭從謙為首，喧嘩著攻打興教門。

李存勖正在後殿用餐，聽說郭從謙在自己的眼皮子底下造反，非常地憤怒，久違的血性也湧上來，率著侍衛去和亂兵拼命。可架不住亂兵人多勢眾（為什麼亂兵這麼多？李存勖應該反思！），破城而入，雙方展開了肉搏戰。李存勖在亂戰中被叛軍用箭射傷，躲在絳霄廡下休息。李存勖不想等死，一狠心，把箭從肉中拔出來。可由於傷勢過重，又沒得到及時的治療。沒過一會兒，這位身經百戰、滅梁平蜀的一代梟雄便命喪黃泉，死年四十三歲。

李存勖死後，侍衛們都對著李存勖的屍體行了大禮，然後大哭而去（其中有兩個人：王全斌、符彥卿）。只有一個叫善友的戲子哭著把李存勖的屍體放在樂器中，燃起一把大火，把樂器堆裡的李存勖屍體燒成灰燼。

當初李存勖消滅梁朝進入洛陽城時，天下人都把李存勖比成漢光武帝劉秀，覺得唐朝中興指日可待，也沒有因為他是胡人而對他有偏見。只是所有的人都未曾料到，僅僅三年，所謂「大唐中興」的神話便在沖天火光中徹底破滅，留下的只是一堆難以辨認的骸骨和歷史無盡的感慨。

王夫之評價李存勖：「存勖可以忍敗，而不足以處勝，故勝則必傾。敗則唯死而已，勝則驕淫侈靡。」這個觀點非常正確，李存勖之所以失敗，並不是因為他的智力，而是因為他的度量：做天下共主的度量，所以王夫之說他「有智無量」。

李存勖「因驕致敗」的悲劇和前秦苻堅「因寬致敗」的悲劇雖然性質不同，但有一點是共同的，他們的失敗其實就是性格的失敗，他們其實都很單純，但單純的人往往在社會的生存競爭中遇到強大阻力。人是單純的，但社會從來就沒有單純過。性格決定命運，就是這個道理。

李嗣源被亂兵「強迫」著來到洛陽，看到李存勖的屍骨，未免落下幾滴眼淚，但心裡肯定是歡快得很。李嗣源輕拭眼角，對前來拜見的文武百官們說：「現在形勢非同往日，大家要做好各自的本職工作，等到魏王回京繼位。至於我本人，安葬好大行皇帝後，我就回到成德，到時就不用大家送行了。」

話說得很動聽，可宰相豆盧革等人哪個不是官場的琉璃蛋子？都是身經百戰刀槍不入的主兒，哪個不亮事？馬上就進行勸進，李嗣源當然不能答應，戲還沒演完呢，豆盧革等人就說「現在國家無主，四海播蕩，除了太尉您外，還有誰能扛起這副重擔？這不僅是我們的願望，更是天下人的願望！」李嗣源「架」不住眾人的勸說，勉強先答應做監國。

等李嗣源戲演得差不多了，這才在洛陽宮中稱帝。租庸使孔循上言：「唐祚終矣，請陛下更建新朝，擬個國號。」李嗣源裝白癡，問身邊人：「什麼是國號？」

左右皆答：「先帝本姓朱邪，因有功於唐朝，更李姓，繼昭宗後，滅梁復仇。而今陛下新創大業，自當更國號，以與先帝有所區別。還有，先帝新滅梁朝，梁人未必心服，所以梁人多不願陛下再稱什麼唐朝。」

李嗣源搖頭：「不可以！我十三歲就事獻祖文皇帝，獻祖以我為宗親，後又事太祖皇帝三十年，先皇帝二十年。縱橫拼殺，冒刃血戰，身被百創，什麼苦沒吃過？太祖天下就是我的天下，先帝天下就是我的天下。何況同宗異國，事出何典？此事就這樣，還稱大唐。」

眾人還有異議，吏部尚書李琪站在李嗣源一邊：「殿下本李家勳賢，有大功於先帝，與先帝親若手足。如果更改國號，則等於視先帝於路人，先帝梓宮將何所依？」

李嗣源不再想就此事多做糾纏，決定國號不變。李嗣源又做了一回好事，追諡李存勖為莊宗皇帝。國號是虛的，權力才是真的，有權走遍天下，無權扛著國號也沒什麼用。

李存勖死後，他摯愛的劉皇后卻和他弟弟李存渥捲起金銀逃到了晉陽，兩人在路上做了回露水夫妻。結果晉陽留守李彥超拒絕他們入城，李存渥在逃亡路上被部下所殺，劉皇后乾脆逃到尼姑庵裡落了髮，想與花花世界說再見。可李嗣源容不下這個「紅顏禍水」，派人把她給殺了。

而名義上的西征軍主帥魏王李繼岌已經回師，行至渭南（今陝西渭南），接到父親李存勖已經兵變身死的噩耗，一時想不開，找條繩子上吊死了。隨軍的行軍司馬任圜帶著西征軍回到洛陽，拜倒在李嗣源門下。

第四章

小康時代——五代賢君李嗣源

一

自從安史之亂後，唐朝的藩鎮之禍愈演愈烈，局勢動盪不安，對社會經濟的發展造成了嚴重的破壞。但藩鎮之禍和五代十國比起來還是尚遜一籌，畢竟五代十國是藩鎮之禍的「升級換代版」。面對這樣的一個災難式的時代，歷代史家多對五代十國持否定意見。歐陽修在著《新五代史》時不住地嗚呼：「五代不仁之極矣。」

雖然五代是著名的亂世，但並非是一無可取，在五代前期就曾經出現過一個短期「盛世」，就是唐明宗李嗣源「長達」（相對於五代的那幫短命皇帝）八年的小康時代。

雖然這個「盛世」在「量」和「質」上都無法和昭著青史的文景之治、貞觀之治和開元盛世相提並論，但相對混亂至極的五代歷史來說，卻是一個難得的喘息時機，讓在戰亂中飽受苦難的老百姓們多了一絲對生活的企盼。

唐明宗李嗣源和唐莊宗李存勖一樣，都是沙陀人。但和李存勖不同的是，李存勖本姓朱邪，而李嗣源生下來卻連姓什麼都於史無考，只知道名字叫邈佶烈，李嗣源這個名字是李克用收其為義子時給起的。

在亂世時代，像李煜這樣的書呆子是吃不開的，想不被別人吃掉，唯一的辦法就是要學會吃人。李嗣源就是這樣，他十三歲時便能騎馬射箭，而且射雁的技術尤為一絕，每發必中。

義父李克用很喜歡他，而且李嗣源曾經救過他一次命。不過李嗣源真正轟動江湖的是在乾寧三年（西元八九六年），李嗣源奉命去鄆州救援被朱溫圍困的朱瑄，只帶了三百人便殺敗當時強悍的汴州軍，把朱瑄從虎口中奪了回來。至次河東軍被魏博軍節度使羅宏信偷襲，李嗣源斷後讓前軍撤退，李克用給他的部隊命名為「橫衝都」，一時間，李橫衝的大名響徹河朔諸鎮。

在晉梁爭霸中原的這十年中，雖然李存勖的軍事天才起到了決定性的作用，但功勞不可能只歸於他的賬上（雖然李存勖堅持這樣認為），周德威、李嗣昭、郭崇韜這些人也作出了很大的貢獻，但功勞最大的，無疑是李嗣源。

當初李存勖在鄆州全殲王彥章的時候，李嗣源就勸他偷襲汴梁，擒賊擒王。李存勖讓李嗣源率兵直撲汴梁城，朱友貞畏俘自殺。李存勖曾經動情地牽著李嗣源的手說：「我的天下可以說是大兄你打下來的，以後我們一起共用富貴。」雖然沒多久李存勖就把這個承諾拋到了九霄雲外。

李嗣源從戎三十多年，大戰小戰數百起，在軍中的威望甚高，人稱李令公，這也是李存勖漸漸對李嗣源疏遠的主要原因。在亂世中，失去民心不是最可怕的，最可怕的就是失去軍心，其實在「盛世」中何嘗不是如此。

由於李存勖昏聵糊塗，釀出魏博兵變，導致李存勖兵敗身死。不能說李嗣源對此一點責任沒有。事實上，李嗣源的「無責任過錯」和趙匡胤的「無責任過錯」都不過掩人耳目的政治表演罷了。

當然，我們不能因此指責李嗣源（趙匡胤）不忠於李存勖（柴宗訓），一個人的忠與不忠不在於「小我」的表現，而在於「大我」，即是否順應了歷史發展的潮流。李存勖雖然是軍事天才，但在政治上遠不如李嗣源成熟，所以李存勖滅梁僅僅三年便迅速腐化墮落。後唐局勢岌岌可危，再次爆發大動亂的可能性非常大，而這時李嗣源站了出來，並迅速穩定住了局勢。

後唐橫跨中原，兼有巴蜀，是當之無愧的天朝大國，南方一些小國根本無法和後唐國力相並比，只有北方強大的契丹屢屢挑釁，是李嗣源的心頭大患。李嗣源也不想和契丹刀兵相見，多一事不如少一事。

後唐天成元年（西元九二六年）七月，也就是李嗣源繼位兩個月後，李嗣源派供奉官姚坤去契丹告哀，並希望得到耶律阿保機的承認。沒想到可愛的耶律阿保機居然和姚坤上演了一場難得的舌戰，其精彩程度，絕不遜於諸葛亮舌戰群儒。

阿保機聽說李存勖死了，放聲大哭：「我的朝定兒（漢語即朋友之意）！聞你有難，我方欲救之，因渤海國未息，不便前去救你，不意出此變故。」哭了一會兒，阿保機責問姚坤：「新天子明明知道莊宗有難，為何不相救?!」姚坤狡辯：「魏州離洛陽太遠，夠不著。」

阿保機不饒他：「新天子為什麼要自立為帝？」姚坤有些招架不住，勉強答道：「新天子浴血三十年，領兵三十萬，天意如此，豈可違？」阿保機知道就算說死姚坤，李存勖也活不過來，只好歎道：「我兒喜酒及色，不恤軍民，所以亡身。我現在不敢牛飲，不敢玩樂，就怕像我兒那樣亡國。」

然後又冷不防地射了姚坤一箭：「我與新天子無仇，願和貴朝和好，只要你們答應割讓河北地，我有生之年絕不南下。」姚坤氣得直搖頭：「這事陛下和我說沒用，得問我朝天子答不答應。」

阿保機大怒，把姚坤投進大牢。過幾天又把姚坤拎了出來，和顏悅色地說道：「我知道你家皇帝捨不得河北，那就把鎮、定、幽州給我吧，我不嫌地盤小。」並拿出紙筆讓姚坤畫押，姚坤哪肯幹這賣國的勾當，根本不理他。阿保機氣得直咬牙，舉劍要殺姚坤，幸虧韓延徽苦勸，這才作罷。

李嗣源知道阿保機這個人向來就這副德性，也沒跟他多做計較，憑他的實力，守住河北是沒什麼問題的，契丹再強，也奈何不了他李嗣源。李嗣源開始整頓內政，首選殺掉在李存勖時代因「刻斂天下之財」而惹眾怒的租庸使孔謙，改由任圜以宰相兼判三司。三司是指度支、戶部、鹽鐵轉運三個國家財政重要部門的總稱，三司使是實際上的國家財政大總管，權力極大，當然也是個肥差使。並廢止專職的鹽運使、租庸官職務，而由節度使或刺史兼管。

李存勖當政時期，政治腐敗、貪污盛行。李嗣源為了清除積弊，杜絕後患，不惜痛下狠手。先是把同光朝禍害天下的宦官集團進行剿殺，除了留下一些作為宮中雜役外，把那些因避李嗣源起兵而躲到廟裡當和尚的太監，也都給揪出來砍頭。而李嗣源對那些「閒坐說玄宗」的「白髮宮女」們也大發善心，多數遣歸家鄉，擇婿而嫁。（真是善舉！）

雖然李嗣源此時已經富貴至極，但因為他出身民間，所以對民間的疾苦非常關心。李嗣源知道老百姓沉重的負擔其實多是由於地方官藉著官府的名義橫徵暴斂引起的，所以李嗣源下詔，讓地方的封疆大吏們除了春節等重大節日可以向內廷進奉錢物外，這也只能「千里送鵝毛」，略表孝心，其他時間不允許打著皇帝的旗號搜刮老百姓的財物。

李嗣源不僅對「立國之本」的農業進行恢復性改革，還對「四民之末」的商人專下一道詔令，規定一些必要的稅收，不允許地方官濫設雜稅，以此保證商業的正常運轉。這些詔令傳到民間，老百姓和商人們歡躍異常，無不齊稱萬歲。

李存勖奪取中原，不僅沒讓「四民」從朱梁的「暴政」下解脫出來，反而更加痛苦。這次李嗣源的幾大舉措，深得民心，而且大大地促進了社會經濟的發展。薛居正評價李嗣源「比歲豐登，中原無事，言於五代，粗為小康」。

如果五代時有居民戶口本的話，那麼李嗣源的戶口本上文化一欄填寫的將是「文盲或半文盲」，李嗣源不認識字。當然，這並不能妨礙李嗣源「好好學習、茁壯成長」的決心，他經常讓樞密使安重誨讀書給他聽。哪知安重誨也是個半瓶醋，識字不多，安重誨說的不知所云，李嗣源聽的雲山霧罩，兩人大眼瞪小眼，很有意思。

不過安重誨還算是個誠實人，知道自己的那點斤兩，便對李嗣源說：「陛下，臣雖然受陛下恩寵，入掌軍機，大小事體能勉強處理。但臣確實沒讀過多少書，不能解陛下之惑。還請陛下撿選幾個大文豪，給陛下講講歷史課程。」李嗣源覺得這個辦法好，便讓翰林學士馮道和趙鳳入端明殿，時常伴從講課。

李嗣源嘗到了啟用新人的甜頭，便考慮黜退那些不思進取、滿腦子教條的老傢伙們，尤其是豆盧革這個老東西，當然不能排除李嗣源想抹去李存勖時代印跡的可能。也該豆盧革倒楣，在李嗣源厲行改革的當口，豆盧革卻在皇帝面前耍起了大牌。

在朝見李嗣源時，豆盧革不能嚴格遵守君臣禮儀，有時對李嗣源說些不恭敬的話，讓李嗣源很生氣。便藉著豆盧革多領公務員薪水的問題發揮，把豆盧革和他的好朋友韋說貶到了荒郊野嶺，不久將豆盧革賜死。

二

人事安排向來是中國政治活動的一個焦點，古代也不例外。李嗣源罷免了豆盧革，但卻沒有具體的人選，他讓兩大重臣安重誨和任圜薦舉人才。這一位本就沒穿一條褲子，自然要利用這個機會黨同伐異。

安重誨聽從狗頭軍師孔循的建議，推薦了太子賓客鄭鈺和太常卿崔協，而任圜舉薦了御史大夫李琪，兩人各執一詞，互不相讓。任圜當面詆毀崔協：「崔某人大字都識不得幾個，時人笑稱為『無字碑』，這樣的人怎麼能做宰輔？」

然後又吹捧李琪：「李琪就不一樣了，李琪學貫古今，當代才人，無勝於李某者。小人妒忌琪才，所以中傷君子，如果陛下不用李琪而用崔無字，就等於捨蘇合良藥而用蜣螂小蟲也。」

安重誨見任圜滿口柴胡，「毀人不倦」，不禁捧腹狂笑。李嗣源沉吟一下，說道：「朕看學士馮道挺不錯，性溫和，不與人爭事，可以進來。」馮道得了彩頭，連升數級，進了「上書房」，同時入選的還有崔協這個安黨成員，「學貫古今」的李琪則被晾在了一邊。

這樣的安排很不妥，打破了權力平衡的潛規則，崔協入選即讓安重誨覺得皇帝偏向他，又讓任圜受到了打擊，這樣只能加劇兩人之間的鬥爭。在兩大權臣互相制衡的政治格局中，不能讓一方壓倒另一方，否則勝出的一方便會得寸進尺，最高權力便會受到嚴重挑戰。

任圜對此極為不滿，雖然沒敢公開指責李嗣源，但在日常的會議中，任圜的不滿情緒還是不由地流露出來。有一次他和安重誨在李嗣源面前爭論公務人員出差經費的問題，任圜亂發脾氣，讓李嗣源很不高興。

退回內宮後，便有侍妾乘機說任圜的壞話：「陛下，剛才在陛下面前與安相議事的是什麼人？」李嗣源不知道她要說什麼，便說是任圜。侍妾再進言：「臣妾當初在長安時，常見宰輔議事，但從沒見過他們如此意氣用事，可能是他沒把陛下放在眼裡吧，不然也不敢這樣。」

李嗣源一聽臉色立刻沉下來，沒多久便罷免了任圜。任圜也樂得清閒，回家準備頤養天年，安重誨到底沒放過他，勸說李嗣源賜死了任圜。

安重誨對孔循很是高看，可沒想到孔循卻嫌安重誨廟小，容不下他這尊大佛。正好李嗣源想為已經成年的三皇子宋王李從厚納妃，聽說安重誨的女兒不錯，便要與安重誨結為親家。可孔循卻勸安重誨「相公現在已經是一人之下萬人之上，沒必要再結皇親」。

安重誨覺得有道理，便婉言謝絕了皇帝的好意。安重誨是個粗人，哪有老狐狸孔循的花花腸子多，孔循趁機用重金結交李嗣源的寵妃王氏（劉鄩的侍妾花見羞），想把女兒嫁給宋王。王氏在李嗣源面前一言九鼎，果然喜訊傳來，孔家女兒入選王妃。安重誨一聽，差點沒氣死，大罵孔循是個老狐狸。

王德妃是和後蜀花蕊夫人費氏同在五代十國最具知名度的美女，李嗣源老年得此絕色，極加寵愛。王氏是個八面玲瓏、四面討好的聰明女人，她知道要想在宮中立足，不僅要有皇帝的寵愛，還要結交朝中親貴，即使是太監宮女也不能得罪。劉鄩死後，王氏帶著大筆黃金入宮，現在正好能用得上。

王氏遍分黃金於宮中，上至嬪妃，下到宮人，人人一份。所以這些人經常在李嗣源面前稱讚王氏好人品（彷彿梁山宋大哥），李嗣源益重王氏。李嗣源此時還沒立皇后，初意打算立楚國夫人曹氏為后，可曹氏為人不似王氏玲瓏，加上身體不好，便來找王氏，請她來主事：「我多病之身，不能主事應酬，以後這樣的事就由妹妹做吧。」王氏暗喜，不過表面上謙遜有加：「中宮係天下母，與皇帝並比，尋常人誰敢當此？」李嗣源便立曹氏。

王氏侍曹氏非常恭順，而對李嗣源，王氏更是耍盡手段，每次李嗣源早起「盥櫛服御」，都是王氏親自侍奉，就是侍御宮人也不過如此，曹氏對王氏非常滿意，所以便把宮中事盡由王氏打理。

雖然李嗣源在用人問題上舉措失當引起黨爭，但畢竟他還是有治太平的意願。但有人卻不希望天下太平，五代時期，戰亂對百姓來說是災難，但對某些軍閥來說，戰亂卻是他們富貴的來源，所以太平對這些靠戰爭吃飯的軍閥來說簡直就是災難，駐節汴州的宣武節度使朱守殷便做如是想。

後唐天成二年（西元九二七年）十月，李嗣源準備視察汴州，沒想到坊間卻傳言皇帝準備東下淮南，還有一個版本是說李嗣源要拿到那些不聽話的藩鎮，人言洶洶。守汴州的宣武軍節度使朱守殷疑心李嗣源要仿效漢高帝劉邦幸雲夢擒韓信故事，內不自安，節度判官孫晟勸朱守殷跟著老李頭撈不到好果子，不如造反。

朱守殷頭腦一發熱，便據城自守，不想讓李嗣源來汴州「視察」。李嗣源很惱怒，但他是個性格比較溫和的人，不把他逼到絕路上，李嗣源一般不會主動攻擊別人。李嗣源打算派宣徽使范延光去安慰朱守殷，勸他識相。范延光覺得沒必要跟朱守殷講理，進言：「朱會兒（朱守殷小名）久欲反，如果陛下不急攻汴州，等朱會兒做好防禦，再攻就難了。請陛下付臣五百鐵騎，先攻汴城，動搖汴人固守之心。」

李嗣源大喜，讓范延光先去，隨後再派寶貝女婿御營使石敬瑭率兵直進汴梁城。唐軍四面包圍汴梁，猛烈攻城。朱守殷做宣武節度使不過一年，還沒有籠絡住汴人，所以汴人多不想陪朱守殷去死，紛紛逃出城，出降官軍。

汴梁很會就被攻破，朱守殷成了光棍，沒奈何，只好聚族自殺，到陰間做皇帝夢去了。判官孫晟清楚朱守殷是他挑動起來造反的，要是落到李嗣源手中，準逃不過一個死字。情急中，孫晟落髮為僧，逃往淮南，找徐知誥避難去。在淮河邊上差點被唐軍認出來，裝瘋賣傻才混到淮南，被徐知誥待為上賓。

朱守殷死了，但李嗣源依然怒氣不消，下令鞭朱守殷屍，砍下人頭懸於洛陽市中七日，這才解氣。李嗣源以石敬瑭為宣武節度使，駐守汴州，率軍回洛陽。

雖然平定了朱守殷，但想讓天下太平，還有很長的路要走。後唐天成三年（西元九二八年）四月，義武節度使王都在定州反了，距離上次朱守殷叛亂僅有半年的時間。王都是前義武節度使王處直的義子，義武軍從唐末到李嗣源時期一直都處在半獨立的狀態，和中央政府只維持表面的從屬關係。

朱守殷造反是純粹的軍閥叛亂，而王都之所以造反主要還是因為他和李嗣源是兩個完全對立的政治集團，王都的女兒嫁給了唐莊宗李存勖的兒子魏王李繼岌，關係極鐵。李嗣源奪取了本應由李繼岌繼承的後唐政權，王都沒當上「皇帝他丈人」，當然仇恨李嗣源。

王都密結於盧龍軍節度使趙德鈞和成德軍節度使王建立、歸德軍節度使王晏球，約共同割據河北，和李嗣源對抗。王都真是有頭無腦，這些人都是李嗣源的人馬，趙德鈞和李嗣源還是親家，認你王都是老幾？王建立表面上先答應，然後飛向朝廷告變，王晏球也急報王都欲謀反。

李嗣源早就想拔掉這根刺，以前局勢不穩，不便下手。現在機會來了，自不能錯過，便公開和王都撕破臉皮，以王晏球為北面行營招討使，橫海節度使安審通為副使，鄭州防禦使張虔釗為都監，出兵討伐叛臣王都。

王都自知不是李嗣源的對手，便盛情邀請契丹出兵，契丹皇帝耶律德光（石敬瑭的未來小乾爹）新立不久，也想利用這個機會樹樹威望。五月，耶律德光派酋長鐵刺發兵前來。王都仗著契丹兵能打，在嘉山（今河北曲陽附近）和王晏球的中央軍大打出手。可沒想到中央軍挺難對付，聯軍被狠狠修理一通，王都狼狽竄回定州，王晏球率軍攻城。

王都又來了精神，又下戰書約王晏球決戰，王晏球非常高興地接受了邀請。兩軍在曲陽城南大戰，王晏球舉劍大呼：「王都匹夫不知兵，不足懼！一戰必可擒此賊！將士們，報效國家，正在今日，聽我命令，把弓箭都放下來，各操短刃上陣衝殺，敢退半步者，斬不赦！」

唐軍士氣大盛，以騎兵做前鋒，衝亂敵陣，唐軍步兵舞刀挺劍，以排山倒海之勢殺來，聯軍大潰，被唐軍殺得橫屍遍野，契丹軍死傷大半，餘部見勢不好，拔馬北走，中途被盧龍軍節度使趙德鈞做了回東道，斬殺甚眾。

王都又一次竄進定州，死守不出。王晏球知道定州不是等閒城池，不敢貿然進攻。可張虔釗等人卻覺得王晏球膽小如鼠，假傳皇帝詔，讓官軍攻城。王晏球不識真假，只好麾師狂攻，結果被王都狠狠打了回去，死傷三千多弟兄。

三

後唐天成三年（西元九二八年）七月，契丹主耶律德光不甘心他對中原的「處子戰」如此收場，再派梯里已（又稱惕隱，係契丹官名，掌皇室政教）涅里袞等人率七千輕騎前去救援。

王晏球聞知消息，先丟下困獸王都，帶兵在唐河（今河北定縣附近）迎擊契丹騎兵，契丹兵沒有防備，被唐軍狂殺一通，死傷慘重，腿長的調頭就跑，王晏球一直追到易州（今河北易縣）。唐盧龍節度使趙德鈞再次招待遠來的契丹客人，出兵絕了涅里袞的後路，生擒涅里袞以下五十多人。因連降大雨，涞水（拒馬河）暴漲，契丹兵又溺死了一部分。剩下的還想北逃，被幽州村民發現，各持大棒來招待契丹人，打死了數百，最終有幸逃回契丹的人不過幾十人。耶律德光見援軍敗得如此之慘，氣得直跺腳，沒想到李嗣源這麼不好惹，但他不甘心失敗，畢竟中原的富饒對於他這個游獵皇帝來說具有不可抵抗的誘惑力，他一直在尋找機會。

打退了契丹援軍，王都困守孤城，實在熬不下去了。後唐天成四年（西元九二九年）二月，王都和鐵刺準備突圍逃往契丹，還沒收拾好金銀細軟呢，定州都指揮使馬讓能就打開了城門，放唐軍進城。王都知道沒戲了，只得舉族自焚，鐵刺被俘，押到洛陽處斬。

平定朱守殷和王都叛亂後，各地藩鎮都老實了一陣子，不敢在這個時候冒尖，李嗣源在軍民中的威望已經超過了李存勖，想反也沒機會。李嗣源好不容易迎來了相對和平的時期，開始偃武修文。

李嗣源雖然是行武出身，但骨子裡他並不是一個兇狠好鬥之人，這點和後來的趙匡胤比較相似，「為人純質，寬仁愛人」。說到趙匡胤，倒想起一個非常著名的故事來，就是唐明宗李嗣源天成元年（西元九二六年）的某一天晚上，焚香祭天，說：「我無才無德，讓我做天下之主實在勉為其難，天下大亂已經上百年了，希望上天能憐憫蒼生，早日出一個聖人，救黎庶於水火。」

果然，當天夜裡，在洛陽夾馬營中降生一個男嬰，就是後來實現局部統一的宋太祖趙匡胤。這個故事源出北宋名臣王禹偁所著的《五代史闕文》明宗條，並不是很可靠，可能是宋朝人為了美化趙匡胤而捏造出來的。

李嗣源曾經和翰林學士趙鳳談及君臣關係，李嗣源很感慨地對趙鳳說：「先帝為了褒獎功臣，曾經賜給我和郭崇韜、李繼麟免死鐵券，可結果郭李二人皆被滅族，朕也差一點成先帝刀下之鬼。」趙鳳的回答很有道德力量：「皇帝把仁愛放在心中、行於事中就足夠了，沒有必要搞什麼形式主義。」

趙鳳不愧是個儒中君子，和那些溜鬚拍馬順杆子爬的犬儒們在人品上不知好多少。以前莊宗劉皇后想認張全義做乾爹，趙鳳就力言不可，後來任圜被賜死，也是趙鳳為任圜極力爭取，雖然兩件事都沒有成功，但至少說明趙鳳是個光明磊落的人。

而同時和趙鳳進入翰林院的馮道此時已經榮升宰相，一直覺得五代十國人物如過江之鯽，但真正可以稱之為頂尖人物的只有三人：柴榮、李煜、馮道。柴榮雄才大略冠絕五代，李煜開宋詞之先，都是毫無爭議的。唯獨這個馮道，後世爭議極大。馮道一生共侍奉過五個朝代十一位皇帝（還不包括劉守光），而且都是位極人臣、名望隆重。像馮道這樣「虎狼叢中也立身」的人物，放眼今古，絕無僅有。

雖然馮道「忍恥以偷生」的做人原則遭到了後世史家的批判，但馮道之所以能數十年屹立不倒，絕不是靠諂媚得寵，那也是有真本事的。李嗣源早就聽說過馮道的才華，登基後便把馮道找來，倍加信任。

李嗣源渴望做一個有道明君，身邊沒有直言敢諫之士不行，馮道就對李嗣源說過：「現在天下無事，四海清平，但陛下不能因為形勢稍好一些就貪圖安逸、縱欲聲色，只有兢兢業業才能守住基業。」

李嗣源點頭稱是，問馮道：「現在天下太平，老百姓的日子過得怎麼樣？」馮道說：「士農工商四業中，農民活得最辛苦。遇上災年農民就要挨餓，即使年歲豐收，農民還要為糧食價格低發愁，陛下應該多體恤民情。」

馮道把唐懿宗時進士聶夷中所作的《傷田家》一詩背給李嗣源聽：「『二月賣新絲，五月糶秋穀，醫得眼下瘡，剜卻心頭肉。我願君王心，化作光明燭，不照綺羅筵，遍照逃亡屋。』詩寫得雖然很淺顯，但道理卻很深刻。」

要說李嗣源也確實是塊明君的材料，要換成李存勖，早就聽得不耐煩了，找戲子們耍樂去了。李嗣源聽後，大為讚賞，說道：「這詩寫得真好！」便讓侍臣抄下這首詩，經常讓人念給他聽，作為警句。

後來李嗣源得到了一塊玉杯，上面刻著幾個字：「傳國寶萬歲杯」，李嗣源很喜歡，並讓馮道也欣賞欣賞。可馮道卻說：「是寶貝，但只是有形有價的。而無形無價的寶貝卻是仁義，只有實行仁政，才能無敵天下。」李嗣源更加高興。當然這並不是馮道在拍馬屁，說的確實是這樣，仁者無敵，古今皆然。

唐太宗李世民是歷史公認的明君，從諫如流，用賢去惡，他和魏徵近乎完美的配合是君權和相權相互制約、有機合作的典範。李世民之所以稱為明君，其中有很大一部分是以魏徵為代表的大唐賢臣的功勞。李嗣源也是如此，雖然他和馮道遠遠比不上李世民和魏徵，但僅憑他們的這些才能已經可以在重武輕文的五代十國時鶴立雞群了。

馮道的直言敢諫對李嗣源產生了很大的正面影響，李嗣源在戰亂年代力所能及地恢復農業生產、促進社會穩定和諧上所做的努力是值得歷史肯定的。大成五年（西元九三〇年）二月，李嗣源把年號改為長興元年，大赦天下，除了「十惡五逆、屠牛、放火劫舍、合造毒藥」等重罪外，赦免其他罪行。牛是小農經濟時代生產的頭號主力，沒有牛「無言的付出」，恢復生產只能是一句空談。

農業生產僅靠耕牛是不夠的，還需要農具，但當時出於戰爭的考慮，統治者多嚴禁民間私造農具，而由官府製造然後賣給農民。對於這個弊端，李嗣源也考慮到了，他下詔開放鐵禁，允許農民自己打造農具和其他生產用品。

自唐懿宗以來天下大亂，戰爭頻繁，底層人民苦難深重，直到遇上這位小一號的「唐太宗」李嗣源。像李嗣源這樣的人物，在五代中屬於「稀有動物」，老百姓自然驚喜交加：可碰上好皇帝了。

封建時代的明君賢臣在本質上還是維護地主階級的利益，但歷史是一個漸進的過程，這就注定了在歷史漸進過程中出現的歷史人物不可能沒有歷史局限性。

歷史的局限性並不能成為否定一個歷史人物的藉口，歷史總是向前進的，只要歷史人物的所作所為符合歷史發展的潮流，那麼就應該給予充分的肯定。

自從任圜被李嗣源給罷免之後，安重誨少了一個對頭，從此大權獨攬。安重誨藉機在政治上大搞近親繁殖，把自己的親屬安排在軍事重鎮當一把手，卻又不允許其他人進入決策圈，這樣安重誨就可以安心地做他的二號皇帝。

少了任圜這一極，政治格局的平衡被打破，第一個感覺不對勁的就是李嗣源。面對安重誨咄咄逼人的態勢，李嗣源有些後悔，但他做事比較穩當，所以還沒怎麼發作，要找一個合適的機會。

這時在民間忽然流傳一個小道消息，說有術士看過安重誨的面相，說他「日後必將大貴」。並說安重誨不久就要率軍討伐淮南，要統一天下云云。有人把這事報告給了李嗣源，李嗣源一聽怒不可遏，便把安重誨叫去，責問道：「聽說你私建軍隊，要攻打淮南，這事朕怎麼不知道？」

安重誨被李嗣源罵得一頭霧水，醒過神來後才大聲呼冤：「興兵討伐是國家大事，這應該由皇帝做出決定，臣哪敢如此僭越？一定是有人在中傷臣。」李嗣源「哦」了一聲，又找來指揮使安從進等人，商議如何處理這件事。安從進和安重誨關係不錯，拿自家老小做保安重誨必無反心，李嗣源這才作罷，但對安重誨的疑心越來越重。

四

安重誨在權力的分配上想吃獨食，自然得罪了一大批吃不到美味的人，這些人來頭並不比安重誨小，其中李嗣源的義子李從珂和安重誨最不對頭。李從珂曾經酒後打過安重誨，雖然醒酒後道歉，但安重誨卻記下了這個仇。

安重誨對李嗣源的二兒子秦王李從榮（長子李從審死於莊宗時）和三子宋王李從厚從來都是恭敬有加，唯獨對李從珂冷眼相待。李從珂自恃有功，哪把安重誨放在眼裡？也絕不像唐肅宗李亨對高力士這個老太監那樣低三下四地喊「阿翁」。

安重誨屢次陷害李從珂，甚至構陷李從珂私造兵器意圖謀反。李嗣源耳根子一軟，便讓李從珂勒令歸府，軟禁起來。安重誨想斬草除根，唆使馮道和趙鳳上章請重加李從珂罪。

李嗣源雖然關了李從珂的禁閉，但從沒想過要殺李從珂，對馮趙二人笑道：「我這個兒子是有些粗魯，做人不謹，但要說他謀反，朕根本不信。你們和從珂同無過節，何必如此相逼？怕不是給人當槍使吧。」二位見皇帝如此英明，嚇得大氣不敢出。

安重誨見這兩位皇帝的體己人都搬不倒李從珂，只好親自上陣，再勸李嗣源殺掉李從珂。李嗣源知道就是這個安重誨幹的好事情，大怒：「當年我落魄時，窮困潦倒，多虧李從珂外出撿馬糞，供我生活。難道現在朕身為天下主，尚不能保護一個兒子？你到底想把李從珂怎麼著了，你才滿意?!」

安重誨也有些惶恐：「臣何人，敢離間皇家父子情？臣不敢多言，是非如何，由陛下聖衷自斷。」李嗣源不理安重誨，改任索自通為河中節度使。索自通本是安重誨的人馬，上任後自然暗承安重誨的密令，經常打造些兵器進貢朝廷，說這些都是李從珂打造的。

李嗣源略有心動，多虧王德妃從中周旋，李從珂方才保住性命。朝中人士見李從珂倒了台，都和李從珂斷了交情，以免惹禍上身，明哲保身，才是王道。只有禮部郎中呂琦不避嫌疑，經常去找李從珂。

長興元年（西元九三〇年）九月，東川節度使董璋造反；十月，西川節度使孟知祥也反了。這二位在唐莊宗消滅前蜀後不久便來到任，由於山高路遠，加上中原內亂，便想關起門來做大王。董璋和孟知祥各據東西川，互相「禮尚往來」，勾搭成「奸」，相約一起造反。董璋反後，李嗣源派出女婿石敬瑭前去平叛。

石敬瑭剛開始還能打，一直攻到劍州（今四川劍閣），董璋向孟知祥求救，孟知祥一聽劍州沒了，那還得了，不是要他的命？氣得大罵董璋草包，派出精銳去救東川。石敬瑭在劍門被西川兵設伏擊敗，石敬瑭大敗，大罵乾姑父孟知祥（孟知祥娶李克用長女為妻）吃飽了撐得造反，連累他跑到這裡活受罪。石敬瑭給李嗣源「拍電報」稱進軍不利，乞求援兵。

李嗣源在中原的「小康建設」不得不放緩，把精力集中在平定西南的叛亂上。李嗣源問安重誨怎麼辦？安重誨說：「臣掌管軍事，平叛之事屬於臣分內職責，臣願出馬擒賊。」李嗣源也無人可派，只好同意。

安重誨自詡懂軍事，可翻開他的簡歷表，卻發現他除了跟李嗣源幾十年混跡江湖之外，沒什麼獨立處理軍事事件的經歷，能力更讓人懷疑。果然，安重誨的「軍事天才」充分暴露出來，他一路西進，徵調民夫運糧，結果路途艱險，人畜死傷無數。安重誨人還沒到東川呢，各路藩鎮的告狀便飛到了李嗣源的桌上，說安重誨殘剝百姓。李嗣源早就對安重誨不滿，更加地疏遠安重誨。

安重誨路過鳳翔時，對他自認的死黨朱弘昭說了幾句對李嗣源不滿的話，然後趕赴東川。可朱弘昭是個大滑頭，一面上奏李嗣源說安重誨對朝廷不敬，一方面又寫信給石敬瑭說小心老安對你打壞主意，奪你的兵權。石敬瑭知道安重誨是個粗人，不講理的，就再給安重誨做了幾雙「小鞋」，上奏老丈人：「安重誨有不臣之心，在這裡更加給女婿我添亂，還請陛下把他調回去吧。」

李嗣源接連接到告安重誨有異心的報告，越覺得安重誨比董璋更加不可靠，便調安重誨為河中節度使。安重誨知道皇帝想拋棄他了，一時難過便上書請求退休，李嗣源覺得他在演戲，不同意。安重誨更加懊惱，說了些不好聽的話，李嗣源耳朵長，聽見了，那還有安重誨的好果子吃？密令保義節度使李從璋藉接替安重誨職務之名，去河中誅死安重誨。

而駙馬爺石敬瑭在川中屢戰不利，孟知祥和董璋玩「合縱」，石敬瑭也沒了轍，只好無功而返。唐軍剛一撤出，兩川的「合縱」關係立刻瓦解，董璋和孟知祥開始刀兵相見，互相廝打。但董璋志大才疏，手下又沒有像趙季良這樣的「高參」，鬥了幾個回合，不是孟知祥的對手，戰敗被殺，孟知祥吞併東川，李嗣源死後（西元九三三年）不久便在成都稱帝，史稱後蜀。

安重誨死後，李從珂又迎來了政治生命中的第二春。而李嗣源作為李從珂的繼父（李從珂的母親魏氏後嫁給李嗣源），對這個「油瓶子」的感情很複雜。

李從珂跟隨李嗣源三十多年，不離不棄，甚至李嗣源最為困苦的那段時期，李從珂外出做苦力、掏馬糞換錢奉養繼父，李嗣源每每想到都感動不已。但話說回來，李從珂畢竟不是自己的親生骨肉。而且李嗣源的三個親生兒子李從榮、李從厚、李從益素無軍功，能力都不如李從珂。一旦自己撒手西去，李從珂會甘心對李從榮等人俯首下心嗎？

血緣是維持家天下統治的核心紐帶，不在乎你能力如何，只在乎你的血統。李從珂有大功於李嗣源，但李嗣源在有親生兒子的情況下不可能把皇位交給李從珂，後來的郭威把皇位傳給養子柴榮是有特殊原因的，郭威的親生孩子們在後漢被殺得乾乾淨淨，沒辦法這才讓柴榮做繼承人。當然，即使郭威的兒子不死，柴榮也不是沒有可能從郭家手中奪取皇位。

李嗣源雖然在登基後並沒有立刻宣布皇儲人選，但皇次子李從榮作為實際上的嫡長子，是「大唐帝國」皇位的第一繼承人，這點大家都心知肚明。李從榮為人比較輕佻，志大才疏，而且喜歡附庸風雅，經常召集一幫酸腐文人在府中飲酒賦詩，還出了一本《紫府集》，並吹噓自己的詩天下無雙（比李白杜甫如何？）。

李嗣源知道這個兒子能吃幾碗乾飯，便經常告誡他：「你是軍人家庭出身，治國安邦才是你要認真學習的，你詩寫得再好，能比得過白居易？你的水準你老爹我還不知道？萬一傳到民間，成為百姓的笑柄，也有損皇家的尊嚴。」

李從榮表面唯唯諾諾，但一出宮去便「濤聲依舊」，根本聽不進去老爹的教誨。李從榮自恃第一皇位繼承人的身分，每次上下朝，都是前呼後擁，張兵露刃，好不威風。甚至還提前草就了《檄淮南書》，以便為日後統一天下時做輿論準備（有點早了吧）。

我們經常用「喜怒不形於色」來形容一個人有城府、深不可測。這些人做事比較謹慎，處事低調，在目標沒有實現之前絕不盛氣凌人，他們實現成功的幾率比較大。而李從榮屬於相反的另一種人，性格張揚，經常在目標沒有實現之前就提前公開自己的政治意圖，甚至還揚言要把自己不喜歡的人如何如何。

李從榮在權力高層中的人緣非常差，他不僅得罪了接替安重誨在朝中主事的范延光、趙延壽，而且他和同母弟弟李從厚、姐夫石敬瑭、乾兄長李從珂等人的關係勢同水火。李從榮的政治智慧確實差得驚人，他也不想想，即使以後當了皇帝，得罪了那些實權派，能有自己的好日子過嗎？

這些被李從榮得罪的達官顯貴自然不願意李從榮得勢，便經常在李嗣源面前煽點陰火。李嗣源雖然疼愛兒子，但畢竟他現在還是皇帝，無論如何都不可能接受被取代的命運，哪怕取代自己的人是親生兒子。太僕卿何澤上書請立李從榮為皇太子（估計是李從榮唆使），李嗣源果然立刻沉下臉來，說：「沒問題，不過朕馬上就回河東養老去。」

不過，李嗣源畢竟已經六十六歲了，年老體衰，經常鬧個小病小災，大家知道老皇帝撐不了多長時間了，而且李從榮的地位也沒有真正地動搖過。這些人都知道一旦李從榮繼位，立刻會拿他們開刀。所以都想離開洛陽這個是非之地，做個地方軍閥，以保日後有本錢和李從榮對抗。

五

石敬瑭是個聰明人，與其在朝中等死，不如逃出去。便藉著契丹南侵的機會，請求李嗣源讓他去太原抵禦契丹，李嗣源哪知道石敬瑭的心思，就封石敬瑭為河東節度使。河東是五代第一號軍事重鎮，五代中有三個出自河東，還不算十國中的北漢，所以石敬瑭是很有戰略眼光的。李從珂也照葫蘆畫瓢，謀得了河中節度使的位子，逃了。范延光和趙延壽見二位皇親得了好差使，羨慕不已，也都外調了出來。

長興四年（西元九三三年）十一月，李嗣源身體狀況越來越差，有次咯血昏厥，李從榮入宮探望老父，希望老父能把江山傳給他。王德妃輕聲告訴李嗣源：「秦王來了。」李嗣源對這個不爭氣的兒子漸為不滿，沒出聲。

李從榮討個沒趣，只好出來，剛走沒多遠就聽到裡面宮人哭號不已。李從榮以為老爹已經作古，心中暗喜：「機會可來了。」大步趨出，回府準備帶兵馬進宮強行繼位。

可沒想到李嗣源昏死半天，又醒了過來。如果李從榮在宮中人緣好的話，肯定會有人迅速報告李從榮，還來得及改變計畫。可宮中的那些人都討厭李從榮，根本沒人去找李從榮。

李從榮到底是年輕無知，把這一密謀告訴了宰相朱弘昭和馮贇，還問他們：「我將帶兵入宮照看老爹，你們在哪裡比較方便？」二人知道李從榮想幹什麼，哪敢跟他蹚這渾水？敷衍李從榮：「事關重大，還請殿下自拿主意。」

李從榮非常生氣，派人警告二位：「你們是不是活膩味了？我的話你們也不聽？日後我做天子，後果怎麼樣，你們難道沒想過？」二人大懼，李從榮真當了皇帝，還能跑他們？忙入宮告密。此時的李從榮已經發兵攻打宮城，宮人大亂，奔走呼號：「秦王造反了！」李嗣源一聽兒子反了，氣得渾身發抖，大呼造孽。這時也顧不得父子情誼了，父子再親，能親得過權力？要不朱友珪又何必手刃生父朱溫？李嗣源讓李從珂的兒子李重吉率衛士去剿滅李從榮。

李從榮正在做著白日皇帝夢時，突然內廷下詔說皇帝復甦，聲討反賊李從榮，嚇得差點從馬上掉下來，他身邊的那幫狗黨一聽皇帝沒死，誰還敢跟李從榮作亂，一哄而散。李從榮逃回府中，和老婆劉氏藏在床下，被官軍揪了出來，亂刀砍死。

李從榮有一個幼子，因李嗣源很喜歡這個孫子，所以養在宮中。眾人既然殺了李從榮，就絕不能再留下這個孽子，請李嗣源大義滅親。李嗣源哪裡捨得，哭道：「是兒年幼，有什麼罪？」眾人一狠心，上前奪得小兒，摔死於地。

李嗣源經過這一場骨肉相殘的悲劇，精神崩潰，號哭不止。李從榮死後，最年長的兒子要算三子宋王李從厚，李從珂雖然時年五十歲，但畢竟不是親生的，不算數。李嗣源知道自己不行了，速命人把李從厚從汴州召回繼位。李從厚得到詔書連夜趕回洛陽，這時，李嗣源已經死去三天了。李從厚在靈前繼位，追諡李嗣源為明宗皇帝。李嗣源死於長興四年（西元九三三年）十一月二十六日，享壽六十七歲。

五代五十三年間共走馬燈似的換了八姓十三個皇帝，平均在位不足四年，這段並不算著名的亂世留給後人深刻印象的不多。最讓人稱道的只有兩個時期：周世宗柴榮的統一大業和唐明宗李嗣源的守成時期。

五代皇帝多殘忍好殺，李嗣源殺人也不算少，動輒毀人家族。但這些多是上層建築中的權力鬥爭的結果，對於廣大社會底層的百姓來說，李嗣源還算是一個不錯的皇帝。在封建社會裡，老百姓無權選擇最高統治者，所謂明君的標準也不可能脫離階級性的範疇。

老百姓的要求往往很低，只希望最高統治者能讓老百姓的日子過得好一些，這個要求並不高，但並非人人都能做到。李嗣源做得很出色，雖然他在軍事外交上的成績不是很突出，但作為一個亂世皇帝，他能夠做到這些，已經讓老百姓很滿意了。

宋王李從厚從來就沒有想到有朝一日他能成為九五之尊，君臨天下。李從厚是個很老實聽話的孩子，和他的哥哥李從榮完全不同。像李從厚以及陳廢帝陳伯宗這樣的「懦弱無能」的皇帝，如果放在承平時代，大的成績做不出來，但兢兢業業地守住家業還是可能的，唐高宗李治就是這樣一個非常明顯的例子。

當然，李治並非「無能」，只是他夾在中國歷史上兩個極著名的皇帝他的父親唐太宗李世民和他的老婆大周皇帝武則天中間，便顯得李治有些「無能」。

在五代這個以軍功奪天下的混亂時代，沒有軍隊的支持是根本撐不了幾天的，李從厚沒有主持過軍務，在軍隊中的威望更是一片空白，許多地方上的實力派都對李從厚頗為不屑。李嗣源活著的時候，這些人還不敢放肆，李嗣源一死，有些人便不安分了，打算跳出來謀番大事做做。

李從珂雖然功勳卓著，但卻沒有資格繼承皇位，對於這一點，李從珂早就對李嗣源深懷怨望，他也許在想：「當我三十多年跟隨繼父南征北戰的時候，還沒有你李從厚呢，憑什麼我吃苦你享受？」有了這種想法，李從珂哪裡還能坐得住？

李從厚沒有從政經驗，對政治鬥爭的殘酷更是沒什麼直觀的感覺，雖然當了皇帝，但大權還是掌握在「顧命大臣」朱弘昭和馮贇手中。這二位爺難得地爬上高位，加上伺候的又是李從厚這號庸主，自然瞧不上李從珂。李從厚年輕不懂事，易於控制，而李從珂時年已經五十多歲了，萬一當了皇帝，哪還有他們的位置？朱弘昭和馮贇經常派人暗中到鳳翔去抓李從珂的把柄，尋找下手的機會。

朱弘昭苦思良久，想出一個好辦法，他打著皇帝的旗號發出調令，對地方長官進行易地調動，不能讓這些人在一個地方待得太久，否則就會形成一個軍事集團，威脅到中央的安全。朝廷下旨，讓河東節度使石敬瑭調任為成德節度使，而把李從珂從鳳翔調往河東。

李從珂知道這肯定是朱弘昭的鬼主意，他在鳳翔積累的人脈和實力眼看就要失去，河東是好地方，但那畢竟不是自己的地盤，沒三五年的工夫是難以立足的。而且這樣調來調去，朝廷的目的就是不想讓自己擁有地方實權。沒有實權，尤其是沒有軍權，就等於把自己放在人家的砧盤上，生死由人掌握，這誰能答應？一不做二不休，反正繼父已經死了，放眼當今，也沒有什麼人能對他怎麼著了。

而且他的手下也希望李從珂能成大事，李從厚當皇帝他們一點好處也沒有。李從珂如果能稱帝，他們也能跟著雞犬升天，何樂不為。勸李從珂起兵清君側，說：「皇帝是個不懂事的小毛孩子，大事都由朱弘昭做主，這廝最不是東西，常想著要害大王。如果大王不早動手，悔之晚矣！」

李從珂一狠心，反！

後唐應順元年（西元九三四年）二月，李從珂打著「靖難」的旗號，起兵造反。要說李從珂的地盤並不大，只是西部那一小塊地皮，和明建文年間起兵「靖難」的永樂皇帝情況差不多。但他們都有一個共同點，就是久著軍功，威望較高，而且面對的是一個書生皇帝，朝廷方面的將才也不多了，打起來並非想像中的那般艱難。

朝廷得知李從珂造反，便派出西京留守王思同為西面行營馬步軍都部署，調動軍隊前去剿滅李從珂。雖然王思同這個人對李唐政權忠心耿耿，而且也拒絕了李從珂許以事後予以重謝的誘惑，但他不是一個行軍打仗的材料。

王思同率軍攻打鳳翔，李從珂兵力不多，難以招架，幾次被官軍險些破城。李從珂情急之下，對部下放了一顆催淚彈：「我跟從先皇帝身經百戰，渾身上下沒塊好肉，為了大唐江山立下汗馬功勞，這些大家都是知道的。可是皇帝昏庸無道，信用奸賊朱弘昭要加害於我，我有什麼過錯?!」說罷大哭，部下多是李從珂的死黨，都紛紛向李從珂表示了堅定的革命決心，李從珂大喜，指揮軍隊死守。

官軍中有一個草包將軍張虔釗立功心切，揮劍逼迫官軍拼命攻城，這些軍爺一聽就來氣：「媽的，你在後邊躲著，倒要讓我們去送死，不幹了！」官軍調轉槍頭，對準張虔釗就刺，張虔釗嚇得騎馬逃去。御林軍指揮使楊思權見機大呼道：「同志們，想要富貴的跟我投降潞王啊！」楊思權一呼萬應，官軍轉眼之間就成了李從珂的部隊。

六

李從珂本以為要完蛋了，沒想到天上竟然掉下了一個大餡餅，樂得快要瘋了，率軍發動反擊。王思同還不知道這事，督師攻城，可哪想到官軍受到了同伴的召喚，都跑過去降了李從珂，王思同大懼，和其他幾位節度使落荒而逃。

李從珂知道形勢有了好轉，不敢鬆懈，一路東下，來到長安。西京副留守劉遂雍開門迎降，李從珂先出錢犒賞三軍，然後繼續東進。只用了不到七天的時間，李從珂的「靖難軍」就打到了陝州（今河南三門峽）。

剛當上皇帝沒幾天的李從厚得知老哥反了後，非常地恐懼，他是知道老哥手段的。李從厚氣憤地對大臣們說：「我本來就沒想當什麼皇帝，現在大事都由你們來做，我知道什麼？剛剛起兵時，你們都說李從珂兵少不足為慮，結果如何？你們弄出了事，卻要讓我來埋單。也罷，我去向李從珂投降，生死由他，和你們沒什麼關係！」朱弘昭和馮贇面面相覷，說不出話來。

朱弘昭知道李從珂入朝，哪還有自己的活路，與其受辱，不如提早了斷，投井自盡了。馮贇被侍衛馬軍都指揮使安從進殺掉，帶著朱弘昭和馮贇的人頭投降李從珂。李從厚知道大勢已去，「巡幸」到魏州，投奔姐夫石敬瑭了。

應順元年（西元九三四年）四月，李從珂大軍進入洛陽，他心裡這個美啊，大事成功，皇帝輪流做，今天該著我了。當然他還要遵守那一套「廢立」程序，以示自己「得國之正」。馮道等留守大臣都想：「皇帝走了，再立一個就是，潞王就不錯。」於是奏請皇太后曹氏，廢李從厚為鄂王，由潞王監國，沒過幾天，李從珂就稱帝於大行皇帝李嗣源靈前。

廢帝李從厚逃到衛州，正遇上姐夫石敬瑭，哭了一通鼻子，心想終於上岸了。可哪想到他這個姐夫比蛇還滑，根本沒看上這個妻弟，也並不想得罪李從珂。便假惺惺地說要替李從厚找衛州刺史王弘贄，要求他收留李從厚。

王弘贄做得更絕，不僅不願意收留，反而勸石敬瑭說：「雖說他是皇帝，但他現在如同喪家之狗，身邊只有五十多個人，拿什麼和潞王抗衡？」石敬瑭心想：「這個老王，說得真好啊！」折回來見著李從厚，也不多說廢話，把李從厚的隨從全都殺掉，把李從厚強行送往衛州交給王弘贄。王弘贄為了討好李從珂，下毒將二十一歲的李從厚害死。

李從珂得知小弟李從厚的死訊，慟哭不已，當然是裝出來的。群臣以馮道為首，也假模作樣地勸「陛下節哀順變，人死不能復生，哭也無益，還望龍體保重」云云。古人也會玩虛的，在權力鬥爭時，下手比誰都狠，但表面文章卻做得花團錦簇。尤其是南北朝和五代，前朝皇帝被殺，後面跟進的無不痛哭流涕，廢朝數日，演技拙劣，惹人笑罵。

前面說過李從珂的起事過程和明永樂皇帝差不多，但兩人的治國才能卻有天壤之別，永樂繼位後，進行改革，又是修書又是下西洋，雖然動靜比較大，但社會經濟卻在向前發展。而李從珂成功後，不但沒有「逆取順守」，反而凶相畢露，讓當初跟隨和倒戈的「識時務的俊傑」們大呼上當，後悔不迭。

李從珂當上皇帝，第一件事就是要封賞「功臣」，這些人跟自己當然不是「順從民意」，而是赤裸裸地要錢。不過李從珂也沒多少錢，便讓相關部門到民間進行搜刮，沒想到他「窮」，老百姓比他更窮，連年戰亂，經濟凋敝，李從珂刮地三尺才弄到了區區六萬貫。即使加上從太后太妃那湊來的金銀財寶，滿打滿算也只有二十萬貫。沒辦法，就這些，先湊數吧。

那些兵油子們本想在李從珂身上多撈點油水，誰能想到最終落到手裡的每人只有二十貫，而原在洛陽中的兵們更慘，只得到了十貫錢，這兵油子們以前都在軍頭那裡刮了不少油，胃口早就撐大了，見難從李從珂那榨出油水來（也確實難為李從珂），破口大罵：「去卻生菩薩，扶起一條鐵！」

李從珂暫時也管不了這幫兵油子，他還有更重要的事要辦，就是要剷除他認為一切能夠威脅到他地位的勢力，而首當其衝的，就是他的乾妹夫石敬瑭。雖然石敬瑭間接幹掉了李從厚，算是給李從珂送上份厚禮。但估計李從珂把這件大功記在了王弘贄的頭上，畢竟李從厚的人頭是王弘贄送來的。

當然這些都不是主要原因，真正的原因是李從珂和石敬瑭都是明宗李嗣源的至親，而且是李嗣源奪取天下的兩個頭等功臣。無論是從親情、地位、能力和威望上，石敬瑭是對自己威脅最大的，哪怕李從厚不死，也是如此。何況二人關係不和，經常在李嗣源面前爭風吃醋，早就成了對頭冤家。

所以石敬瑭來到洛陽後，李從珂心喜得到了一個難過的好機會，想就此除掉石敬瑭，掃除後患，他身邊的親信也勸李從珂不要放了石敬瑭。李從珂想對付石敬瑭，但偏偏有人不同意。皇太后曹氏是石敬瑭的丈母娘，「一個女婿半個兒」，曹氏哪裡捨得。連說帶勸、連哭帶罵，李從珂還不敢公然和曹太后翻臉，又覺得石敬瑭此時病重（天知道是不是裝出來的），感覺也活不了幾天了，乾脆做出順水人情，把石敬瑭給放了，仍回晉陽。

石敬瑭僥倖逃出虎口，並沒有領李從珂的人情，而是想辦法自保。當然這時還不便和李從珂公開對抗，時機尚不成熟，他經常通過曹太后的關係在洛陽刺探情況，以方便制定對策。為了向李從珂表忠心，不惜殺掉了因為朝廷發放夏季軍裝而高呼石敬瑭萬歲的軍兵（這些人也是傻到家了，人情是皇帝給的，喊石敬瑭哪門子萬歲？），反正這樣的人物多的是，也不在乎這幾個人。

為了對抗李從珂，石敬瑭利用地利之便，和鄰境的契丹國皇帝耶律德光眉來眼去、勾勾搭搭。耶律德光上次「幫助」王都叛亂被李嗣源教訓了一頓，自然不服，看到石敬瑭找上門來，當然樂得出手。

李從珂雖然人在洛陽，但他的「耳報神」早就將石敬瑭和耶律德光「私通」的消息送到了他這裡。李從珂知道石敬瑭這小子根本靠不住，必須想辦法解決這個禍害。侍御史呂琦給李從珂出了個主意：「石敬瑭一定給了耶律德光什麼承諾，所以契丹人才願意和石敬瑭結成聯盟。陛下可以釜底抽薪，派人去和契丹議和，大不了每年多出一些錢物。而且契丹述律太后的兒子李贊華還在我們手上，不怕契丹人不答應求和。如此這樣，那麼石敬瑭便失去了外援，陛下再出兵討伐河東，大事可成。」李從珂聽了非常高興，直說好主意。

呂琦這個辦法真絕，古賢有言「天下熙熙，皆為利來；天下攘攘，皆為利往」，耶律德光不是覺得有利可圖，哪會來管中原的閒事？只要李從珂給耶律德光高於石敬瑭許下的承諾，那麼耶律德光也犯不著因為石敬瑭得罪李從珂，畢竟從李從珂那裡同樣能得到好處。

李從珂為了徵求更多人的意見，又問了樞密學士薛文遇。薛文遇是個老學究，一身的「浩然正氣」，說：「你是天朝皇帝，怎麼能夠對夷狄低三下四，這也有辱陛下的名聲。如果耶律德光要求陛下和親，陛下怎麼辦？」李從珂有頭無腦，居然後悔了，並把呂琦找來嚴加責罵，說什麼：「我就一個未成年的女兒，你倒忍心送給夷人，你安的什麼心?!」把呂琦罵得暈頭轉向，連連道歉，李從珂這才作罷。

而石敬瑭自從結識了耶律德光，底氣越來越足，感覺準備得差不多了，但就還差一個藉口，總不能說自己是反賊吧。石敬瑭便聽從首席幕僚桑維翰的建議，上疏說自己身體不好，不宜駐守河東重鎮，請求陛下給我換一個地方。

這明顯是石敬瑭的激將法，只要李從珂一答應，他馬上就有了起兵的藉口。他要讓天下人看看，不是我想反，是李從珂逼的。李從珂接到摺子，非常興奮，立刻答應，而呂琦和給事中李崧等人早就看出這是石敬瑭的詭計，力勸李從珂不要上石敬瑭的當，可李從珂堅決不聽，覺得這是剷除石敬瑭的唯一機會，下詔把石敬瑭調往鄆州任天平軍節度使。

消息傳到晉陽，石敬瑭差點沒樂翻過去，心想：李從珂真是個白癡，就這智商，還想跟我鬥?!

第五章

遺臭千載——「千古一帝」石敬瑭和他有血性的侄子

一

北宋靖康二年，即西元一一二七年，剛剛消滅契丹政權的女真族鐵騎如決堤潮水般南下，踏碎了中原一百六十多年的繁華迷夢，穿越歷史的悲情，兵臨汴梁城。宋朝皇帝趙桓和太上皇趙佶屈膝跪在女真人面前乞降，隨後被帶到寒冷的五國城中坐井觀天，北宋滅亡，史稱靖康之難。

北宋被新興的女真政權消滅，有很深刻複雜的歷史背景，除了宋朝統治集團的腐化墮落以及當盟遼抗金卻盟金滅遼的外交戰略失誤外，還有一個很重要的原因，就是宋朝政權建立時的先天戰略地理的缺陷。

自趙匡胤有負柴榮所託，欺人孤兒寡婦建立宋朝時，中原政權已經失去天然屏障的長城防線，即今天內蒙古、山西和河北北部的山區。相對於廣袤的華北平原來說，長城一帶的軍事防禦價值是不可估量的。北方游牧民族政權利用軍事地理上的優勢進可取中原，退可守大漠，但對中原的農耕民族政權來說，失去北部山區，致命中原腹地無險可用，這是一個長達近四百年噩夢的開始，而其始作俑者，就是五代後唐的河東節度使石敬瑭。

如果說十二世紀最著名的歷史事件是靖康之難，十一世紀最著名的歷史事件是王安石變法，那麼，十世紀時最著名的歷史事件毫無疑問地是石敬瑭將中原地區的戰略屏障燕雲十六州割讓給契丹政權。

石敬瑭確實是一個偉大的「發明家」，他不僅「發明」了一個中原文明的噩夢，而且還「發明」了一個名詞：「兒皇帝」。後世那些威風一時的軍閥老爺們在跟著洋大人身後狐假虎威的時候，一定會想起「兒皇帝」行業的開山鼻祖石敬瑭來。

五代史有一個歷史名詞「沙陀三王朝」，意指建立後唐的李存勖、建立後晉的石敬瑭、建立後漢的劉知遠都是沙陀族人。流行於世的歐陽修所著《新五代史．晉本紀上》開篇就說石敬瑭出身西夷，想必這也是許多人認為石敬瑭是沙陀人的依據。但是，作為出版時間比歐史早近百年的薛居正所著的《舊五代史．晉高祖紀一》卻明確記載石敬瑭是漢景帝時丞相石奮的後人，漢朝大亂，石奮的一支後裔流落西夷。

雖然不排除石敬瑭當皇帝後強行把石奮認作祖宗的可能性（就像袁世凱強行認袁崇煥做祖宗一樣），但薛居正本人在石敬瑭稱帝時已經二十四歲，參與舊史編著的盧多遜、張澹、李昉等人都經歷過石敬瑭時代，對石敬瑭來歷記載的真實性要遠大於歐陽修。

而且雖然歐史認為石敬瑭出身西夷，但並沒有直說石敬瑭就是沙陀人，而對李克用和劉知遠卻明確指出他們是沙陀人。作為比較，薛居正的舊史也明確記載李克用和劉知遠是沙陀出身。

如果石敬瑭是沙陀人，為什麼薛史和歐史都不提及，而偏偏對李克用和劉知遠是沙陀人「念念不忘」？更何況「出身」西夷並不等於就是西夷人，就像李白「出身」於現吉爾吉斯斯坦，我們能視李白為吉爾吉斯斯坦人？呵呵。由此可見，所謂「沙陀三王朝」的說法並不正確，石敬瑭確實是個漢人（更是個貨真價實的漢奸）。

石敬瑭能夠在亂世中建立自己的「帝國」，並非是一無所長，石敬瑭熟讀兵法，而且是戰國名將李牧和漢朝名將周亞夫的粉絲，他還當過後唐莊宗李存勖的親衛馬軍，沒點功夫是不行的。

石敬瑭之所以能平步青雲，有兩個原因，一是藉父之功，老爹石紹雍（洋名叫臬捩雞）是李克用、李存勖時代的大將，在中上層有點人脈。一是石敬瑭娶了唐明宗李嗣源的女兒。現在有句流行話叫做「嫁個好老公，少奮鬥十年」的說法，反過來對男生也是一樣的。李嗣源登基後，石敬瑭一躍成為駙馬爺，前程自然是一片光明。

不過石敬瑭和李嗣源的養子李從珂關係極差，兩位都是「太子黨」，兩不心服。到了李從珂「靖難」登基後，石敬瑭更加地恐懼。雖然剛開始還能和李從珂做點表面文章，但這樣畢竟不是長久之計，要想和李從珂做一個徹底的了斷，只有兩條路可走：要麼任李從珂宰割，要麼滅掉李從珂。換成其他任何智力正常的人，都會和石敬瑭一樣，選擇第二條道路。

唐清泰三年（西元九三六年）五月，石敬瑭起兵太原，並上表把李從珂臭罵了一通：「你不是明宗皇帝的親生子，本沒有資格當皇帝。廢帝雖死，還有許王李從益在，只要你把位子讓給李從益，我就罷兵。」這明顯是哄小孩子的把戲，李從珂豈能答應？當即破口大罵石敬瑭：「你這個朝三暮四的小人，你為了討好我殺害了李從厚，現在又把李從益抬出來當幌子，有哪個傻瓜會相信?!」

李從珂派遣晉州刺史張敬達為帥，督軍討伐石敬瑭，張敬達會合張彥琪、楊光遠、高行周等部合圍太原。雖說石敬瑭能力不遜於李從珂，但畢竟雙方實力相差懸殊。太原雖是個大城，但奈何不了唐軍人數太多，好幾次都差點被唐軍攻破。石敬瑭派桑維翰火速去找耶律德光，請求發兵支援。

如果石敬瑭僅僅是向耶律德光求救，為了報答契丹人，給點財物作為酬謝也沒什麼，世界上也沒有白吃的午餐。但石敬瑭為了能讓耶律德光下血本來幫自己，做出了一件足以讓「石敬瑭」這個名字遺臭千年的無恥舉動。石敬瑭在給耶律德光的信中承諾，只要契丹出兵幫他滅掉李從珂，他就把盧龍至雁門以北土地盡數割讓給契丹，並願意認比自己小十一歲的耶律德光做義父，說話算數，絕不反悔。

他手下的一號軍頭都押衙劉知遠雖然是個沙陀人，但他的戰略眼光和「中國情結」遠強於石敬瑭。劉知遠力勸道：「主公此舉大謬，想讓契丹人來幫我們，出點錢就能把這幫貪婪鬼引來，何必割讓土地？您比耶律德光大十一歲，怎麼能做他的兒子！何況雁北自古就是中國屏藩，一旦失去，契丹鐵騎就可以毫無阻礙地馳騁中原，必然會釀成大禍，到時候想後悔都來不及了。」

石敬瑭這時已經被城外的唐軍折磨得喪失理智了，自己的利益要緊，國家和民族的利益算得了什麼？更遑論平頭百姓的利益了。石敬瑭不聽劉知遠苦口婆心，讓桑維翰去送信。耶律德光接到這封讓他飄飄欲仙的信後，禁不住狂笑三聲：「真是天助我也！」他讓桑維翰連夜趕回晉陽，告訴石敬瑭再堅守幾日，八月十五那天他就率大軍趕到。石敬瑭大喜。

張敬達雖然每天狂攻不已，但就是破不了城，氣急敗壞，又沒奈何。石敬瑭在太原城中掰著手指頭在算離八月十五還有幾天，可一直等到九月，還沒見契丹的一兵一卒，石敬瑭有些慌了，這耶律德光是不是得到了李從珂的什麼承諾，中途變卦了？

正當石敬瑭近乎絕望的時候，契丹皇帝耶律德光率領五萬鐵騎南下，一直來到太原城下。石敬瑭見契丹兵來了，大喜，開門和契丹軍會合，大戰唐軍。唐軍裡外受困，加上攻城日久、筋疲力竭，哪擋得住契丹生力軍的衝擊，被殺得大敗，張敬達等人逃往晉安（今太原南）。石敬瑭狂喜不已，急忙出城拜見義父。見著耶律德光，石敬瑭認認真真地給義父耶律德光行了大禮（比較無恥）。

兩人雖說是平生第一次謀面，但卻是「一見鍾情」，耶律德光對這個比自己大十一歲的兒子非常滿意，連說自己有福氣。石敬瑭對義父也是崇拜得五體投地，一口一個父親叫得耶律德光特別舒服，當然主要還是因為石敬瑭許諾的十六州的土地。

今人多把漢太祖（俗稱漢高祖）劉邦當成厚黑學的鼻祖，項羽欲烹劉太公，劉邦面不改色地說道：「煮好了別忘了給兄弟我倒上一碗。」但劉邦和石敬瑭比起來，還是欠點火候。四十四歲的石敬瑭能臉不紅心不跳地喊三十四歲的耶律德光爸爸，比項羽大二十多歲的劉邦什麼時候喊過項羽乾爹？

真是無比佩服石敬瑭，當然更無比羨慕耶律德光，這樣孝順的乾兒子，打著燈籠也找不著。

耶律德光雖說認了個乾兒子，但他也知道乾兒子不是白認的，石敬瑭許諾割讓十六州的目的就是讓耶律德光幫他滅掉李從珂做中原皇帝。做人要言而有信，說出來的話要算數，石敬瑭就是這樣一個千金一諾的「君子」，耶律德光自然也不能例外。

酒足飯飽後，耶律德光打著飽嗝對石敬瑭說：「兒子，你老爹我會點相術，我看你的面貌主貴，氣量才幹，都遠比李從珂那小子強上百倍，你不當中原皇帝實在是對不住中原的人民群眾。而且我是胡人，中原我也住不習慣，過些日子我就要回去。這樣吧，我舉行個儀式，冊封你做中原皇帝，推翻李從珂這個反動政權，為民除害。」

石敬瑭一聽，骨頭差點麻酥了，真有欲仙欲死的感覺。不過表面上還得三揖三讓一番，老文章了，抄抄也不妨事。他手下那幫吹鼓手自然明白，立刻進行勸進，說石大將軍「天降真主，萬民景仰。若不出來做皇帝，奈天下蒼生何?!」石敬瑭「推辭」不掉義父和「同志們」的盛情，只好「勉為其難」做皇帝了。

二

後唐清泰三年（西元九三六年）十一月，契丹皇帝耶律德光在晉陽外柳林設壇，正式冊封義子石敬瑭為皇帝，國號大晉，改元天福。石敬瑭為了感謝耶律德光對自己的大恩大德，也正式將幽州（今北京市）、檀州（今北京密雲）、順州（今北京順義）、薊州（今河北薊縣）、瀛州（今河北河間）、莫州（今河北任丘）、涿州（今河北涿縣）、新州（今河北涿鹿）、媯州（今河北懷來）、儒州（今北京延慶）、武州（今河北宣化）、雲州（今山西大同）、應州（今山西應縣）、朔州（今山西朔縣）、寰州（今山西朔縣西北）、蔚州（今山西靈丘），共計十六州獻出，並許諾每年向契丹父皇帝納貢三十萬匹帛。

雖然二十三年後（西元九五九年），周世宗柴榮北伐契丹，奪回莫州和瀛州，但天不假英年，柴榮病故，致使中原錯失收復北方故土的最佳機會。宋朝雖然統一南方，但因為失去燕雲地區的戰略屏障，在對契丹的對抗中極為被動，最終被女真攻入中原，釀成歷史慘劇。

耶律德光在詔書中明確表示「朕永與為父子之邦，保山河之誓」，就是說海可枯、石可爛，我耶律德光和你石敬瑭的父子關係永不變。但政治結盟時許下的天花亂墜般的承諾遠遠趕不上形勢的瞬息變化，所有的承諾都是靠不住的，唯一靠得住的只有強大的實力，其他都是假的。

石敬瑭雖然稱帝，但他現在也只有河東這一塊地面。協同張敬達圍攻太原的唐盧龍節度使趙德鈞想火中取栗，做起了中原皇帝的白日夢，他讓兒子趙延壽去見耶律德光，希望耶律德光能改變主意，改立趙德鈞為中原皇帝。

趙德鈞並承諾事成之後約為兄弟，還讓他的乾兒子石敬瑭做河東節度使。耶律德光一聽便哂笑，這個條件對他來說毫無吸引力，但是耶律德光考慮自己孤軍深入，此時拒絕趙德鈞，萬一趙德鈞狗急跳牆，抄了自己的後路，要吃大虧，就先口頭答應了。

石敬瑭得知消息後，如同五雷轟頂，忙派桑維翰去見義父。桑維翰也早練就了鐵齒銅牙厚臉皮，跪地哀求耶律德光不要聽信趙家父子的甜言蜜語，這爺倆都不是好東西。耶律德光說了句大實話：「我知道我們之間的約定，但是現在形勢對我不利，我首先要考慮到我的利益。」

桑維翰又是連哭帶磕頭，好不容易才讓耶律德光回心轉意，拒絕了趙德鈞。石敬瑭自以為義父是自己的大靠山，哪知道美麗的承諾言猶在耳，義父就要翻臉不認人。這對有「無私之行、不言之信」的石敬瑭來說，無疑是個天大的諷刺！

耶律德光盤算了一下，覺得幫助石敬瑭更符合自己的利益，便幫助石敬瑭重創了晉安鄉的唐軍張敬達部。部將楊光遠勸張敬達投降契丹，不失富貴。張敬達寧死不降，結果被楊光遠殺死，楊光遠投降契丹。

趙德鈞不久也被契丹軍打敗，做了俘虜，被押往契丹。晉陽周邊的唐軍被消滅了，石敬瑭下一步的目標自然是洛陽城中的李從珂。石敬瑭和他的耶律乾爹率聯軍南下，雖然他知道耶律德光對自己並非真心實意，但現在能幫他奪取天下的也只有耶律德光。而且大家都知道不過是互相利用而已，有些事情只可意會，不可言傳，說出來就沒意思了。

可契丹軍將領並不想參與中原內戰，勸耶律德光回國，耶律德光覺得自己的戰略目的已經達到，剩下的事情讓石敬瑭自己去解決。便在潞州讓一部分主力先回國，自己待在潞州休息一段時間，並讓大將迪離畢帶著五千騎兵跟隨石敬塘入洛。

行前，這對寶貝父子喝了場酒，耶律德光舉酒告訴石敬瑭：「你老爹我不遠千里來幫你建國，現在大事告成，只欠李從珂一死，這是你的分內事，我就不摻和了。等你入洛陽，我就回去。」二人手拉著手，相望淚眼，欲說還休，黏了半天才分開。耶律德光半是感慨半是警告地說：「以後子子孫孫，各勿相忘此誓！」石敬瑭心裡很不舒服，但表面文章還得繼續做下去，哭拜而別。

這時的唐軍將領看到李從珂要完蛋了，沒人願意陪李從珂去死，多向晉軍投降。當晉軍來到河陽（今河南孟縣），河陽節度使萇從簡也「棄暗投明」了。河陽是洛陽的河北（黃河北岸）門戶，河陽一失，洛陽城中大亂。

石敬瑭多了一個心眼，派契丹騎兵去駐守澠池，防止李從珂西奔鳳翔。李從珂也本打算西投河陽，準備東山再起，可該死的石敬瑭卻絕自己的後路。李從珂走投無路，但又絕對不能讓石敬瑭活捉，否則難免受辱。想來想去，只有死路一條。

後唐清泰三年（西元九三六年）十一月底，李從珂召集太后曹氏、皇后劉氏、皇子李重美等人登玄武樓準備自焚，而王德妃卻帶著許王李從益藏了起來。劉皇后心毒，想放火先燒了洛陽城，讓石敬瑭沒地方住。李重美歎道：「如果燒城，日後石敬瑭必然要人興勞役重建新城，到時受罪的還是百姓。不如留下來吧，也算是給大唐子民最後一點交代吧。」眾人號哭，引火上身，夜色沉寂中，只見宮中火勢沖天，百姓知道皇帝自焚了，無不歎息。

薛居正評價李從珂：「末帝負神武之才，有人君之量。」不過客觀來說，李從珂的軍事能力不比石敬瑭差，手段也夠狠，但戰略眼光則不如石敬瑭，當初真要聽從呂琦的奇計，也絕不至於落到這般慘地。

就在李從珂自盡的當天夜裡，晉軍攻下洛陽，後唐滅亡，歷經四帝，共十三年。大晉皇帝石敬瑭高高興興地進入洛陽，做起了名副其實的「天朝皇帝」。

後晉天福二年（西元九三七年）二月，在潞州休養的契丹皇帝耶律德光看到乾兒子美夢成真，便起駕回國。

雖然石敬瑭把燕雲等十六州割讓給了契丹，但駐守這些地區的漢軍將領並不願意做契丹人的奴隸，起兵反抗。耶律德光路過雲州時，大同節度判官吳巒閉門不納，耶律德光大罵：「你們皇帝早把雲州給我了，你們為誰守城?!」揮軍攻城，可雲州的漢軍很能抗，契丹軍泡了半年也沒得手，同時吳巒派人向石敬瑭求救。

如果石敬瑭能痛改前非，放棄所謂承諾，和契丹人刀兵相見，勝算還是很大的，畢竟十六州尚在他手中。而且耶律德光孤軍懸進，消滅他不是沒可能。但石敬瑭卻不這樣想，他想到的是自己剛入中原，各地藩鎮對自己並不心服，他要保存自己的實力以應對可能發生的藩鎮叛亂，而不是去維護中原百姓的利益。石敬瑭命令燕雲地區的漢軍將領都回到內地，把土地讓給契丹人，他是個守信的君子，不能說話不算數。

現在有人對石敬瑭的漢奸身分有爭議，說石敬瑭不是漢人而是沙陀人，所以石敬瑭不是漢奸。可兩部五代史都認為石敬瑭至少不是沙陀人，從純血統論的觀點，石敬瑭也是不折不扣的漢奸。而且石敬瑭政權代表的是中原漢族利益，他割讓十六州對後世的漢族利益造成了毀滅性的傷害。難道如果汪精衛不是漢人，他出賣漢族（以漢族為主體的中華民族的利益）的行為就不能算是漢奸了？

沒有這樣的道理嘛。

不過要是站在石敬瑭的角度來看，他的考慮是非常正確的（漢奸們當然都是站在自己的角度看問題），他剛剛奪得政權，統治基礎非常不穩，那些老軍頭有幾個肯服自己的？尤其是鄴都留守范延光。

范延光前不久還和石敬瑭刀兵相見，後來雖然降了石敬瑭，但雙方都是你不情我不願的，暫時苟合而已。范延光在明宗朝曾經做過宰相，和石敬瑭是平起平坐的，看到石敬瑭稱帝，好不眼熱。加上他所駐守的是河北大鎮魏州，這可是李存勖稱帝的地方，在亂世中想做皇帝，不需要什麼「德齊三代、功追漢唐」，只要有軍隊就可以了。

石敬瑭早就對他不放心了，何止是范延光，權力世界中，除了自己還能相信誰？石敬瑭為了穩住范延光，封他做臨清王。但唐末五代的「王」早就貶值了，隨便什麼人都能當個「王」，和唐朝以前的「王」不可同日而語，范延光看上的是帝位，還在乎你個空頭王？再加上這時石敬瑭決定要把國都遷回汴梁，范延光立刻就明白了，石敬瑭想利用汴梁距魏州較近的優勢，給自己來個閃電戰，想得倒美！

天福二年（西元九四七年）六月，范延光在魏州反了。五代五十年中，最平常可見的一個字就是「反」，今天你反我、明天我反他，大家誰有本事誰反，就如同誰有本事誰做皇帝一樣。范延光派心腹孫銳和澶州刺史馮暉帶著兩萬步騎兵去攻黎陽，石敬瑭本就是靠造反起家的，還怕你這個？當下調兵遣將，兵分四路，由白奉進、張從賓、楊光遠和妹夫杜重威前去圍剿范延光。

石敬瑭正坐在宮中等著勝利的消息呢，忽然一聲驚雷傳來：張從賓和范延光「私通」了，在軍中謀反。反就反了吧，張從賓竟然把石敬瑭實際上的長子河陽節度使石重信給殺了，叛軍反過來攻打汴梁。

三

噩耗傳來，石敬瑭又心疼又害怕，當然害怕是主要的。石敬瑭的「英雄氣概」也不知跑哪了，對桑維翰說要回到晉陽避賊。桑維翰哪裡肯依：「陛下一去，大事休矣！有臣在此，叛賊能奈何陛下？」石敬瑭這才留在汴梁，準備防禦叛軍。

俗話說：「福無雙至，禍不單行。」這邊張從賓的事情就夠石敬瑭喝幾壺的。可魏州前線又發生了官軍譁變，昭信節度使白奉進和義成節度使符彥饒因為軍紀問題發生衝突，符彥饒乘亂殺死白奉進，隨後符彥饒又被都指揮使盧順密指揮官軍給活捉了，押到大梁處死。

行軍打仗最忌諱的就是軍前譁變，這起譁變事件也只是五代數不清譁變中的一起，太普通了。軍權的相對獨立性是軍隊經常譁變的客觀因素，這也是後來趙匡胤決心要將軍權收歸中央統一調度的主要原因。

石敬瑭連續接到官軍自殘的消息，頭都大了，不知道如何是好，又想逃跑（可以做宋高宗趙構的老師）。這時他的大將軍劉知遠站出來，對石敬瑭說：「陛下不必擔心，這杆子亂黨不過是群耗子，成不了什麼大事。當初在晉陽時與唐軍作戰，險象環生，幾度陷入死地，現在陛下不還是君臨天下？叛軍不可怕，可怕的是畏敵情緒。只要我們固守住京師，人心自安，亂黨就不難平定了。」

劉知遠確實是個人才，他和趙匡胤的職業相同，都是提著腦袋謀富貴的主兒，最不怕的就是打仗。雖然劉知遠後來建立的後漢僅存在了四年，但要論起軍事能力，他遠超過石敬瑭，石敬瑭也只是因契丹而成事，加上李從珂愚不可及，才僥倖成功。

劉知遠的才能得到了耶律德光的認可，並對石敬瑭說：「這個人是很有本事的，對你有大用，不要卸磨殺驢。」石敬瑭是乾爹的應聲蟲，自然更加器重劉知遠。

劉知遠主持京師防務，嚴明軍紀，寬撫眾心。士氣是取得勝利的根本保證，這一點做好了，離成功也就不遠了。果然都中被劉知遠治理得一片肅然，軍隊的軟戰鬥力迅速提高。

不久，晉軍在楊光遠的率領下，在六明使用詐敗計，引誘叛軍渡河，大敗叛軍，馮暉、孫銳逃回鄴都。另一路的杜重威也在汜水關將張從賓的叛軍給滅了，張從賓溺水而亡。

形勢略有好轉，石敬瑭不想坐失良機，再讓楊光遠不辭辛勞去攻鄴都。范延光那點家底差不多被馮暉和孫銳給揮霍光了，哪還有本錢再和石敬瑭耍？便想和石敬瑭言歸於好，再次當石敬瑭的好部下。

范延光殺了孫銳，上表謝罪，請求寬恕。剛開始石敬瑭不同意，說反就反、說不反就不反，拿我當二百五啊？命楊光遠攻城，但范延光挺能撐，堅持了大半年還沒事。

這回輪到石敬瑭挺不住了，再打下去還不知道到什麼時候呢，便同意了范延光的請求，赦免他的死罪。范延光一聽非常高興，對人說「皇帝是個說話算數的人，他說讓我不死，我就可以多活二十年了」。這才扭扭捏捏地出降，並回到汴梁。

石敬瑭是說過不殺范延光，可不等於別人不想殺他，楊光遠就很恨范延光，私自闖入范延光宅中，逼死范延光，並對石敬瑭說謊道：「范延光一時想不開，投河自盡了。」石敬瑭巴不得范延光早死，當然也存在另一種可能，就是石敬瑭授意楊光遠做掉范延光，畢竟范延光腦後有反骨，留著這顆定時炸彈不如趁早除掉。

亂軍也平定了，石敬瑭可以安下心來享受榮華富貴了，拼了大半輩子，圖個什麼？不就是人間最尊貴的享受嗎？無論是覓食之鳥還是求財之人，物質上的追求是動物最基本的生理本能。

這一年（西元九三七年）還發生了兩件比較重要的事情。一是吳國太尉徐知誥廢掉吳國皇帝楊溥，建立南唐政權，自稱是唐太宗子吳王李恪之後，改名李昪。另一件事是石敬瑭的「親生父親」契丹皇帝耶律德光正式將國號改為「遼」。

石敬瑭知道他這個位子是怎麼來的，狗都知道誰丟給它塊肉骨頭，它就會衝誰搖頭擺尾、齜牙咧嘴，況石敬瑭乎！為了報答耶律德光，除了自己的老婆，石敬瑭沒一樣不敢孝敬小乾爹的。他連自己老婆的親弟弟李從厚都敢賣，天下還有什麼讓石敬瑭不敢做的？

現代人如果認了個乾爹乾媽，逢年過節的也要表示點孝心，送點錢物什麼的。石敬瑭自然免不了這個俗，何況他和義父之間不僅是「父子關係」，更是政治同盟，雙方有著共同的利益。契丹需要中原的物資來維持豪華的貴族生活，石敬瑭需要契丹強大的軍事實力來維持自己在中原的統治。

石敬瑭做人很到位，即使他生活在現代，也絕對是個八面玲瓏的角色。之前約定的每年奉送三十萬的金銀財寶雖然年年不少，但這畢竟是官方往來，私下的交情有時比官方上的承諾更值得信賴。除了這些之外，每年契丹遇上紅白喜事、周年忌日什麼的，石敬瑭都要派人送去最新鮮的時令貨和契丹國罕見的珍珠寶貝。

耶律德光是他的乾爹，乾爹身邊的七姑八婆們自然也成了石敬瑭的親戚，這些人最得罪不起，隨便誰說一句壞話都有可能讓耶律德光對他起疑心，好東西自然要大家來分享，上至述律太后（石敬瑭的乾祖母）、諸王、下至普通大臣，甚至趙德鈞的兒子趙延壽也有一份。

按說石敬瑭做得已經很不錯了，但契丹貴族們並沒有把石敬瑭當人看，有一點做得不好，就破口大罵，石敬瑭反正已經不要臉了，厚著臉皮賠笑，契丹人是得罪不起的。石敬瑭自甘下賤，可後晉政權中並非個個都是軟骨頭，見皇帝如此無恥，個個都義憤填膺，也有人勸過石敬瑭不要這樣放縱契丹人的貪婪，貪婪是永無止境的。

現在的石敬瑭給人家做兒子已經上了癮，根本聽不進去，反而罵這些人糊塗：「你們懂個！我這麼做是為我自己嗎？每年給契丹人的不過是幾個縣的財政收入，中原這麼大，還怕讓契丹吃窮了？何況惹毛了契丹人，他們大軍南下，最終受罪的還不是我們的人民群眾？」

石敬瑭說的貌似大義凜然，但仔細分析，漏洞百出。三十萬確實不算多，但這也是勞動人民的血汗錢，拿這些錢進行國防建設可不可以？如果石敬瑭不放棄燕雲地區，利用地理優勢防禦契丹人是綽綽有餘的，即使契丹南犯，也可以禦之於國門之外，怕他什麼？石敬瑭把燕雲地區的數十萬百姓都送給契丹人當奴隸，這也是「愛護」人民群眾？

侵略者固然兇殘可恨，但那些「和平人士」遠比外來的侵略者更加兇殘可恨，他們對國家民族的傷害遠遠大於侵略者。

屈辱退讓永遠換不來和平，反而會讓侵略者的貪婪欲望更加膨脹，真正的和平是打出來的，尊嚴也是打出來的。國家尊嚴和民族尊嚴也是人民群眾利益的重要組成部分，人活得沒有尊嚴，這是對人民最大的犯罪。

雖然石敬瑭有時也會對百姓送點小恩小惠，有一年下大雪，貧民受凍，石敬瑭下詔賜給窮人木柴石炭和糧食，讓他們過一個「暖冬」，但對在死亡線上苦苦掙扎的百姓來說，能解決多少問題？

契丹自從得了燕雲十六州，不僅很大程度上解決了財政收入的問題，更為重要的是，契丹的南線防禦從原來的唐山—豐寧—張家口—集寧—呼和浩特一線向前推進了一百多公里，而且這是華北平原面對北方軍事壓力唯一可以作為戰略屏障的山地地區，門戶洞開，誰能保證契丹人遵守一紙和約、永不南犯呢？紙上的保證是靠不住的，文字是死的，形勢是活的，真正的保證只有一個，那就是實力。

四

石敬瑭雖然比較無恥，但並不白癡，作為一個在亂世中謀求生存的人來說，要想出人頭地，就必須要拿得起放得下，能「取」也能「捨」。對石敬瑭來說，放棄的是尊嚴，得到的是富貴，尊嚴是沒有市場價的，天知道尊嚴該值多少錢。從古至今，能「捨生取義」的人並不多，誰不想做皇帝？誰不想鐘鼎玉食？像豫讓那樣的俠士，雖然許多人都很佩服，但真讓他們去做豫讓，那就有點勉為其難了。

石敬瑭這樣想，其他人也是這樣想的，有些人雖然在石敬瑭面前會一口一個「萬歲爺」，轉過頭去就暗罵「老不要臉」！成德節度使安重榮就對石敬瑭很不服氣，安重榮是個胡人，生性粗豪，為人兇悍，人稱「安鐵胡」。

當初石敬瑭在晉陽被唐將張敬達圍困之時，安重榮曾經幫助過石敬瑭，石敬瑭有恩必報，讓他做了河北重鎮成德的節度使。但安重榮並不滿意，心想：「你這個老不要臉的能比我強哪裡去？你能當我為何不能當？」

安重榮狂妄地對部下說：「天子唯兵強馬壯者能當之！」這句話非常有名，點破了五代十國戰亂不止的深層次原因。那個時代，造反的多是地方藩鎮，手中有軍政財權，造反還不容易？怪不得後來趙匡胤對石守信等人說：「旦以黃袍加汝身，汝雖欲不為，其可得乎？」

還別說，雖然安重榮出身「少數民族」，但他對漢族人民還是有挺深的感情。石敬瑭命令邊鎮要對契丹人講禮貌，可安重榮偏不這樣，經常謾罵路過歇腳的契丹使節，甚至把闖入守境內偷雞摸狗拔蒜苗的契丹騎兵也宰了不少。耶律德光哪能不生氣？臭罵石敬瑭說他管教不嚴。

石敬瑭氣得牙根直癢癢，不過他知道安重榮手中有兵，怕把這位爺給惹了，所以說話還比較客氣，連安慰帶威脅：「兄弟，別忘了你的富貴是誰給你的，火玩大了，小心燒著你自己的屁股。」可安重榮哪管你這些，乾脆上表罵石敬瑭，說他：「罄中國珍異，貢獻契丹，凌虐漢人，竟無厭足。」

安重榮還有些氣節，又上表要求石敬瑭發兵攻打契丹，並說「天道人心，難以違拒，機不可失，時不再來」。安重榮看的倒是長遠，契丹剛剛得到燕雲地區，統治基礎很不牢固，漢人多不願受契丹人統治。即使出兵不能消滅契丹，重新奪回十六州的可能性是很大的。

可石敬瑭不聽。

還沒等石敬瑭下決心收拾安重榮呢，石敬瑭的「左膀」泰寧軍節度使桑維翰擔心石敬瑭真的聽信安重榮的話，和契丹人決裂，便上書給石敬瑭，說：「陛下能當上皇帝，首先要感謝的就是契丹父皇帝，當初對契丹的約定陛下一定要遵守，不能忘恩負義。更重要的是，現在的契丹兵強馬壯，耶律德光是五百年一出的聖君，我們是打不過他的。陛下現在最需要做的就是要滅掉安重榮，不能讓這個禍害給我們中原添亂。」

不用桑維翰來給石敬瑭做思想工作，他早就想除掉安重榮了，畢竟現在他是皇帝，身邊躺著這位粗人，換誰也睡不著。石敬瑭開始行動起來，他先是讓「右臂」劉知遠去太原做河東節度使，在左路鉗制住安重榮，同時將原河東節度使李德統改任為鄴都留守，在安重榮的側翼敲進根釘子。

準備工作做得差不多了，石敬瑭讓侄子鄭王石重貴留守東京，自己以巡幸為名來到鄴都，就近應對隨時可能發生的叛亂。讓石敬瑭沒有想到的是，他全力防備安重榮，哪知道最先造反的並不是安重榮，而是山南東道節度使安從進。安從進實力較弱，很快就被晉軍打敗，安從進走投無路，一把火把自己送上了極樂世界。

安重榮聽說安從進反了，樂不可支，對左右說道：「石敬瑭不得人心，安從進這等奴才也能反，我為何不能？」便於天福六年（西元九四一年）十二月，扯起大旗反了。

朝廷方面早有準備，石敬瑭派出妹夫杜重威前去招呼安重榮。杜重威人品不怎麼樣，連劉知遠都恥於和杜重威同一級別。但杜重威運氣好，和安重榮部在宗城（今河北威縣東）相遇，還沒等安重榮排兵布陣，他的手下趙彥之就帶著本部兵投降了杜重威。可晉軍看到趙彥之的部隊盔甲明亮，向自己衝過來，以為是叛軍過來挑戰的，杜重威下令反擊，結果把這部分叛軍全殲（趙彥之真是倒楣透頂），叛軍大亂。

杜重威大喜，狂呼一聲：「馬無夜草不肥，人無横財不富。」率軍衝殺。叛軍軍心不穩，哪還有心思打仗，死傷二萬多。安重榮一邊罵著趙彥之忘恩負義，一邊帶著十幾個親兵逃回鎮州。

安重榮的本錢在宗城浪費光了，城中無兵，安重榮把老百姓都押到城上，脅迫他們守城。安重榮也是急瘋了，且不說此舉和他指責耶律德光「凌虐漢人」沒什麼區別，這些老百姓會打仗嗎？人數再多，也不過一群烏合，指望平民能扳倒官軍，安重榮真是死到臨頭了。

果然，晉軍如蝗蟲般撲到城下，杜重威下令攻城，其實不攻城，困也能困死安重榮，這時的安重榮已經是甕中之鼈，沒什麼反抗能力。城中的那些軍爺誰肯為安重榮盡忠，盡了忠還是「反賊」，有人趁安重榮不備，打開城門放晉軍進來。晉軍立功心切，一通大殺，老百姓被殺二萬多人。安重榮被活捉，押到杜重威面前，杜重威一陣奚落，斬於城下，這時已經是天福七年（西元九四二年）。

杜重威實在是無恥，為了撈取首功，把開門的那位爺也給切了。不僅如此，杜重威還將安重榮的私產全都劃到自己的名下，大撈了一筆。杜重威把安重榮的人頭送到汴梁，石敬瑭這個高興啊，對著安重榮的人頭笑道：「安鬍子，你也有今大？」命人把人頭用漆封上，送給契丹他乾爹，讓他老人家消消氣。

搞定了安重榮，對其他蠢蠢欲動的地方實力派也達到了敲山震虎的目的，誰不老實，我就把誰的人頭給漆了。這些軍閥伶俐得很，不再敢找石敬瑭的麻煩。軍閥多半能屈能伸，得勢的時候比誰都「大爺」，失勢的時候比誰都「孫子」。當「大爺」固然是人生一大快事，但自古以來做「大爺」易、裝「孫子」難。這和做人其實是一個道理，人要學會在逆境中生存，能承受起失敗打擊的人，是距離成功最接近的人。

雖然有些人還不算特別老實，比如平盧節度使（駐節青州）楊光遠，經常在石敬瑭面前頤指氣使，還背地裡和契丹人暗送秋波。但畢竟楊光遠是石敬瑭的兒女親家，加上楊光遠一直沒有公開翻臉，也就平安無事。

搞掉了安重榮，石敬瑭接下來就要處理彰義軍節度使張彥澤擅殺彰義軍掌書記張式一案。其實這件案子並不複雜，起因是張彥澤家教無方，兒子不類其父，所以張彥澤曾經毒打兒子。張公子忍受不了父親的虐打，逃到齊州（今山東濟南），結果被當地官府抓住，送回涇州（今甘肅涇川）由張彥澤處置。

張彥澤要殺兒子，請旨定罪。掌書記張式覺得年輕人犯點錯很正常，教訓幾頓就行了，何必下此毒手？屢勸張彥澤。張彥澤暴怒，把氣全都撒向了張式，舉箭要射死張式，張式嚇得逃了。張彥澤卻不打算放過張式，派心腹人把張式給捉了回來，以酷刑殺死張式，又搶了張式的老婆。張式的父親張鐸痛心兒子慘死，來到汴梁告狀，要求皇帝懲處張彥澤殺人之罪。

張彥澤有功於石敬瑭，所以石敬瑭也沒打算把張彥澤怎麼著，何況張式一個小小的掌書記，天下何止萬計，死了也就死了，李從厚如何，做過皇帝的人，不也被石敬瑭棄之如敝履。這事本就過去了，可刑部郎中李濤卻不滿皇帝如此縱容手下草菅人命，要王法何用？李濤伏地請石敬瑭下旨誅張彥澤，以暴其罪。

石敬瑭不同意，勸李濤做人靈活一些，何必如此拘泥於古。李濤不服，持笏叩頭，請皇帝誅張彥澤，聲色俱厲。石敬瑭見李濤如此不識抬舉，大怒，揮袖讓李濤快滾。李濤甚有骨氣，死活不走，依然在石敬瑭耳邊叨叨。石敬瑭見他如此難纏，口氣略有緩和：「張彥澤確實有罪，可是我曾經許張彥澤不死，誓約為證，你想讓朕做個言而無信的人？」

李濤不依不饒：「私情不可以犯公法，陛下以私誓欲活張彥澤，當初陛下還許范延光不死，今日范某何在？」這句話問得好！把素來伶牙俐齒的石敬瑭問了個張口結舌，答不上來。被李濤逼上了絕路，石敬瑭只好服軟，下詔痛責張彥澤，降級處理，並封張式父張鐸、弟弟張守貞、兒子張希範為官，賜十萬錢安葬費，並讓張彥澤把私吞的張式家產退出來，歸其妻子，這才算有個了結。

屈指算來，從起兵晉陽消滅李從珂，到現在，石敬瑭已經做了七年的皇帝。在五代走馬燈的改朝換代中，已經很了不起了。雖然控制的地盤比後唐小多了，但地盤太大也沒多大意思，夠自己享福的就行了。

「身外之財，生不帶來死不帶去」，石敬瑭自然懂得這個道理。雖然活得比較窩囊，要對一個比自己還小十一歲的男人叫爸爸，還要經常受到「爸爸」的責罵。但話說回來，叫耶律德光一聲「爸爸」，身上又不會少一塊肉，也就是讓耶律德光過過嘴癮，有什麼了不得的。

石敬瑭這一年也不過五十一歲，俗話說「七十三、八十四，閻王不請自己去」，自己離這個坎還早呢。石敬瑭總在想：要求不高，再活個二十年就很滿足了。家業打下來了，接下來要做的就是好好享福。

可能是天嫉英才，到了天福七年的五月，石敬瑭突然染上重病，屢治無效，眼看大限就要到了。石敬瑭知道閻王爺要請他過去了，但這時他的繼承人問題還沒有解決，最年長的兒子石重睿也只是讓人抱著拉屎撒尿的小娃娃。雖然侄子石重貴已經成年，但畢竟不是自己所生，胳膊肘不想朝外拐。便託孤於宰相馮道和侍衛親軍都指揮使景延廣，希望在自己死後讓石重睿繼位。並下詔讓河東節度使劉知遠回朝輔政，可在朝中主事的齊王石重貴不喜歡劉知遠，把詔書給扣了下來。

天福七年（西元九四二年）六月十三日，石敬瑭病死於大梁宮中。

對於石敬瑭認父割地醜行的憤怒，實在不知道說什麼好了，中原蕩覆，實敬瑭遺之患也。草作一詩，算是對石敬瑭一個了斷吧。

草詠

徽陵歲灑不知誰？
十六州人望南師。
楊妃幸逢晉高祖，
莫呼祿山是我兒。

注：徽陵是唐明宗李嗣源陵墓。

五

臭名昭著的兒皇帝一命嗚呼了，石敬瑭的「父親」耶律德光也抄了回老文章，輟朝七日，派人去兒子的靈前哭一回也就算了。耶律德光從來也沒有把石敬瑭當自己人，他們的父子關係是以政治利益為基礎的，要說一點感情沒有不近人情，但耶律德光更看重大遼國的利益，換句話說，只要中原統治者保證契丹在中原的利益，至於兒皇帝姓什名誰，這並不重要。

而那些已經習慣跟著眾多皇帝跑江湖的文官武將們是不會悲傷的，換誰當皇帝不一樣？只要保證我們的富貴就行。不過，在悲傷的石家人中，有一位表面上也是重孝在身，痛哭哀號，但心中想的卻是另外一回事，這個人就是石敬瑭的侄子齊王石重貴。

石重貴的父親石敬儒早死，他的伯父石敬瑭非常疼愛這個可憐的孩子，一直當兒子養在身邊。石重貴性格比較沉穩，但肚子裡沒多少乾貨，有次伯父讓人教石重貴讀《禮記》，石重貴聽著不耐煩，便叫道：「別讀了，這根本不是我們石家人應該學的。」

由於石敬瑭的幾個成年兒子都不在人世，小兒子又不懂事，就放石重貴出來多歷練歷練，也獨立處理過一些事情，得到石敬瑭的肯定。但畢竟他不是兒子，石敬瑭死時讓馮道等人顧命，並沒有把位子傳給石重貴。

而接受顧命的馮道想的和石敬瑭完全不一樣：石重睿是個小娃娃，拉屎撒尿都要有人侍候，能治得了天下？即使石重睿能在亂世中多做幾年皇帝，等他長大後自己還不知道在不在，擁立之功要等到十幾年才可能收到利息，這樣的傻事不幹也好。

馮道看上了石重貴，便向景延廣徵求意見。景延廣比馮道還猴急，想到一塊去了，當然同意。二人便聯絡其他朝中重臣，背棄了石敬瑭的臨終囑託，把石重睿晾在了一邊，擁立二十八歲的石重貴做大晉皇帝。

如果石敬瑭地下有知，肯定會大罵馮道不忠和石重貴不孝的。雖然石敬瑭有親生兒子，但假設石重睿繼位，在亂世中他又能做幾天皇帝？從三國到五代，小兒皇帝沒幾個善終的。

石重睿能管住楊光遠還是劉知遠？何況他身邊還有一個早就不老實的石重貴？後來的周世宗柴榮早死，留下個不懂事的柴宗訓，被趙匡胤奪去了江山。當然，如果柴家還有一個類似石重貴式的人物，即使後來依然不免被奪位，但後周還是有可能多存在幾年的。

石重貴才能一般，比他伯父強不了多少，但有一樣卻是石敬瑭遠遠不及的，就是石重貴對契丹的態度問題。石重貴對伯父當耶律德光的兒子早就不齒，覺得太丟人，耶律德光只比自己大十歲，卻成了自己的「祖父」，不知道惹過多少人暗中笑罵。

石重貴稱帝之後第一件事就是要撇清和契丹亂七八糟的「親戚」關係。當然比「親戚」關係更重要的是國家關係，畢竟稱孫只是家恥，稱臣則是國恥。石重貴也知道飯要一口口地吃，先解決晉朝和契丹的關係。

但朝中對此有爭議，景延廣建議石重貴只向契丹稱孫不稱臣，而樞密使李崧是個「和平主義者」，他說：「先帝向契丹屈膝是為了國家社稷和黎民百姓，沒什麼丟人的。陛下這樣做萬一惹惱了契丹人，大軍南下，到時後悔就來不及了。」

另外一個重臣馮道裝聾，不在中間摻和，管他稱臣還是稱孫，和他又沒什麼關係。石重貴主意早就拿定了，不聽李崧的「金玉良言」，遣使去契丹，只稱孫而不稱臣。言下之意就是說大晉已經獨立了，和契丹是平等的國際法主體。耶律德光氣得大罵石重貴是個「孬孫子」，寫信痛責石重貴，主事的景延廣自恃文武全才，根本不把耶律德光當人物，回信威脅了他幾句。

耶律德光已經習慣了石敬瑭對他奴顏婢膝，也吃慣用慣了中原的東西，石重貴這一翻臉，就意味著以後別想再吃白食了。契丹的盧龍節度使趙延壽早就恨透了石家人，就勸說耶律德光給不識相的石重貴點顏色看看。當然趙延壽是出於私心，他想讓耶律德光出兵滅了石重貴，然後自己取代石家當契丹的兒皇帝。

契丹要南下的消息傳到了汴梁，石重貴問景延廣該如何應對。景延廣是個主戰派，先是堅定了石重貴的抗戰決心，然後對即將回契丹的原趙延壽的部下喬榮說：「回去告訴你們家主子，我先皇帝是契丹所立，稱臣是應該的。但現在的大晉皇帝是我們自己人選出來的，和契丹沒有什麼關係。現在能向契丹稱孫，就已經很給你們面子，不要貪得無厭。如果你們皇帝聽趙延壽那個狗奴才的鬼話來侵略我們，醜話先放在這：站著進來的，全都要倒著出去。大晉有十萬橫磨劍，對付你們足夠了。想來便來，我們奉陪到底！」

喬榮沒二話，回去就一五一十地告訴了耶律德光。耶律德光哪受過這個窩囊氣，心想還是趙延壽說的有道理，是該給石重貴點顏色看看，不然真不知道馬王爺長的幾隻眼。

景延廣說的並沒有錯，人活著就要有點尊嚴，給人當奴才雖然能討幾碗剩飯吃，但這樣的東西誰能吃得安心？能吃安心的只有兩種人：白癡和奴才。以晉軍現在的實力，還是可以對付契丹的。契丹人實力是很強大，而且還佔據有利地勢，但戰爭的勝負走向並不完全取決於軍隊、地理等硬實力，還取決於軍心、民心和戰略決策等軟實力。

石重貴也知道耶律德光是不會放過自己的，他讓耶律德光受到損害的絕不是什麼面子問題。面子實際上是不存在的，存在的只是利益，永恆的利益。

在五代的十三個皇帝中，打頭陣的朱溫是名聲最差的，現代人一般論及朱溫，多半會說出一個詞「亂倫」。朱溫和他的那幫美麗的兒媳婦之間的豔史已經淪為歷史的醜聞和後人的笑柄，朱溫亂倫的程度太讓人震驚，但絕不是「只此一家，別無分店」。後晉第二代皇帝石重貴就是朱溫「亂倫路線」的忠實執行者。

石重貴在歷史上並不怎麼有名，還不如他的伯父石敬瑭。但在野史豔聞中，石重貴卻是大大地有名，原因就是石重貴不顧人倫大防，娶了自己的親嬸子做老婆，在宮中廝混了三年，最終被俘北去，不知所終。

石重貴的嬸子姓馮，是石敬瑭最小的弟弟石重胤的妻子，後來石重胤早亡，馮氏就做了寡婦。雖然在輩分上馮氏是石重貴的叔母，但他們的年齡相仿，之間也常常往來，石重貴對馮嬸娘的美豔早就流了一百多尺長的哈喇子了，只是礙於伯父石敬瑭的家教甚嚴，一時不敢放肆，只好把那隻愛情的鳥兒死死摁在籠子裡，不敢輕易放出來。當然放出來容易，收回去就難了，石敬瑭能吃了他。

石敬瑭死後，石重貴已經忍受不住欲火的煎熬，開始勾引馮氏。馮氏也早就對這個大侄子芳心暗許，不到兩個回合，兩人就半推半就，鴛鴦池中羨雙飛了。要說馮氏也夠可憐的，年紀輕輕就要守一輩子的寡，這對女人是很不公平的。

男人在階級社會中佔有絕對的統治地位，女人不過是作為男人發洩原始欲望和傳宗接代的會說話的工具，即使有些女性精英爬到了金字塔的頂端，接受男人們的三跪九叩，如呂雉、武則天等人，最終也只在男人們寫的史書中落下個「牝雞司晨」的罵名。

而在民間被夫權壓迫的女人們則要悲慘得多，到了封建社會後期，女人「弒夫」要是被凌遲處死的。甚至丈夫得病死去，當妻子的也要被罵成「剋夫的掃把星」，真是罪孽深重啊，寫到這，忍不住罵一句：萬惡的舊社會！

當然馮氏也不是什麼賢慧女子，她嫁給石重貴也是貪圖富貴，畢竟名節之類的東西對上層建築中的人們起不到多大作用，制定法律的人一般都有凌駕於法律之上的特權。石重貴和馮氏這對鴛鴦天天黏在一起，瘋狂地玩樂，已經到了「喪心病狂」的地步。

石重貴確實不是個好鳥，他對馮氏的重視遠遠超過對他那死去伯父的重視，有一次他召集馮氏和一幫狐群狗黨喝酒，在經過石敬瑭的靈柩時，石重貴靈感大發，倒了一杯酒灑在伯父的靈柩前，說：「皇太后有旨，先皇帝不參加朕的婚典了。」說完，和眾人一起大笑。皇太后李氏雖然極為不滿，但畢竟石重貴是皇帝，不好多事，只好暗罵一句「一對不要臉的狗男女！」

馮氏得了勢，最高興的當然是馮家人了，一人得道，雞犬升天，馮氏的哥哥馮玉是個大飯桶，卻因為是現在的國舅爺，一路高升，很快就當上了戶部侍郎，開始參與朝政。

在家天下時代，由於權力的私有性質，最高統治者信任的人不多，而且越是有本事的越不能相信，尤其是五代這樣的亂世中。馮玉高升雖然是仗著馮皇后的勢力，但石重貴用他卻不主要因為這個，還是馮玉沒有什麼本事，這樣的人用起來放心。如果馮玉像楊堅那樣，石重貴也不敢用，誰敢說親戚就絕對可靠？楊堅的天下就是從親戚手中奪過來的。

六

石重貴坐穩了龍廷，又娶個嬌妻，天天風花雪月，好不快哉。但石重貴在汴梁城中花天酒地，有人就在外面盤算著要推倒石重貴。平盧節度使楊光遠從來就沒看上石重貴，這小子無功無德，也能當上皇帝，自己「雄才大略」，為什麼就不能？

楊光遠當然知道自己實力有限，單靠自己恐怕還不能把石重貴怎麼樣，楊光遠想到了「老師」石敬瑭，石敬瑭是靠契丹幫忙發家致富的。楊光遠心想你石敬瑭何德何能，認耶律德光做乾爹，我比你強多了，要當耶律德光的乾兒子，也輪不到你石敬瑭。

主意打定，楊光遠派人去找耶律德光告石重貴的刁狀，說他「負德違盟、聚財害民」，建議耶律德光趁現在晉朝出現饑荒、財政緊張的時機，出兵討伐孬孫子石重貴。耶律德光的馬屁精趙延壽也在旁邊煽風點火，其實他們不煽陰風，耶律德光也要拿掉石重貴，這個孫子已經嚴重危害了契丹在中原的利益，自然不能放過。

開運元年（西元九四四年）春，契丹皇帝耶律德光派「準乾兒子」趙延壽率馬步軍五萬南下攻晉，楊光遠也公然造反，在青州一帶鬧事，從側翼聲援契丹軍。契丹軍由於有了燕雲十六州，居高臨下，進入中原如蹚平地一般。

石敬瑭當初割讓戰略險隘為了求一時之快，現在終於搬起了石頭，砸到了石重貴的腳上。契丹軍攻打貝州（今河北清河），沒幾天耶律德光怕趙延壽草包壞事，便親自前來指揮攻城。守城的是當初在雲州給過耶律德光好臉看的吳巒，舊恨湧上心頭，耶律德光傳令三軍，要活捉吳巒。

不過吳巒也是個猛將，契丹軍數次攻城，都被晉軍打了回去。耶律德光無計可施，正巧貝州城中有一個貪生怕死的敗類叫邵珂，想給「國際和平事業」做點貢獻，私開城門放進契丹大軍。耶律德光自然不肯放過機會，率軍衝進城中，兩軍一頓混戰。晉軍人少，多數戰死，吳巒不想被俘受辱，跳井殉國。

石重貴對此早有準備，什麼「乾祖父」，去他的，石重貴決定御駕親征。自己新立不久，在軍界沒有威望可言，要殺一殺耶律德光的威風給那幫三心二意的軍閥們瞅瞅。亂世和太平時期不同，太平時期天下人看重統治者的是「文才」，武夫是不吃香的，有本事也沒地方使。亂世中生存的第一準則就是要會帶兵打仗，只會耍筆桿子是甭想在亂世出人頭地的。

當石重貴來到澶淵（今河南濮陽西北）時，契丹軍已經攻下了鄴都，石重貴和耶律德光這「祖孫倆」的距離很近，但石重貴這時並沒有去看望「祖父」的心思。

石重貴想畢竟「親戚」一場，二話不說就人打出手也不好看，便派人去契丹大營議和。但耶律德光這時已經和石重貴翻了臉，說「事情已經到了這一步，還有什麼好說的，該哪來回哪去吧」。

石重貴其實比耶律德光更明白現在的形勢，廢話多說無益，那就亮出傢伙來吧。晉軍的戰鬥力並不像楊光遠所貶低的那樣低下，士兵多由強壯的北方漢子組成，身體條件並不遜色於吃生肉喝生血的契丹人。耶律德光同時派遣的西路軍在太原被河東節度使劉知遠給「接收」了，領頭的衛王耶律宛狼狽竄回契丹。

太原大捷打破了契丹軍「戰無不勝」的神話，晉軍士氣自然大振，契丹軍在戚城（今河南濮陽北）圍困晉軍高行周、符彥卿部，形勢岌岌可危，高行周派人突圍到澶州向石重貴求救。

石重貴帶著好心情前去解救高行周，兵家常說：「氣可鼓不可洩」，軍心是戰爭中最為重要的軟實力，俗話道「樹活一張皮，人活一口氣」，氣勢上來了，戰鬥力自然就會提高。

晉軍在戚城打敗契丹人，救出高行周等人，又藉著氣勢和契丹在馬家口（今山東聊城東）大打一場。契丹軍人多勢眾，河邊還有幾十船的生力軍，但晉軍此時已經打瘋了，滑州節度使李守貞率敢死隊衝入契丹陣中。契丹人有些輕視晉軍，都譏笑兒皇帝的軍隊也能打仗？結果被晉軍殺得橫屍遍野，慘敗而逃。

這時石重貴騰出手來對付楊光遠，開運元年五月，兗州節度使李守貞、河陽節度使符彥卿出師青州。楊光遠本來還指望「契丹乾爹」幫他一把呢，可「乾爹」被揍回去了，自己那點兵力還不夠李守貞下餃子吃的。

晉軍撲到青州開始攻城，楊光遠勉強守到十一月，實在打不下去了，便再次學起了石敬瑭，向石重貴投降。石重貴給了他三分薄面，準備放楊光遠一條生路。可群臣中沒幾個和楊光遠有交情的，勸石重貴：「楊光遠罪大惡極，不殺不足平民憤！」石重貴讓李守貞把楊光遠騙出城，找人給做掉了。

契丹那頭不甘心失敗，又來尋仇。開運二年（西元九四五年）春，契丹軍南下在頓丘（今河北清豐）和由石重貴親率的晉軍主力進行大戰，契丹軍仗著騎兵優勢衝擊晉軍前陣，晉軍二話不說，先讓契丹人嘗嘗飛箭的厲害，契丹騎兵多數成了刺蝟。

耶律德光有些沉不住氣，親自上陣戰鬥，石重貴見「祖父」玩狠的，血性一上來，也衝到陣前和「祖父」玩命，兩軍一直打了整整一天，雙方死傷慘重，還沒分出勝負。耶律德光知道石重貴這小子還有些能耐，好漢不吃眼前虧，先撤了再說，把大營朝後撤了三十多里。

耶律德光雖然吃了幾個癟，但這點小挫折是嚇不倒這個漠北梟雄的，他見一時難以消滅晉軍主力，便反客為主地玩出「堅壁清野」，派出幾支騎兵部隊，在華北平原進行殘酷的掃蕩，逢人就殺，見糧食就燒，摧毀晉軍的軍資儲備。這招果然毒辣，晉軍本打算依靠本土的資源優勢和契丹打消耗戰，但軍儲都被燒光了，軍心受到嚴重的打擊。

說起石重貴的軍事才能，在五代皇帝中不怎麼樣，除了李從厚、劉承祐、柴宗訓之外，估計也就是朱友貞、李從珂和石重貴同一級別了，和朱溫、李存勖、柴榮這些真正的軍事家根本沒法比。石重貴出道以來，並沒有獨立指揮軍隊的經驗，加上為人有時昏聵，在和契丹軍的生死決戰中屢屢犯下致命的戰略錯誤，最終導致亡國的慘劇。

石重貴當政以來，最信任的就是那個大言不慚的景延廣，景延廣的得勢不僅是因為他有「擁立」之功，更重要的是石重貴認為景延廣能夠做自己的「諸葛軍師」，一些重大的軍政決策都主要由景延廣負責制定。景延廣雖然有些才能，但為人輕浮，政治經驗又欠缺。所以他當政之後，對他所不喜歡的人進行打擊報復，得罪了許多實力派。景延廣吹牛是把好手，但真讓他幹點正事，只能是越幫越忙。

晉開運二年三月，耶律德光率契丹軍再次前來尋仇，兩軍會於白團衛村（今河北安國境內）。因契丹軍勢眾，把晉軍重重包圍住，並抄了晉軍的糧道。看耶律德光的意思，是想先餓瘦晉軍，等晉軍沒力氣的時候，再來攻擊，一戰可滅晉人。

晉軍非常焦急，無糧無水，這仗如何打下去？晉軍開始在營中挖井取水，只差一點就取到了水，可此時突起東北風，狂風亂打，把水井給吹塌了。晉軍無奈之下，只好用布絞泥，擠出髒水來解渴。

坐在高處看風景的耶律德光見狀大喜：「晉軍饑渴無力，此正是天予良機，不可錯過。今天必擒南人，然後進取汴梁城！」下令讓契丹最精銳的鐵鷂騎兵下馬，操利刃衝殺晉軍，同時順風縱火，準備藉助天時來滅晉軍。

此時風越來越大，飛沙走石，迷離人眼。晉軍將士血性上來，紛紛大聲喝問杜重威：「將軍此時為何不下令還擊，難道想讓我們受死不成？」杜重威見風勢太大，想等風停後再戰。馬步都監李守貞勸道：「福兮禍也，禍兮福也，現在大風肆虐，雖與我不利，但風沙起時，契丹人不知道我軍虛實，契丹人必然恍我。不然等風停了，彼人見我軍兵寡，合力滅我，大家都得完蛋。」

李守貞復又大喝：「將士聽著，亮出傢伙來，準備和契丹決一死戰！」不過有些將軍還是想等風停後再戰，馬軍右廂排陣使藥元福和馬步軍左右廂排陣使符彥卿大罵道：「再等下去，必死無疑！寧死於陣上，不死於虜手！」

二將率眾出寨西門，往擊契丹軍。契丹軍果然不知晉軍到底有多少人，狂風飛捲，嗖嗖作響，黑漆如夜，哪裡看得清楚。晉軍萬餘鐵騎乘勢呼嘯殺出，逆風而擊契丹軍，其勢若排山倒海。契丹軍被衝亂，軍心大潰，連連後退。晉軍追出二十里，斬殺契丹鐵鷂軍無數。鐵鷂是支騎兵部隊，要是在馬上，晉軍恐不是他們的對手。但現在他們下了馬，短兵作戰非其所長，一戰既敗。

耶律德光這時也沒時間再想攻佔汴梁的美夢，駕著小車急急逃去，但晉軍狂追不捨。耶律德光這回真慌了，也顧不得顏面，跳下車，尋了一個駱駝，慌亂中爬了上去，猛拍駝屁，狂號而走，契丹殘部好不容易逃回幽州，這才定下神來。

發生在西元九四五年三月的這場晉遼白團衛村之戰是五代時期中原政權和北方游牧民族政權之間難得的一場揚眉吐氣的大勝利，此戰場面極其壯觀，過程驚心動魄，讓歷史為之感慨萬分。

晉軍取得白團衛村大捷後，石重貴肩上的壓力小了許多，雖然沒能活捉耶律德光，但至少能讓耶律德光後怕一陣子，三年兩載的估計不敢再打自己的主意了。

開運二年九月，吏部侍郎兼史館修撰張昭遠等人上奏，已經修好《唐書》二百卷。石重貴非常高興，加賞有功人員。這部在後晉時修的《唐書》就是二十四史中的《舊唐書》。晉天福五年（西元九四〇年），晉高祖石敬瑭命宰相劉昫等十人主修唐史，其實劉昫只是掛名的史官，真正負責具體事務的主要是張昭遠，還有賈緯、趙熙、王伸、呂琦、尹拙、崔棁、鄭受益、李為先等人。

《唐書》二百卷，其中本紀二十卷，志三十卷，列傳一百五十卷，記錄了唐朝二百八十九年的歷史。宋仁宗慶曆年間，大儒歐陽修、宋祁等人又重修唐書，後人為了區別兩部唐書，便稱宋朝版為《新唐書》，後晉版為《舊唐書》。

雖然後人常批評《舊唐書》「蕪雜不精」，技術處理上也大有問題，不過從史料保存的角度來看，《舊唐書》為後人保留了大量極其珍貴的第一手唐朝史料。因為千百年來戰亂頻仍，唐朝史料有許多都沒有保存下來，賴此部《舊唐書》，讓後人得以更加清晰地把握唐史歷史的脈搏，對於這點，《舊唐書》功不可沒。

七

說來也非常地遺憾，中原的那些將軍們在防禦外侮時表現出了高超的軍事指揮藝術和大無畏的英雄氣概，但一旦民族矛盾退居次要地位，便開始互相傾軋起來，內耗不斷，各懷私心，謀求更多的私利。而一旦不得手，便對石重貴心存憤恨。

人性有時候確實是非常自私自利的，外來侵略所產生的民族情緒終究抵抗不過物質的誘惑，紛紛變質。有時在想，究竟是人的存在決定於物質，還是決定於精神？

到了開運三年（西元九四六年），這兩年在中原被晉軍揍得鼻青臉腫的耶律德光再次率大軍南下，石重貴以為前幾仗打得不錯，並不把「耶律爺爺」當回事。可讓石重貴萬萬沒有料到的是，他的那幫「棟樑」們這時早就和他同床異夢了。河東節度使劉知遠雖然痛擊了前來搗亂的契丹軍，但取勝之後就開始自保，任由契丹軍南下。而石重貴的姑父杜重威（此時已經避石重貴名諱改成杜威）以及李守貞等人被契丹軍包圍彈盡糧絕後，乾脆做了好漢，投降契丹。

耶律德光為了榨取杜重威的剩餘價值，騙杜重威說等拿了石重貴後就讓他做中原皇帝，還假模假樣地做了套龍袍給杜重威。杜重威好像中了頭等獎一樣，樂得差點暈過去。為了討好「預備乾爹」，竟然調戈南向，派先鋒張彥澤率領「契丹軍」去攻汴梁。

直到張彥澤的「契丹軍」攻到汴梁城下，石重貴這才知道姑夫已經投降契丹，知道大勢已去。石重貴再找馮道等人議事，事情都到了這一步，那還有什麼法子？議來議去，只議出一個字：降！

開運三年十二月，石重貴放下皇帝的架子，以「孫子」的身分給耶律德光寫了一封求降書，希望耶律爺爺「惠顧疇昔，稍霽雷霆，未賜靈誅，不絕先祀。」自己將「荷更生之德，一門銜無報之恩。」然後讓長子石延煦、次子石延寶奉表至契丹營中，向耶律德光請罪。

十二月十六日，張彥澤入汴梁，縱軍大掠於市。城中一些遊手好閒的人也跟著發財，突入富戶家中，殺人越貨，無惡不作。汴梁少年李處耘（宋朝名將李繼隆之父）見狀大怒，持箭射殺數十人，有些閒漢上前來殺李處耘，李處耘功夫好，手刃數賊，亂兵這才退去。汴梁大亂整整兩日，各路英雄好漢都撈得差不多了，這才收手。

張彥澤搶的最多，「財貨如山積」，張彥澤在幫助契丹滅晉中立下大功，自以為功勳無二。張彥澤每次招搖汴梁城，都讓手下打出旗幟，上個大字：「赤心為主」，路人見之竊笑。

越日，張彥澤率兵進宮，強行將石重貴以及後宮眷屬帶到開封府，旦夕不得停留，並著控鶴指揮使李榮（就是後來後周名將李筠）監押。宮中號哭聲震傳市中。石重貴命在人手，不敢不從，和李太后、馮皇后數人坐著軟輿，十幾個內侍步行而從。數月前石重貴還是汴梁城的統治者，現在卻成了俘虜，人生如幻景，見者莫不痛哭。

石重貴做了俘虜，這才知道人生最大的悲哀就是自己的命運掌握在別人手裡，石重貴想要幾匹錦帛，換成平時，守庫吏早就跪著送上前來，現在不一樣了。石重貴失了勢，沒人把他再當個人物看，庫吏冷言拒絕：「這些不是你的東西，不可能給你。」

石重貴又轉向前樞密使李崧要酒喝，李崧雖然沒有當面拒絕，但也是推託不給：「臣豈能無酒？但擔心陛下醉後失儀，萬一有變，臣承擔不起責任，所以臣不能滿足陛下的要求。」

李崧算盤打得很精明：耶律德光馬上就要進城，如果耶律德光知道李崧私下和石重貴有往來，這可不是鬧著玩的，李崧還準備在新朝謀個飯碗，怎麼會和這個前朝廢帝勾肩搭背？

落架的鳳凰不如雞，世態炎涼，人生冷暖，石重貴這回真是有極深切的體會。不過最具諷刺意味的是，讓石重貴在黑暗中看到一絲光亮的人，居然是他的敵人兼前「祖父」耶律德光。耶律德光派人和石延煦、石延寶回來，安慰石重貴：「我孫勿憂生計，我能保證你們都有碗飯吃。」有飯吃，就可以活著，雖然活得很屈辱，但石重貴已經滿足。

在耶律德光還沒有入城之前，暫時由張彥澤代管汴梁，張彥澤出道以來從來沒有像這幾天這麼風光，他不僅劫掠財物，居然還敢強搶皇子石延煦的母親丁氏入府受用，無恥之甚，讓人髮指。不過張彥澤幹的最大一票買賣還是擅殺了晉朝第一重臣桑維翰，卻謊報桑維翰畏罪上吊，耶律德光知道後，痛心不已：「朕本不想害維翰，他怎麼能做此等傻事？」

耶律德光見石重貴已經成為自己的俘虜，大喜之餘，準備入城享福去。在封丘（今河南封丘），耶律德光見到了被契丹軍活捉的石重貴軍師景延廣，耶律德光見他就一肚子的氣，諷刺景延廣：「景公，你的大晉十萬橫磨劍在哪裡？讓朕見見世面吧。」景延廣剛開始還不服，耶律德光便讓喬榮出來對質，景延廣這才伏地請罪。耶律德光先把他關起來，方便時再處置。

過了殘年，因為晉朝由去年底滅亡，而劉知遠稱帝又在新年的二月，雖然此時在用遼朝的大同年號，為了行文方便，便稱後漢年號。後漢天福十二年（西元九四七年）正月，晉朝文武稱是裝模作樣地遙拜石重貴，聊盡一下心思，然後各位都歡天喜地地伏拜路旁，迎接大契丹皇帝耶律德光。

雖然五代時後唐作為沙陀人也曾統治過中原十三年，但後唐皇室多已漢化，所以中原百姓也沒覺得後唐和自己有什麼兩樣。但現在來的卻是標準「國際友人」的契丹人，誰也沒和契丹人打過什麼交道，所以耶律德光一進城，百姓驚呼而逃，城中大亂。耶律德光登樓勸慰汴梁士民：「朕和你們一樣，都是人，你們怕什麼啊！而且我本就沒打算南下，都是漢軍把我引到此地，弄成這樣，你們也怪不得我！」

如果不是晉朝出了那幾個大敗類，倒戈南向，契丹滅晉絕不會這麼輕鬆。《孟子．離婁上》有言：「人必自侮，然後人侮；家必自毀，然後人毀；國必自伐，然後人伐。」西晉如果不是八王之亂，五胡何以南下牧馬？南梁如果不是蕭家骨肉自殘，周齊何以闢地千里？外侮之禍，必起於內因，內無亂，外無禍。與其說後晉滅亡於耶律德光，不如說滅亡於石重貴，更確切地說，滅亡於「千古一帝」石敬瑭。

滅亡了晉朝，耶律德光大事告成，原先幫自己搶骨頭的那幫狗腿子便沒了用處，耶律德光見汴梁百姓對契丹人心存恐懼，知道不拿幾個小賊開開刀，日後別想在汴梁過日子。

在這幫狗腿子中，最不得人心的就是大功狗張彥澤，張彥澤剽劫汴梁，惡名遠揚，是最佳的替罪羊人選。耶律德光下詔捕拿張彥澤，為了殺張有名，耶律德光把張彥澤犯的累累罪行公之於眾，並問晉朝文武和士民：「彥澤有罪，留之？殺之？」根本就是廢話，還用得著他來多此一問？眾人齊道：「當殺！」隨後百官聯名上奏張彥澤罪惡深重，汴梁百姓也爭先揭露張彥澤罪狀。

輿論宣傳工作做得差不多了，同月耶律德光下詔，誅殺張彥澤於市中。行前，汴梁城中萬人雲從，來看這個漢奸的可恥下場。被張彥澤擅殺的士人家屬，披蓑號哭，痛罵張彥澤。張彥澤受刑後，挖出心肝祭冤眾人。百姓一擁而上，用石頭砸碎張彥澤的人頭，取其腦漿而飲，割其肉骨而嚼，可見張彥澤何等地不得人心。

不日，耶律德光下令將「亡晉首禍」景延廣械送契丹，準備嚴加懲處。景延廣知道到了契丹，酷刑是少不了的，為了免受污辱，乘人不備，扼頸而死。

耶律德光在汴梁發展，留下石重貴肯定是個隱患，耶律德光「封」石重貴為負義侯，舉家安置黃龍府（今吉林農安）。石重貴併李太后、安太妃、馮皇后、石敬瑭幼子石重睿、二子石延煦、石延寶以及宮人數百啟行北遷。行前，前晉大臣無人來送，這幫聰明人都忙著巴結新主子，誰還認石重貴?只有磁州刺史李穀伏拜於路，捶胸痛哭：「臣有罪，以致陛下受此辱！」

石重貴行至杜重威大營時，引發舊恨，仰天長呼：「石家待杜威何厚，彼又待臣何薄！蒼天！蒼天！此亦天意乎！」說罷慟哭而去，一路北上。近二百年後，北宋亡國皇帝宋徽宗趙佶和石重貴一樣被俘北去，路過薊縣（今天津薊縣）時，有橋名為還鄉橋，問之，方知橋名是前晉少帝石重貴所起。

後晉滅亡，前後存在十年。

遼應曆十四年（宋乾德二年，即西元九六四年），晉出帝石重貴死於黃龍府，馮氏不知下落。

第六章

從黑暗走向黎明

——劉知遠　劉承祐　郭威

關於晉朝的滅亡，表面上是因為景延廣惹惱了耶律德光，致使其出兵滅晉。正如王夫之所言：「景延廣抗不稱臣，挑契丹之怒，而石晉以亡，古今歸罪焉，流俗之論無當於是非，若此類者眾矣。」

接著王夫之又評論道：「重斂中國之所有，以邀一日之歡，軍儲不給而軍怨於伍，流離載道而民怨於郊。」並認為晉朝的滅亡，桑維翰要負主要責任，「石氏之亡，桑維翰實亡之」。

王夫之說的並非沒有道理，桑維翰當初極力勸說石敬瑭向契丹稱臣稱兒，並割讓燕雲十六州和歲輸三十萬給契丹，導致了北方防禦體系的崩潰和養肥了契丹人的貪婪。桑維翰是個該死的罪人，但比他更該死、更應該被釘在歷史恥辱柱上的人是石敬瑭。

就比如現代人一提南宋的民族英雄岳飛被冤殺於風波亭，就會條件反射般地想起是秦檜害死了岳飛。但正如明朝文學家文徵明在評《滿江紅》一詞中所言：「當時自怕中原復，笑區區，一檜亦何能，逢其欲。」如果不是岳飛「還我河山、迎還二聖」的主張激怒了宋高宗趙構，秦檜又何必和岳飛過不去？

桑維翰也是如此，即使桑維翰的主張禍國殃民，但沒有石敬瑭的同意，「夢想」也不可能成真。真正導致石敬瑭建立的晉朝滅亡的罪魁禍首，正是石敬瑭本人。在浩瀚的歷史長河中，石晉的十年不過區區一瞬，但石晉所造成的歷史惡果，一直到今天，我們仍然能感覺得到，石敬瑭不愧是「千年風雲第一人」！

契丹皇帝耶律德光終於如願以償地坐在大梁宮中，該死的石重貴想和自己作對，也遭到了可恥的失敗。現在數千里大好河山成了他耶律德光的家產，心中那個痛快啊。

耶律德光喝著美酒，摟著美女，對跪在地上向自己狂拍馬屁的原晉朝官員們說：「我之所以能夠滅掉石重貴坐在這裡，是因為我對你們的了解遠大於你們對我的了解。」耶律德光又問「人盡可夫」的馮道先生：「你老先生是個什麼樣的人啊？」

馮道奴顏婢膝地回答道：「臣是個無才無德的白癡老傢伙！」耶律德光大笑，又問：「那麼現在天下事混亂成這個鬼樣子，老先生認為該怎麼辦啊？」馮道既來拍馬屁，就不會半途而廢，說道：「天下的老百姓受苦受難，現在即使如來轉世也救不了，只有皇帝陛下才能拯救天下蒼生於水火。」

這馬屁拍得極有水準，那幫跟屁蟲和馮道根本不是一個重量級的，怪不得耶律德光對馮道「寵幸有加」，封他做太傅。

可馮道諂媚的笑容還沒有退去，耶律德光就派出契丹族騎兵打著給戰馬找草料的名義到民間「打草穀」，實際上就是搶奪老百姓的財物。如果單是刼財還罷了，契丹騎兵還刼命，見著壯年男人就用刀砍死，老弱病殘就地給活埋了，河南山東一帶百姓死傷無數。狼子野心，果然與眾不同，石重貴再昏聵無能也沒幹過這個。昏君固然無能，但昏君對社會造成的傷害遠遠小於那些「想再多活五百年」的暴君。

老百姓沒想到走了一個石重貴，來的卻是一個比石重貴更加殘忍暴虐的殺人狂，大失所望，恨透了契丹人。當然胡人中並不是個個都像耶律德光那樣，還是有仁君的，胡人裡面頭一號的仁君就是前秦天王苻堅，如果中原的百姓能接受苻堅的統治，未必不是一件好事。

面對這樣一個更加混亂的局面，在太原官署中密切關注中原態勢的河東節度使劉知遠禁不住心中暗喜。耶律德光越胡鬧，他就越不得人心，自己趁亂奪取中原的可能性就越大。當然劉知遠知道現在還不到和耶律德光翻臉的時候，所以表面上對契丹稱臣，甚至還樂於接受耶律德光作自己的義父（耶律德光經常「知遠兒」地亂叫喚）。

說來也有趣，在晉漢之際的這十年中，想作耶律德光乾兒子的有一大把，比較著名的就有趙延壽和杜重威。這二位是鐵了心要認耶律德光作祖宗，而劉知遠只是暫時利用一下耶律德光罷了。

五代共存在了五十三年，頭一代朱梁存在的時間最長，也僅有區區十六年。而存在時間最短的就是劉知遠建立的後漢，居然只存在了四年。

不過劉知遠可不是像朱友貞、石重貴這樣的草包，他在五代中的「級別」也僅次於柴榮，和朱溫、李克用、李存勖、李嗣源、郭威是同一個「重量級」。就是在位時間太短了，不過一年就嗚呼了，不然是可以有更大作為的。

劉知遠雖然姓劉，卻是正宗的沙陀幫出身，和李存勖、李嗣源一樣都是當時的「國際友人」。歷史上姓劉的皇帝不少，但除了前三漢（西漢、東漢、蜀漢）和劉宋外，其他都是「冒牌貨」，比如滅了漢人政權西晉的「劉邦後人」劉淵。當然，「英雄莫問出處」，只要有本事就行，「純血統論」是不應該有市場的。

劉知遠和晉高祖石敬瑭是白骨堆中滾出來的交情，雖然後來石敬瑭對劉知遠有所猜忌，畢竟這個時代想當皇帝的人太多，能當皇帝的人也太多。但不管怎麼樣，石敬瑭還沒有把劉知遠怎麼樣，讓他當上了當時天下第一重鎮河東的節度使。

石重貴和耶律德光鬧翻之後，劉知遠知道自己的機會來了，暗中養精蓄銳，只要天一下雨，他這條潛龍就要乘勢上天。

劉知遠和所有在亂世中取事的梟雄一樣，都是演戲的高手，他表面上對契丹稱臣，以爭取有利的戰略空間。同時又多次對部下揚言要劫回已經動身北上的前晉朝皇帝石重貴，說是要迎還「聖主」，在晉陽繼承大晉朝的香火。傻子也知道劉知遠在騙人，果然，劉知遠跟真事似的派兵去「救」石重貴，但這時石重貴早就把戶口遷到黃龍府去了，劉知遠「空歡喜（實際上是真歡喜）」一場。

南宋大英雄岳飛想「迎還二聖」，不僅是出於臣節，更出於民族大義。而且岳飛也不是一個具有皇帝氣質的梟雄，他是一個英雄，真正的英雄。劉知遠沒這麼高尚，他只需要對自己負責，至於自己坐視石重貴滅亡，他不會有什麼歉疚之情，亂世中誰不想做皇帝？而且石家的也沒有給李家的盡忠，我又憑什麼給石家的盡忠？沒這個道理！

手下的兄弟們也知道劉知遠想幹什麼，反正石重貴已經完蛋了，又不想跟著耶律德光做「二等公民」，自然就希望劉知遠能當皇帝。劉知遠「大怒」，罵道：「你們知道個屁！現在契丹人實力這麼強大，我們根本不是耶律德光的對手，這事以後再說。」劉知遠表面上說的是實話，但他考慮的卻是自己的舞臺表演還沒有結束，不能讓人看出來自己是個「皇帝迷」，要做也要讓人覺得他是「被迫」做皇帝的（古往今來，被「迫」做皇帝的何其多也！）。

各地的軍閥都知道契丹人在中原沒幾天蹦頭了，而自己的實力又做不了皇帝，許多人寫信給劉知遠，勸他「順應曆史潮流」。劉知遠的頭號心腹、侍衛親軍都虞侯郭威便勸劉知遠說：「耶律德光殘暴失人心，天下多以主公為首望，現在主公不能再推讓了，萬一其他人乘虛取主公而代之，那時後悔就來不及了。」劉知遠點了點頭，說道：「有理！」

郭威說的是實情，雖然中原那些軍閥沒實力做皇帝，但南邊的南唐卻有這樣的實力，南唐名臣韓熙載也勸李璟早點北伐，說的和郭威一樣。如果李璟在石重貴北上、中原權力出現真空之際出兵，一路直撲開封，一路出齊魯，北伐並沒非常希望成功。劉知遠是當時中原軍閥中實力最強的，但如果横向和南唐比較，差的不是一點半點，何況南唐有位真正的名將——劉仁贍，對付郭威不是問題。可惜李璟不是柴榮，換成柴榮早就動手了。

西元九四七年二月，劉知遠在晉陽稱帝，國號漢。在劉姓建立的朝代中，除了賣草鞋的劉裕建立的是宋，其他的全都稱漢朝。不過劉知遠當了皇帝，並沒有建立自己的年號，而是說什麼「晉德巍巍，不忍忘也」！依然使用晉朝的年號，不過劉知遠放棄開運年號，而稱天福十二年（看來石敬瑭果然「德行深厚」）。劉知遠這麼做，當然不僅因為石敬瑭對自己有恩，也有對石重貴對自己猜忌的一種報復。

劉知遠稱帝後的第一件事就是要犒賞擁戴將士們，他是帶頭大哥，不放點血，弟兄們會有意見的。但自己手頭比較緊，拿不出多少錢來。劉知遠準備去民間問比他還窮的老百姓們「借」錢。

他的賢妻李氏這時站出來對劉知遠說：「陛下剛剛建立基業，民心未必心服，現在去搜刮民財，老百姓會失望的，這不是陛下所應該做的。這樣吧，妾這裡還有一些積蓄，不算多，但還可以堵住將士們的嘴，不讓他們對陛下離心離德。」劉知遠這個感激啊，不住地對老婆大人打躬作揖。

劉知遠下令把自己所有的私房錢都拿出來，按人頭分了下去，果然將士們都高興得連呼皇帝萬歲。

這個李皇后就是四大南戲之一的《白兔記》中那位大名鼎鼎的李三娘，有意思的是，她嫁給劉知遠既不是青梅竹馬，也不是媒婆介紹，而是被劉知遠看中，強行搶過來的。不過兩口子極為恩愛，這也許是前世注定的緣分吧。

二

而這時仍在大梁宮中喝酒的契丹皇帝耶律德光，依然在放縱他的騎兵去民間「給戰馬尋找草料」，老百姓受盡了契丹人的凌辱，各地紛紛爆發反抗契丹野蠻統治的起義。耶律德光有些坐不住了，仰天背起詩來：「床前明月光，疑是地上霜。舉頭望明月，低頭思故鄉。」他想家了。

藉口他的老娘述律太后想他了，要回家看看。可那幫靠拍馬屁混日子的前晉朝官員都捨不得他走，不知是哪個笨蛋出了個主意，說可以把太后老佛爺接到這啊，這裡的生活條件多好。耶律德光見這廝不亮事，氣得直翻白眼。

漢天福十二年（西元九四七年）三月，耶律德光留下他的表兄兼大舅哥蕭翰留守大梁，把大梁的金銀寶貝連同太監宮女都帶著，踏上了節後返鄉的路程。耶律德光在《遼史》中的評價很高，元朝脫脫說他「威德兼弘」，可這個「威德兼弘」的大皇帝在回國途中也不放過飽受苦難的老百姓，派出騎兵繼續掠奪民財。

尤其殘忍的是，耶律德光在路過相州（今河南安陽）時，契丹軍大肆屠殺，姦淫婦女，將城中的男人近乎殺絕。最最讓人不能容忍的是，契丹軍還虐殺嬰兒，把嗷嗷待哺的嬰兒扔在空中，當嬰兒掉下來的時候用刀捅死，這幫禽獸不僅不以為恥，反而以此為樂。（野蠻！無恥！）

如此殘忍暴虐，老天也不容他，當人面獸心的耶律德光行到欒城（今河北欒城東）時，染上重疾，勉強走到了殺胡林，因醫治無效，嗚呼斃命。契丹人帶著耶律德光被掏空的屍體回國，他的侄子耶律兀欲繼位，尊耶律德光為太宗皇帝。

劉知遠得到了耶律德光的死訊，將前不久耶律德光賜給他象徵地位的木拐子扔到地上，召集文武議事出兵恢復中原。大多數將領七嘴八舌地建議先取河北，但郭威卻有不同意見：「雖說耶律德光死了，但尚在河北的契丹軍實力還很強，各地的契丹軍要是玩堅壁清野，我軍將進退無路，自取滅亡。不如沿汾水南下比較安全，這邊沒有契丹軍隊，而且各路豪傑多歸心陛下，不過十幾天我們就能拿下河南。河南是中原要州，河南一下，天下自定。」

還是郭威有軍事頭腦，兵法云「避實擊虛」，比如想上樹摘果子，有梯子不用而學猴子爬樹那是天字第一號的笨蛋。劉知遠緊緊握住了郭威的大手說道：「朕也是這麼想的。」

劉知遠為了安全起見，讓他的弟弟劉崇（就是後來北漢的老祖宗）留守晉陽，這是根本之地，千萬不能中原沒到手，把老本給賠掉了。

漢天福十二年五月，劉知遠命屯於潞州一帶的侍衛步軍都指揮使史弘肇率所部攻取潞州（今山西長治）和澤州（今山西晉城），自己率大軍走西路，經晉州（今山西臨汾）、絳州（今山西新絳），直驅陝州（今河南三門峽），然後再折向東，進入汴梁。

史弘肇奉命南下，先取潞州，不過契丹軍聽到漢軍要來，都嚇跑了。史弘肇兵不血刃得到潞州，隨後攻澤州。澤州刺史翟令奇死守不降，漢軍連攻數次，均不得手。劉知遠得到消息，有些猶豫，想讓史弘肇放棄澤潞，隨他沿西路南進。

樞密使楊邠和集賢殿大學士蘇逢吉苦勸：「河東河南皆為我所有，澤潞孤危，必不能堅守多少時日。如果召還史弘肇，軍心動搖，大事就將去矣。」劉知遠有些不放心，致書史弘肇，問問情況。

史弘肇為了不動搖劉知遠的決心，回奏：「請陛下寬心，大兵南向，勢若破竹，不日既可下澤潞，我軍行此，可進而不可退。進則成大事，退則死路一條。」劉知遠這才放心。史弘肇見打不下澤州，就派馬步軍都指揮使李萬超入城勸降翟令奇。翟令奇初不從，李萬超再勸：「耶律德光已死，契丹北逃，請問公為誰守城？方今天下紛亂，四海無主。觀天下各鎮，能成大事，除了太原劉公，無人矣。降者富貴拒者族，翟公好好想想吧。」

翟令奇反覆思量，以劉知遠的脾氣，萬一把他惹急了，什麼事做不出來，何苦為契丹人賣命，便開門迎納史弘肇。而契丹餘部崔廷勳和拽剌等軍正在圍攻河陽（今河南孟縣），漢軍屢戰不利，武行德閉城死守，苦等援軍。崔廷勳得到劉知遠已經南進，史弘肇拿下澤州，知道中原不久必為劉知遠所得，犯不著得罪劉知遠。崔廷勳退保懷州（今河南沁陽），等到史弘肇援軍路經懷州時，崔廷勳等人率軍北去。

潞州和澤州是河東與河南之間重要的樞紐重鎮，史弘肇的勝利掃除了敵對勢力對河東的威脅，並讓劉知遠率領的主力順順當當地進入河南。五月底，漢軍來到絳州，為契丹守城的絳州刺史李從朗、偏將成霸卿、曹可璠等人在劉知遠剛稱帝時還沒把劉知遠放在眼時，現在劉知遠親自來作客了，幾位一合計，覺得做好漢要能屈能伸，便開城降了。

而留守汴梁的契丹宣武節度使蕭翰是個風流公子，在汴梁城中風花雪月了一些時日，當聽說劉知遠要來，還算有些自知之明，知道自己那兩下子不夠史弘肇塞牙縫的，三十六計走為上。

臨走之前，蕭翰自作聰明，想在劉知遠那裡埋下顆定時炸彈，找來已經十幾年沒有動靜的唐明宗李嗣源的老婆王氏（花見羞）和小兒子李從益，假傳死鬼耶律德光的旨意，強迫李從益當中原的代理皇帝。王氏知道要大禍臨頭了，不禁哭出聲來：「劉知遠是好得罪的嗎？你這不是害人嗎？」蕭翰管不了那麼多了，收拾好金銀細軟竄回契丹。

後漢天福十二年六月，大漢皇帝劉知遠像遊山玩水似的來到了汴梁城，前不久還跪在地上舔耶律德光臭腳丫子的「契丹大臣」們，聽說新主子來了，都爭先恐後地去拜見。反正這年頭皇帝多，一天換一個，跟誰不都一樣？有吃有喝就行了。已經不要臉了，這時再講什麼氣節會被人家笑話的。

妓女「人盡可夫」，這幫人連妓女都不如。妓女出賣的只是肉體，而這杆子「俊傑」出賣的卻是靈魂。當一個人失去了靈魂，我們就可以把他看成「死人」，實際上已經不存在了。

劉知遠聽說李嗣源的小兒子在汴梁監國，臉色一沉，李嗣源死了十多年了，你李從益跑出來搗什麼亂？我的地盤不容別人染指。派人去宮中「幫助」王氏和李從益自殺，讓他們和早就做鬼的李嗣源骨肉團圓去了。

王氏死前說得非常可憐：「我兒子根本不想當皇帝，是契丹人強迫的。皇帝為什麼不發發慈悲，留下李從益，每年也能給明宗皇帝掃一下落滿灰塵的陵墓。」

李從益和劉知遠素無仇怨，也根本沒有自己的政治勢力，他不過是被契丹人利用的棋子罷了，他對劉知遠能產生什麼威脅？劉知遠如此下狠手，唐明宗李嗣源的威望在這時還有一些影響，劉知遠此舉讓許多對他遠抱有期待的人非常地失望。殺了李從益，劉知遠又能得到什麼？

在契丹撤軍後，中原出現了權力真空，雖然劉知遠是當時實力最強的，而且已經做起了大梁城的主人。但還是有些人瞧不起劉知遠，仗著自己手上有七八個弟兄、十幾條槍，非要和劉知遠掰掰手腕子，契丹的鄴都留守杜重威就是這麼一位角色。

杜重威肚子裡有幾個蛔蟲，劉知遠一清二楚，劉知遠進入汴梁後，就立刻下詔，就以大漢皇帝的名義，調杜重威任宋州節度使，像鄴城這樣的軍事重鎮不能落在杜重威這個朝三暮四的小人的手裡。可杜重威哪裡肯聽，把來使給轟了出去：「回去告訴你家皇帝，別想打杜老爺的主意。」

劉知遠一聽：「什麼？不想過來？那朕就去請你過來吧。」天福十二年的閏七月，劉知遠派出天平軍節度使高行周和鎮寧軍節度使慕容彥超率軍到鄴城去「請」杜重威赴任。杜重威連劉知遠都不當個人物，還能瞧上高行周？立刻派兒子杜宏遂去請還在鎮州的契丹大將滿達勒（也譯麻答）。

滿達勒讓部將楊袞（不是演義中那個火山王楊袞、楊六郎的爺爺。楊延昭祖父本是楊信，後漢麟州刺史）去鄴城解圍。可當楊袞來到刑州（今河北邢臺）時，聽說滿達勒已經被漢兵給驅逐出境了，哪還有心思去救杜重威，自個兒玩去吧，楊袞也竄回契丹去了。

杜重威無奈，只好死守，不過杜重威還能撐得住，高行周打了兩個多月沒攻破鄴城。

到了十月，劉知遠見高行周的面子不大，只好親自來請了。劉知遠親自率軍攻城，但沒想到杜重威身上有刺，被狠狠扎了一下，死了一萬多將士。劉知遠大怒，圍城不攻，準備餓死杜重威。杜重威知道害怕了，餓死的滋味是很難受的，在得到了劉知遠「投降就不殺他」的保證後，灰不溜丟地開門投降了。劉知遠說話算數，沒殺杜重威，但將杜重威的家產充公，犒賞三軍。留下高行周留守鄴城，大駕回京。

可當劉知遠剛回到開封，迎頭就遭了一棒：皇長子開封尹劉承訓已經病故了。劉承訓為人厚重，也很有政治才能，在短命皇帝「肆虐」五代的情況下，劉承訓是後漢王朝多活幾年的最可靠保證。可惜早死，只有二十六歲。怪不得劉知遠哭得死去活來，自己好不容易培養出來的合格接班人說沒就沒了。而次子劉承祐年少貪玩，輕佻無行，這讓劉知遠如何放心地把江山傳給他。

當然，即使劉承訓能順利地繼承皇位，不見得就一定能讓後漢王朝的存在時間超過五代統治時代最長的後梁。五代之所以歷年短促，並不全因為各個朝代的第二代繼承人的責任，這是一個歷史大環境的問題。五代是唐朝藩鎮之禍的延續，問題出在軍事控制權的分流。五代加上十國的開國帝王絕大多數都是軍閥出身，而第二代則基本上沒有軍事經驗。在這麼一個誰會打仗誰就能當皇帝的時代，軍事能力才是硬通貨。

三

安葬完了劉承訓，劉知遠心神恍惚，難過了好些日子。這也難怪，人生有三大痛：少年喪父、中年喪妻、老年喪子。白髮人送黑髮人，這種沉重的心理打擊不是一時半會就可以消除的，甚至要陪伴著老者痛苦地度完餘生。人生有時就是這樣殘酷，沒人希望這樣，但一旦變成事實，又不得不去承受。人改變不了什麼，唯一能改變的也許只有自己的年齡，隨著日起日落，慢慢地老去，直到死亡。

轉眼就到了新年，劉知遠強打精神，照例大赦天下，但不接受群臣的拜年，兒子都死了，哪還有心思搞這些。去年稱帝還在使用石敬瑭的天福年號，當時因為形勢所然，現在政局相對穩定，也就沒有必要再扛著石敬瑭的破旗了，下詔改天福十三年為乾祐元年（西元九四八年）。

過了兩天，劉知遠給自己改了個名字，叫劉暠。有點意思的是，歷史上只有兩個帝王的名字帶暠，一個是唐朝李氏的先祖、五胡十六國時期的西涼文昭王李暠，一個是漢朝劉氏的「後人」劉知遠（當然劉知遠和劉淵一樣是冒牌的）。

劉知遠又忍不住思念死去的大兒子，越想越難過，經常流淚不止。劉知遠終於病倒了。勉強熬了幾天，病情越來越重，劉知遠知道自己命不久矣，便召來史弘肇、郭威、楊邠等人託孤。劉知遠忍著病痛對他們說：「我已經不行了，趁現在還能說話，先把後事安排好。皇次子承祐少不經事，你們待他要像待我一樣。」臨終前又說了一句：「杜重威還活著，對承祐是個威脅，我死後你們就立刻除掉他。」

說完劉知遠就駕崩了，時年五十四歲，在位也僅僅十個月。在五代十國歷史上的開國帝王中，也只有後蜀高祖孟知祥能和劉知遠「平起平坐」，孟知祥比劉知遠還「過分」，只享受了五個月的皇帝滋味就死了。

漢乾祐元年（西元九四八年）二月，郭威等人遵照遺詔，請出年僅十八歲的周王劉承祐繼位。劉承祐是個聽話的孩子，老爹死前最大的遺願就是除掉惹人嫌的杜重威，那還有什麼好說的。派人將杜重威爺幾個全都拿到，一人賞了一刀，見閻王去了。

圍觀的老百姓對杜重威的罪有應得無不拍手稱快，甚至當杜重威人頭落地後，都奮不顧身地上前去割杜重威的肉，扔到嘴裡狠狠地嚼著，以消解這幾年對大漢奸杜重威的憤恨之情。

這一幕在六百八十一年後再次上演，「大漢奸」袁崇煥被凌遲處死，老百姓都搶袁崇煥的肉吃，對漢奸的痛恨何其之深。只可惜了袁督師，國家棟樑就這樣被自己傾心愛護的老百姓一口一口地生吃掉，世界上再沒有比這更悲哀的事情。相比之下，杜重威是算便宜的，因為在五代時就已經有了凌遲，賞他一碗刀頭麵，也算是給足了面子。

劉承祐繼位之後，按照舊例，大封文武百官。雖然一朝天子一朝臣，但劉承祐剛當上皇帝，還沒有自己的政治勢力，自然不宜在那些老臣頭上動土。而且這幫人都是老油精子，把他們惹毛了，再「強迫」某個誰出山當老大，劉承祐是應付不過來的。

在劉知遠留下的這杆子舊臣中，「內部總理」楊邠、「首都衛戍司令」史弘肇、「國防部長」郭威、「財政部長」王章是其中的核心骨幹力量，劉承祐雖然是皇帝，但年少不懂事，軍國重事由這四位負責。而那位「德高望重」的太師馮道，則只是被當成了後漢王朝的裝飾品，一隻美麗的花瓶，馮道也懶得去摻和政事。這年頭太亂了，在家養鳥多好，行將就木的老朽了，也沒興趣去管那些破事。

楊邠和史弘肇是劉知遠的貼身死黨，對劉家的忠誠是沒得說，但這二位有個最大的毛病，就是貪財。以他們現在的身分，只要起了貪念，就必然會幹出權錢交易的勾當來。曾經投降契丹的原鳳翔節度使侯益因和取代他的王景崇關係不好，便拿出重金賄賂楊史二位，請他們在皇帝面前給王景崇潑點糞，最好能幹掉他。王景崇在京中有耳目，自然知道了這件事，氣當初在交接的時候沒殺掉侯益。

五代雖然存在時間不長，只有區區五十三年，但其混亂程度可以說「駭人聽聞」。由於中央權威的喪失，地方上的軍閥雖然對中央政府還保持名義上的從屬關係，但真正能聽話的根本沒幾個。正如宋代軍事評論家何去非所說：「夫以功就天下者，常有強臣；以力致天下者，常有驕兵。」藩鎮上有強臣，下有驕兵，一旦覺得形勢有利，就會扯旗造反，謀取更大的利益。

當劉承祐還沒有在皇帝寶座上坐熱的時候，就接到了前線的急報：護國節度使李守貞自稱秦王，反於河中府（今山西永濟西），並已經攻陷潼關。後漢的陝州兵馬都監王玉在潼關打敗李守貞，奪回潼關不久，又傳來永興（就是現在的陝西西安）牙將趙思綰在取得了長安城的控制權後也反了，並接受李守貞的「偽職」。

趙思綰這個人很普通，當時像他這樣級別的人物成千上萬，但他有一個特別的癖好，是一般人所不敢去嘗試的。就是趙思綰喜歡生吃人肝，說：「吃了人的肝，能益壽延年。」甚至當他把肝吃完後，被取出肝的這個可憐人還沒有斷氣（殘忍至極！）。朝廷派出鎮寧節度使郭從義討伐這個畜牲，保義節度使白從珂去討伐李守貞。

漢乾祐元年六月，鳳翔巡檢使王景崇因為不願意接受朝廷的調令改任邠州（今陝西彬縣），同時向「秦王」李守貞和後蜀皇帝孟昶稱臣，和朝廷公開對抗。

這三個叛鎮地界連在一起，自然抱成團兒，不然各自為戰，讓朝廷個個擊破，他們才沒這麼傻。朝廷方面接連接到藩鎮造反的消息，劉承祐年輕不懂軍事，自然有些害怕。但朝中主事的四大臣根本沒怵到這三個毛賊，人家都是大風大浪中歷練出來的，什麼場面沒見過？朝議決定由郭威任西征軍主帥，全權負責西線戰事，「都督中外諸軍事」。

郭威當然願意去，不僅因為平定三鎮的叛亂本是自己的分內事，更主要因為他可以藉這個機會在軍隊中擴大自己的勢力，亂世中軍權即政權，沒有軍權，職務再高也一切免談。出發之前，郭威特意跑到馮道太師的府中，請他給自己出些主意，畢竟人家是個「久經考驗」的老江湖，問問也好。馮道說的倒是和郭威想的差不多：「李守貞出手很大方，丘八爺們都願意為他賣命。所以郭大人你也要學學李守貞，不能對當兵的小氣，不然他們就敢在陣前把你賣了。更何況公家的錢不花也沒人說你好，鐵公雞千萬做不得。清廉者眾人惡之，郭大人要記得老朽這句話。」郭威聽了很有道理，握住馮道的手說：「馮大爺，您真是位思想家！」

世界上什麼飯最好吃？公認最經典的答案就是：不花錢的飯最好吃。公家的錢，你不拿，自會有人拿，別人拿了還罵你腦子有水。花公款除了少數人心疼，沒人覺得可惜。當然該花錢的一定要花，錢就是用來花的，不然要錢何用？只是不該花的亂花，公家的錢是從天下掉下來的？還不是老百姓的血汗錢！指望道德的約束，在人性屬私的時代，根本不起作用。

同樣一個水龍頭，公家的水讓他淌去，花你的錢了？要是自家的水龍頭淌著，不心疼死？亂世用重典，當然這個亂世也包括道德的亂世，人類歷史上幾乎就從來沒出現過什麼道德盛世。不要去講什麼大道理，辦法只有一個：亂花一塊錢的公款，扣你十塊錢的私房錢。

其實不用馮道說，郭威也知道該怎麼做。大軍一邊西行，郭威一邊慷國家之慨發銀子，等到了前線，郭威在軍中的威望急速提高。從古至今，人都是金錢的奴隸，沒有幾個人能例外。見錢不眼開的大概只有兩種人：盲人和富翁。

這次平叛和以往有些不同，以前多是一路軍閥造反，現在則是三路一起反。郭威召集眾將商議先掐哪一路，許多人認為趙思綰和王景崇實力較弱，柿子先撿軟的捏。而鎮國節度使扈彥珂則有不同看法：「諸位說得很有道理，但是我們想過沒有，如果先攻永興和鳳翔，萬一戰事不利，而李守貞又抄了我們的後路，那麼我們腹背受敵，如何應對？李守貞實力最強，只要打掉了李守貞，趙王二賊兵少，一鼓就可拿下了。」

郭威點了點頭，扈彥珂的建議是正確的。李守貞雖然在三鎮中實力最強，但和官軍沒法比，並不難對付。拿掉李守貞，嚇也能把趙思綰、王景崇嚇死。

拿定主意後，郭威命白從珂和寧江軍節度使劉詞出同州（今陝西大荔）自西線、昭義軍節度使常克恭出潼關方向自南線，自己率主力從陝州（今河南三門峽）方向自東線，三面合圍李守貞。

四

郭威確實是個難得的帥才，他深諳將將與將兵之道。大老爺們辭妻別子出來闖江湖並不容易，這是把腦袋別在褲腰上的買賣，他們除了希望得到餉銀來養家糊口，更希望得到尊重，畢竟他們也是人，所有的人都有尊嚴，只是有些人不想要，而大多數人都需要尊嚴。

郭威放下「天下兵馬大元帥」的架子，和士兵們打成一片，甚至一起攪馬勺子。對那些手腳不太乾淨的軍卒，郭威也不責罵，最多說下不為例。即使立下了雞毛蒜皮般的小功，郭威也是重重的有賞，反正又沒花他一個子兒。

這樣好的大哥，弟兄們好久沒遇上了，即使是先帝劉知遠也遜著郭威幾籌，自然對郭威感激涕零，誓死效命。而郭威帶來的這支軍隊，李守貞曾經也帶過，所以李守貞覺得自己曾經對這幫兄弟不錯，他們不會真心的為劉家賣命。可李守貞哪知道，這些人早就被郭威給收買了，他們現在並不是為朝廷賣命，而是給郭威賣命。

郭威率軍攻到河中城下，並沒有急著攻城，而是將河中團團圍住，郭威想：「我就這樣和你李守貞耗著，看咱倆誰能耗過誰？」手下的將士並不理解，郭威對他們說：「河中是西州大郡，城高池深，難以強攻。我們有的是糧食，坐著慢慢的吃喝，等到城中糧食用盡的時候，軍心瓦解，到時我們不戰可勝。」

果然，李守貞漸漸撐不住了，糧食越來越少，再這樣耗下去非耗成木乃伊不可。李守貞派兵出城挑戰，但被漢軍給射了回來。李守貞情急之下，派出部將朱元冒死突圍前往南唐求救，希望南唐能出兵救他。南唐和河中遠隔千山萬水，遠水救不了近火，南唐皇帝李璟也不想開罪漢朝，輕啟戰端。派出一支軍隊在邊境上轉了幾圈就回去了。李守貞沒招了，只好坐在城中等死。

而在鳳翔造反的王景崇則好運氣，請來了後蜀的救兵。蜀兵倒是能打，在鳳翔城下連敗漢軍兩陣，前線指揮趙暉只好退至寶雞。趙暉急向郭威告急，郭威直罵孟昶狗拿耗子多管閒事。為了慎重起見，郭威親自去鳳翔會會蜀軍，行前對白文珂等人說：「李守貞被逼急了有可能要跳牆，你們給我當心一點。」說完，郭威動身去鳳翔。可沒等郭威到地方呢，探子來報蜀軍因為糧食吃光了，撤回四川去了。

鳳翔沒事最好，現在最重要的就是先幹掉李守貞。而這時的李守貞已經被困將近一年了，能吃的差不多都吃光了，手下的弟兄們見李守貞已經被吃窮了，也不想跟他玩了。乾祐二年（西元九四九年）七月，郭威看到時機差不多了，對各軍下達了總攻的命令，漢軍吃飽喝足之後，開始攻城。

李守貞也開始做最後一搏，人生本就是一場賭博，每個人都在用自己的未來賭自己的未來。前唐李從珂不也是在河中被官軍圍困差點做鬼了？何況李守貞手下有一個叫總倫的「神僧」說李守貞有貴相，李守貞恍惚間就覺得自己是李從珂再世了。

可惜，他不是李從珂，即使是，也鬥不過郭威，郭威何等厲害?!李守貞派出的好幾路敢死隊都被漢軍給滅了，其他人都不願意陪李守貞見閻上，多數投降了官軍。李守貞長歎一聲：「自作孽，不可活！」帶著妻小自焚了（這點倒善學李從珂，五代時戰敗者都喜歡自焚）。官軍闖入府中開始刮地皮，看能不能撈點銀子。

來到內宅，官軍看到有一個盛妝女子坐在廳前，官軍不知道她是誰。面面相覷。有膽大的問一句：「你，你誰呀？」這位女子大喝道：「我是誰？魏國公、守中書令、平盧軍節度使符彥卿長女便是！我父與郭太尉向來莫逆，我即郭太尉女也，你們敢動我一下，小心滅了九族！」原來她就是李守貞的兒媳婦、符彥卿的大女兒，李守貞準備自焚，讓兒子李崇訓快把符氏找來一起死，可符氏並不願當李家的陪葬，躲了起來。符彥卿的女兒，誰敢動她？

有人傳報郭威，郭威來到內宅，對符氏大加稱讚：「一個弱女子居然能有如此膽識，實在不簡單，可謂女中丈夫。」郭威命人護送符氏還京。後來郭威因為非常喜歡符氏，便挽人作伐於符彥卿，將符氏嫁給了郭威的養子柴榮。而給李守貞出主意的那位「神僧」總倫被驢車載往汴梁市中凌遲處死。

永興的趙思綰見勢不好，急忙寫了一封「悔過書」派人送到汴梁，深刻檢討了自己的錯誤，希望政府能對自己寬大處理。劉承祐覺得人難免會犯錯誤，趙思綰同志人還是好的，誤入歧途而已，便給了他重新做人的機會，並封趙思綰做華州（今陝西華縣）留後。

沒過多久，郭威就把趙思綰給做了，原因是趙思綰「腹有不臣之心」。郭威本想千刀萬剮了趙思綰，但趙思綰要求給點面子吧，好歹同朝一場，郭威便痛快地給了他一刀。

雖然這時王景崇還在，但已經掀不起多大的風浪，郭威決定先不去理會王景崇。下令打掃戰場，犒賞三軍完畢，大軍高唱凱歌，回到汴梁城。

亂臣賊子們被送上西天，劉承祐激動得幾天沒睡好覺，當然非常地感激郭威。郭威不傻，知道即使自己的功勞最大，也不能吃獨食，便說：「這次平叛臣功微不足言，陛下英武以及諸大臣用力，臣不過因勢成事，不敢貪功。」

可郭威天生是個勞碌命，剛回京沒歇息幾天，就接到契丹南下的消息。劉承祐沒辦法，只好再請出郭威，讓他出鎮鄴都，防禦契丹人。郭威很聽話，說去就去，安頓好家裡的事情後，帶著養子柴榮趕往鄴都。柴榮本是郭威的內侄，能力出眾，郭威特別喜歡這個內侄，後來乾脆收做養子。

郭威作為「國防部長」，南征北戰是少不了他的，而朝中的事情則交給楊邠、王章和史弘肇三人。郭威和這三位是鐵杆朋友，而且還是政治上的堅定盟友。雖然名義上的皇帝是劉承祐，但實際上掌握最高權力的則是他們四位，一榮俱榮，一辱俱辱，自然要抱成一團了。

不久，仍在鳳翔作亂的王景崇因對生活前景充滿了悲觀情緒，一時想不開，趙思綰如何？還差點給剮了。他便找個藉口把親兵給支了出去，抱來一桶豬油木柴什麼的，大火一起，便成朽骨。

在輔政四大臣中，如果單從能力上來說，他們都是一等一的人才。但如果要論起政治鬥爭經驗來，楊邠、史弘肇、王章三人實在比郭威差遠了。按現代話說，郭威很會做人，也就是「情商、智商」都比較高。而那三位爺有「智商」沒「情商」，做人做得一塌糊塗。

郭威對知識份子非常尊重，他知道亂世雖然要靠武力說話，但真正能取決定性作用的還是智慧，知識份子是得罪不起的。但楊邠他們三個卻對此不以為然，郭威回朝辦事，有次在朝會上，楊邠等人準備讓郭威以樞密使的身分坐鎮鄴都。劉承祐一時沒拿定主意，轉頭問吏部尚書蘇逢吉：「前朝有無此例？」

蘇逢吉和郭威等人根本沒穿一條褲子，樞密使權位極重，蘇逢吉當然不想讓郭威得勢，說道：「樞密使掌天下軍務，輕易不授外鎮。」郭威為了避諱，不好說什麼。史弘肇卻不高興：「郭樞密才幹不世出，況帶樞密守大鎮，可以鎮服諸道。陛下不要聽別人的閒話。」劉承祐想想也是，便准史弘肇議。史弘肇得便宜就賣乖，埋怨蘇逢吉多事。蘇逢吉更是一肚了的惱火：「史公！中央控制地方，這是王道。現在地方權重，對皇家權勢威脅極大，史公不曉前朝故事嗎？」說完蘇逢吉調頭自去。

第二天，朝中重臣到大司徒竇貞固府中喝酒議事，兩派又發生了嚴重衝突，史弘肇是個粗人，當即就惱翻了，倒滿一杯酒遞給郭威道：「昨天朝議有屈郭賢弟，今日弟且盡此樽，聊為慰勞。」蘇逢吉也不想得罪郭威，也舉杯勸酒：「昨日逢吉也是公事公議，非是針對郭大人，幸勿介懷。」史弘肇特別討厭蘇逢吉這些讀書人，酸不溜丟的，當即大喝道：「平定天下，削平禍亂，靠的是長槍大劍，爛筆頭子有何用處？能畫出個鳥來?!」

王章雖然和史弘肇私交極好，但王章執掌財政，天天和「爛筆頭子」打交道，一聽就不太爽，回了句：「沒有這爛筆頭子，財政收入誰來記？」但即使王章為「爛筆頭子」說了句公道話，但王章卻對知識份子沒有多少好感。蘇逢吉等人對此極不痛快，在背後不知吐了這三位多少口水了。郭威對此很是擔心，也勸過他們對知識份子們的態度稍收斂一些，有好處沒壞處，但他們根本聽不進去，郭威懷著忐忑不安的心情回到了鄴都。

五

沒過幾天，王章邀請眾人到府中飲酒取樂，想緩解一下緊張的氣氛。酒過三巡後，大家開始行酒令，史弘肇沒玩過這個，便在一旁瞧熱鬧。這時坐在他身邊的客省使閻晉卿要教史弘肇，史弘肇也笨嘴拙舌地在學。和史弘肇鬧過矛盾的蘇逢吉嫌場面不夠熱鬧，插了一句：「玩輸了也就罰兩杯酒，只要身邊有個姓閻的，輸了也沒什麼。」

哪知史弘肇以為蘇逢吉是在諷刺自己原來娼妓出身的老婆閻氏，當下就把桌子給掀了，要揍蘇逢吉（真是沒事找事！），蘇逢吉拔腳就跑，史弘肇哪裡肯饒，抽劍就追，被楊邠死死拉住：「兄弟，別激動。蘇逢吉臭嘴慣了，不要和這等人計較，而且他是宰相，殺了他，在皇帝面前不好交代。」史弘肇這才甘休。

一場鬧劇之後，雙方的矛盾越來越大，已經到了無法調和的程度。蘇逢吉為了除去這幾個人，便勾結了劉承祐身邊的親信李業、聶文進和郭允明等人，請他們在皇帝面前拆史弘肇的台。李業他們對楊邠他們經常打壓自己，不讓自己升官自然恨之入骨，就在劉承祐那裡煽陰風。

劉承祐雖然年齡並不算小，但一直沒能親政。權力都在楊邠等人手裡，根本不給自己這個皇帝好臉色看，甚至自己選妃也被楊邠橫加阻撓，本就一肚子的怨氣。和蘇逢吉一夥自然一拍即合，年輕人心氣盛，準備要幹一票大買賣，要玩就玩他個驚心動魄。劉承祐把計畫告訴母后，李太后大驚，連忙勸阻。劉承祐氣得大罵母親：「國家大事，老娘們懂個什麼？」

當一切準備就緒之後，乾祐三年（西元九五〇年）十一月十三日，楊邠、王章、史弘肇跟往常一樣，大搖大擺地入朝。可他們剛來到殿中，還沒來得及咒罵這冷天氣時，就被埋伏的武士給拿下了，二話不說，刀光齊閃，三顆人頭落地。

劉承祐下旨，夷楊邠、王章、史弘肇等人三族，無論少長，盡數誅死。而「三逆」黨羽如京使甄彥奇、內常侍辛從審、樞密副承旨郭顒、控鶴指揮使高進、三司都勾官柴訓等人，一個也沒漏網，凡是被公認「楊黨」中人的，天堂無路，地獄有門，從此易人為鬼，黃泉路上，陰慘淒厲。

「楊黨」三大骨幹雖然被殺，可另外一個「危險分子」郭威還在鄴都鎮守，李業雖然奈何不了郭威，但郭威和死黨王峻的家小還在京中。一聲令下，郭威和王峻兩家滿門抄斬，包括柴榮的三個兒子。一時間，汴梁城中血氣沖天、哀聲四起，讓人慘不忍睹。

隨後，樞密承旨聶文進奉皇帝旨意召集群臣，宣布聖諭：「楊邠、史弘肇、王章等人謀行不軌，亂我祖宗家法，今日朕將這些逆賊明正典刑，天下昇平，朕當與眾卿同賀！」眾人誰敢多放個屁？唯唯是從。劉承祐為了安撫軍界，又親自召集高級將領，好言寬慰：「三逆欺朕年幼，亂我家邦，和你們沒有關係，不要害怕，朕為你們做主！」這千軍爺也在想：「皇帝收回大權，先低頭再看形勢吧。」

王夫之對此評價道：「自楊邠等以羽翼劉氏之宿將，威振朝廷，權行疆內，而一旦伏屍闕下，如圈豚之就烹。」楊邠等人的失敗，有一大部分是他們自己的責任，要說才幹，他們都有，但為人嚴刻，不曉人情。他們只是擅專威福，趁著皇帝年輕，想風光幾年罷了。

在三人中楊王二人不通軍務，史弘肇倒懂點軍事，但性格上的缺陷決定了即使史弘肇真的想反，也不會有多少人跟他，純粹的武人是不可能在政治鬥爭中取得勝利的，項羽威震百國，還不落得烏江自刎？一句話：他們不會做人。

而郭威之所以能僥倖逃過一劫，也是由於他過人的軍事政治才幹，才能藉外敵入侵時外出，其他三位都不適合帶兵坐鎮。而此時的郭威正在官署中議事，汴梁方向馳來急足，將楊邠等人和家眷遇害一事告訴郭威。郭威一聽，幾乎疼死過去，柴榮在一旁也氣得直跺腳。劉承祐的詔書也幾乎同時到來，要郭威「回京議事」。郭威大罵：「家人都死了個乾淨，還讓我去議什麼狗屁！無乎是要我的老命。」

兵房主事魏仁浦在旁邊說道：「郭公坐鎮鄴都，久為京中那幫小人所忌怕。您回京難逃一個死字。要想辦法自保，千萬不能回去。」郭威又不傻，換了誰敢回去送死？

郭威手下的將軍跟他出生入死多年，交情沒得說，都勸郭威率軍回京找劉承祐「討個說法」，不然可沒人願意陪郭威去死。郭威狠了狠心，說道：「也罷！事已至此，尚有何說！」

命令養子柴榮留守鄴都，保住根本重地，萬一起事不成，還可以退保河北。柴榮的能力郭威最清楚，把老本交給柴榮也最放心。然後郭威率大軍西進，當郭威大軍行進至澶州，捉到了前來刺探軍情的小太監咼脫。郭威正好利用這個小傢伙同去給劉承祐送信，說：「前者陛下密令郭崇威（郭威大將）暗圖於臣，崇威等人不肯殺臣，強迫臣到京中請罪。京中事變和陛下沒關係，是那幫小人幹的。過幾天臣就會到京師，到時是非對錯，還請陛下主持個公道！」並讓咼脫把信捎給劉承祐。

這哪裡是誠惶誠恐的請罪，簡直就是明目張膽的威脅：姓劉的，冤有頭債有主，我郭威到了京中要新賬舊賬一起算！不過這也怨不得郭威，即使楊邠他們再有罪，不過弄權而已，絕不罪至夷族，郭威更是冤枉透頂。為你劉家效命犬馬，到頭來落得這個下場，誰不寒心？

乾祐三年（西元九五〇年）十一月中旬，郭威率領的「上訪團」來到滑州（今河南滑縣），滑州節度使宋延渥代表大漢中央政府以隆重的儀式歡迎「上訪團」進城。郭威知道自己雖然有理在先，但畢竟這次西進絕不只是找劉承祐「討說法」，至於要幹什麼，郭威和所有「上訪團」成員都清楚，事情到了這種程度，誰還不明白？

郭威為了讓跟隨他的將士下定「上訪」的決心，便讓心腹、侍衛親軍都指揮使王殷傳話：「郭令公已經告訴我，等到平定京師後，京裡的金銀財寶，隨便大家拿，不拿白不拿。」三軍將士們就等著這句話，無不歡呼雀躍。

這麼做很不地道，京中的財富也是有頭有主的，搶劫是強盜行徑，郭威不會不知道。但自己要想利用這個機會成就大事，就必須有所捨棄，道義固然很重要，但相對於自己的利益來說，依然是可有可無，亂世都是這個樣子。

當小太監咼脫把郭威的信捎給劉承祐時，郭威的大軍已經開到了封丘（今河南封丘），距離汴梁不足五十里，劉承祐嚇得面如死灰，不知所措。但劉承祐的「叔父」、兗州節度使慕容彥超（慕容彥超和劉知遠同母不同父）大言不慚，說道：「郭威小兒也，不足畏，陛下且看臣生擒老賊於馬前。」劉承祐半信半疑，便讓慕容彥超出兵前去招呼郭威，隨後劉承祐也去前線給慕容彥超助陣。

兩軍在汴梁北面的劉子坡痛痛快快地廝殺了一場，慕容彥超和郭威方面的郭崇威兩馬交錯，鬥在一處。慕容彥超的馬有些問題（兩個可能：一是餓了，二是想媳婦了），撲通一聲栽倒，慕容彥超差點被郭崇威活捉，狼狽竄回兗州去了。

郭軍乘勢衝殺過來，漢軍大敗回營。而那些漢軍中的頭面人物們對劉承祐已經不報什麼希望了，嫩雞鬥得倒老鴨子？都跑到郭威帳中賣身去了。不過郭威這時還不想公開自己的政治意圖，便把這些人精都攆回漢營去了。

劉承祐知道郭威不易對付，便拔馬回京，準備固守，反正汴梁城高糧多，守個二三年不是問題。可當劉承祐帶著蘇逢吉等人來到汴梁城下時，守城的代理開封府尹劉銖根本不認他老幾，大門緊閉。劉承祐大聲說道：「快開門，我是當今天子！」話沒說完，城上就亂箭齊發，射死許多侍衛。劉銖真夠絕的，讓我開門，開就是。從城中衝出大批殺手，要取劉承祐的小命。

劉承祐做夢也想不到劉銖會玩這手，嚇得朝西北方向狂奔。殺手們緊追不捨，反正已經反了，乾脆斬盡殺絕。劉承祐「巡幸」到趙村時，亂軍已經殺到了屁股後頭，茶酒使郭允明知道活不了，心一橫，在劉承祐下馬休息的時候，一刀結果了劉承祐。隨後郭允明和蘇逢吉自殺身亡。

郭威聽說劉承祐死了，號啕大哭：「陛下山崩，我之罪也！」郭哭得驚天動地，山崩海嘯。雖然不排除作秀的成分，郭威對劉承祐的死心情是確實很複雜，如果不是劉承祐聽信蘇逢吉等人的讒言把楊邠、王章、史弘肇以及自己的家小給砍了，逼得他走投無路，郭威並不希望把事情鬧成這樣。

不過劉承祐死了，郭威距離金字塔的頂端也就差最後一步了，郭威率軍攻城，劉銖抵擋不住，被生擒活拿，郭威對手刃自己家小的這位劉爺恨之入骨，但暫時來不及處理此事，先踢進牢裡關著。郭威為了避嫌，回到原先在京城的舊宅居住，做起了好人。

郭軍進城之後，開始大肆搶掠，汴梁城中雞飛狗跳，一片烏煙瘴氣。右千牛衛大將軍趙鳳見狀大怒：「郭公起兵，本是為清君側，以安國家社稷。你們這幫畜牲膽敢做賊，真是有辱郭公之清名！」趙童子挑了個巷口坐在胡床之上，搭箭朝亂軍便射，應聲而倒者數十人（又一個李處耘）。

六

看到這番混亂場面，王殷趕忙來勸郭威：「請主公下令禁止軍士搶掠，不然民憤一起，於主公名聲不利！」郭威見好就收，反正他已經兌現了自己當初的承諾，現在是到了收回的時候。便下令再有掠民物者斬！郭威言出必行，誰敢不聽，城中次序頓時景然。

形勢雖有好轉，但人心不穩，郭威為了穩定局勢，率領百官去朝見李太后，哭了一通鼻子，李太后知道郭威起兵完全是劉承祐給逼出來的。李太后對郭威說：「皇帝已經崩了，現在最重要的就是再在宗室裡頭擇一位賢王嗣立，奉承大漢基業。開封尹劉承勳和武寧節度劉贇都是高祖皇帝的子嗣，你們在裡頭選一個吧。」

劉贇是河東節度使劉崇的兒子，但已經入繼劉知遠為子，郭威等人本想立劉承勳，但劉承勳是個病秧子，生活都很難自理。李太后看出了郭威的小算盤，想拿劉承勳當個傀儡，李太后便把劉承勳請出來，果然是個病號。郭威只好作罷，和眾人議定推戴劉贇為皇帝。派老太師馮道出馬，去徐州請劉贇過來。

馮道是個什麼樣的人物，早就得道成仙了，一眼看出郭威的心思。走之前故意問郭威：「郭大人，你真心擁戴武寧？」郭威怕被這個老傢伙當眾給他揭了老底，急了，當即指天畫地：「天皇、地皇皇、我郭威要說半句假話，來世變做黃鼠狼！」馮道瞇瞇眼，笑呵呵地去了。

這時鎮、定諸州快馬告急：遼世宗耶律阮派大軍南侵漢境，契丹軍在河北腹地橫衝直撞，連下安平（今河北安平）、束鹿（今河北束鹿）。鎮、定諸州守將急向汴梁告急。

漢朝各藩中實力最強的，除了郭威就是河東節度使劉崇。劉崇得知劉承祐在趙村被殺，郭威已經入汴的消息，準備盡起河東精銳南下和郭威決戰，劉家的天下豈能落到這個郭雀兒手裡。不過劉崇又聽說劉贇要當皇帝，大喜：「我兒子做大漢天子，我就是皇上他爹，這回放心了。」

郭威為了麻痺劉崇，給劉崇寫了封信：「武定軍聰明英武，真為社稷主，所以朝議擁立。至於我嘛，我臉上刺著一隻鳥，像我這樣的醜人哪能做什麼皇帝？大哥一定要相信我。」郭威這番鬼話劉崇居然也信，太原少尹李驤看出郭威意圖，勸劉崇：「郭威這人大大的狡猾，主公不可輕信，應該出兵太行，給郭威製造軍事壓力，等到武寧軍即位後收兵不遲。」

其實李驤的策略還是有些保守，郭威能間接幹掉劉承祐，就不能再玩掉劉贇？對劉崇來說，最穩妥的辦法就是南下汴梁，控制朝政，號令天下。那時劉崇自立為帝可矣，立劉贇而自為太上亦可矣，可惜劉崇是個大笨蛋，居然把李驤給殺了。

李太后不懂軍務，聽說契丹南犯，現在唯 可以調動的也就是郭威了，劉崇還在太原城中準備做「太上皇」呢。只好再讓郭威辛苦一趟，去會會契丹人。郭威當然願意，帶著大軍朝北行進。可當郭威來到澶州時，手下軍兵突然發生譁變，軍中有會看天相的對眾人大呼：「快看，太陽旁邊升有紫氣直奪郭公馬前，此大祥兆也，當主郭公為天子！」眾人大譁，擁住郭威大喊道：「我們已經和劉氏結下死仇，劉贇來了不會放過我們，請侍中自為天子，我們才能活命！」郭威「嚇」得花枝亂顫，連連擺手。

當兵的不管不顧，撕下一面黃旗上前就裹住了郭威的身上，眾人伏地山呼萬歲，場面壯觀。郭威表面上卻痛不欲生，昏倒了好幾次，閉眼的時候郭威差點笑出來。眾人當下就擁著「預備皇帝」郭威南行還京，這一天是漢乾祐三年（西元九五〇年）十二月二十日。

在「脅迫」郭威做皇帝的諸將中，有一位將軍，對這震撼性的場面刻骨銘心。整整十年後，他導演了同樣的劇情，從過程到結果，絲毫不差。後人多以為這位導演很有想像力，其實不過是天下文章一大抄，炒冷飯而已。

我們都知道歷史上著名的陳橋兵變，但我們更應該知道，在陳橋兵變前十年，還有一起澶州兵變。

郭威率軍回到汴梁，而城中的文武百官已經得到兵變消息，這時誰還對劉家表忠心？他們能賣掉石重貴，自然也能賣掉劉贇，沒人在乎名節，名節只是給別人看的，即使別人高聲喝采，自己又能撈到什麼？爭先恐後地跑出城去拜迎郭威。李太后也知道形勢不可逆轉，說什麼也沒用了，只好下令讓郭威監國，以求自保。而這時名義已經是皇帝的武寧節度使劉贇來到宋州（今河南商丘），被郭威的心腹郭崇威給關了禁閉，聽候處理。

剛過完新年，漢乾祐四年（西元九五一年）正月初五日，李太后下詔將漢朝天下傳給郭威。郭威意氣風發地御臨崇元殿，昭告中外，自稱周朝後人，改國號為大周，將漢乾祐四年改為周廣順元年。隨後郭威就下詔為楊邠、王章、史弘肇平冤昭雪，因李業已經逃出汴梁，便將殺害自己家眷的首惡劉銖斬首。郭威沒有以怨報怨，族誅劉銖家小，足見郭威心胸何等寬廣。

也許郭威沒有想到，整整十年後，他非常器重的大將趙匡胤原封不動地照抄他的文章，從頭到尾一樣不落，易周為宋。趙匡胤「逆取順守」，很少有人責備他，畢竟趙匡胤順應了歷史潮流，完成了局部統一。郭威也是如此，雖然最後完成統一的是趙匡胤，但如果沒有郭威和柴榮打下的基礎，趙匡胤不可能如此順手。

郭威雖然也有點虛偽（政治就是一門虛偽的哲學），但畢竟郭威不殘不凶不暴，為人尚算正直，能力在五代中非常突出，名聲也是比較好的，和李嗣源有得一比。

雖然取代了後漢，郭威對劉承祐的母親李太后還是畢恭畢敬，尊為昭聖皇太后。但卻沒有放過劉贇，派人到宋州做了劉贇。劉贇真夠倒楣的，汴梁城的龍椅一天也沒坐過，就被郭威當成前朝廢帝給送終了。

太原城中的河東節度使劉崇得知兒子被殺的消息，後悔不聽李驤良言，在冰天雪地中痛哭流涕，南向大罵郭威，從此和後周互為死敵。正月十六日，劉崇在晉陽殿中稱帝，國號仍稱大漢，就是十國之一的北漢。十國除了這個北漢，其他的都建立在南方，這和五朝十六國時正好相反，十六國除了成漢建立在西南，其他的都建立在北方。

郭威的兒子都在乾祐三年汴梁事變中死光了，身邊只有一個養子柴榮。不過能讓郭威聊慰老懷的是，柴榮不僅對自己視若生父，而且柴榮文武全才，跟隨郭威多年，能力得到了郭威和大家的公認。雖然郭威沒有明說，但所有人都知道柴榮是日後繼承帝位的不二人選。不知道柴榮是否暗中感謝過劉銖，如果不是他砍了郭威的兩個兒子，也許郭威不會讓自己當繼承人。當年的李嗣源如果沒有親生兒子，估計也會把江山傳李從珂。

太原的劉崇雖然也稱帝，但地盤太小，只有區區十二州，難以和強大的周朝相抗衡，便學起前輩石敬瑭來。當然做的沒那麼出格，只是稱契丹皇帝耶律述律（後改名耶律璟）為叔父，希望藉契丹叔父的力量能「滅周興漢」。耶律述律巴不得有這樣的老侄子，自然歡喜異常，學起老爹耶律德光那樣，認下了劉崇。

劉崇來找他自然要讓他幫忙的，耶律述律也想到中原趟趟，便於廣順元年（西元九五一年）十月，出兵五萬，會合劉崇親自率領的兩萬軍隊來攻周朝的晉州（今山西臨汾）。晉州巡檢使王萬敢一面指揮周軍固守，一面飛使急奏京師。郭威剛剛登基，人情未必盡服，自然不能讓天下人小瞧，罵道：「劉崇老兒想學石敬瑭，也不打聽老子是怎麼混出來的，還怕你個胏！」

以「上書房大臣」，他的一拜大哥王峻為「征北大元帥」，去教訓契丹人和劉崇。哪知王峻是個大水貨，害怕契丹鐵騎，行到陝州便賴著不走了。把郭威氣得不行，心想你個草包不行，只有朕親自出馬。沒想到王峻還有點戰略頭腦，立刻上奏道：「陛下千萬不能離開京師，否則兗州的慕容彥超就可能乘虛而入，京師一失，陛下大勢去矣。」郭威仔細一琢磨，還真是這麼回事，慕容彥超雖然對自己稱臣，但他是劉氏的親黨，怎麼會肯向自己低頭。只好留在汴梁，命王峻不能再泡在陝州，快點去晉州幹正事吧。

王峻知道賴不下去了，只好硬著頭皮去晉州。沒想到王峻的運氣不錯，正趕上北軍缺糧，天降大雪，老百姓都跑沒了，一時搶不到糧食，乾脆撤回去了。王峻猶豫了半天，才派馬軍都指揮使仇弘超等人去追殺劉崇，一直追到霍邑（今山西霍縣）才趕上，連砍帶劈，北軍大敗，劉崇抱頭鼠竄。吃了一個大敗仗，劉崇才真正領教過郭威的厲害，老實在太原城中待著吧。

七

正如王峻所言，兗州節度使慕容彥超果然心懷不軌，他是後漢高祖劉知遠的同母胞弟，和郭威根本就是兩路人。後漢一亡，慕容彥超的特殊地位自然也就沒了，慕容彥超越想越氣，想來想去，跟郭威打馬虎眼永遠沒有出頭之日，乾脆大旗一扯，反了他娘的！

廣順二年（西元九五二年）正月，慕容彥超公然造反，得到軍報，郭威冷笑一聲：「狗奴才！知道你有這一天！」詔令昭武軍節度使曹英去討慕容彥超。曹英雖然打退了慕容彥超的幾次挑戰，但就是無法攻克兗州，慕容彥超在城牆上得意地笑：「姓曹的，有本事你上來啊！」曹英氣得叫著慕容彥超的小名罵道：「閻崑崙，你別得意，別看你今天鬧得歡，早晚讓你拉清單。」

一直耗到了四月份，曹英還沒破城，郭威有些不耐煩了，留下三司使李穀守汴梁，親率官軍來和慕容彥超算帳。郭威先禮後兵，在城下勸慕容彥超投降，還能免去死罪。慕容彥超連嘲帶罵，把郭威的祖宗十八代都沒放過。郭威不再多說廢話，下令攻城。

有皇帝在後邊督陣，誰也不敢退後，戰死能當個「烈士」，家眷都有優厚撫恤，退後就要以軍法問斬，什麼都撈不到。周軍的攻勢一浪高過一浪，慕容彥超頂不住了，周軍破城而入。慕容彥超平時好造假錢詐取軍人錢財，當慕容彥超大呼手下說：「快給我頂住，我把我所有的銀子都給你們！快頂住！」當兵的都呸道：「去死吧你，你的銀子都是假的，不玩了！」一哄而散。慕容彥超被周軍圍在府中，上天無路入地無門，只好投井自盡。郭威入城，對慕容家族毫不客氣，下令夷族。

封建社會講究的是「一人得道，雞犬升天」和「一人有罪，誅滅九族」，成者入天，敗者下地。只要是犯事了，無論家眷年幼長大，即使剛出娘胎的嬰兒，照殺不誤，這叫斬草除根不留後患。究其原因，還是私有制度的性質決定了權力的排他性，權力場就是賭場，大家都拿自己的身家性命做注，賭贏了一本萬利，賭輸了人頭落地。史書中簡單的一個字「族（動詞）！」不知飽含了多少無辜者的血淚。歷史是用血來寫就的，除了血，還有無盡的千古浩歎。

郭威留下自稱是「兗國公」顏回後人的端明殿學士顏衎做「兗州市代理市長」，處理一些遺留問題。郭威離開兗州回京，路過曲阜時，郭威去拜奠了孔聖人。手下人勸：「陛下位尊九五，不宜去給臣子下拜。」郭威卻說：「孔子是百世帝王師，我們做學生的哪敢對老師不敬？」

孔老夫子生前窮困潦倒，死後卻享盡「榮華富貴」，自漢武尊儒後，歷代帝王莫不對孔子趨之若鶩，膜拜有加。甚至孔子的後人都跟著沾光，嫡系子孫世襲「衍聖公」，到了元成宗鐵木耳大德十一年（西元一三〇七年），尊孔子為「大成至聖文宣王」，實際上與皇帝同一級別。在封建時代，孔子是萬萬罵不得的，因為他是「聖人」。當然到了近代，孔子被請下了神壇，砸倒了孔家店，孔子也成了「臭名昭著」的「孔老二」。

為了給自己裝點門面，郭威又從民間找到了孔聖人第四十三代孫孔仁玉和顏回的後人顏涉（顏術會不會吃醋？），授孔仁玉曲阜令，顏涉為主簿。在曲阜玩了一圈後，郭威啟駕還京。

慕容彥超是後周境內的最大的一顆定時炸彈，拔了這根刺，郭威感覺渾身輕鬆。人也是如此，心中有事，面露愁容，一旦事情完善解決，自然就心情暢快。

郭威回到京師不久，就下令修改鹽法，後漢對販私鹽的行為打擊極為嚴酷，私販鹽曲一斤以上者就要被砍頭，而郭威為了緩解民間的情緒，多給老百姓一條活路，便改為「鹽曲犯五斤以上處死」。古代的鹽事關國計民生，政府壟斷經營，民間販私鹽多是一本萬利的買賣。著名的程咬金（程知節）和王仙芝、黃巢都是私鹽販子出身。

到了廣順二年的九月，契丹人又來找事了，抄掠鎮州一帶。郭威知道契丹人還在做著石敬瑭時代的黃粱美夢，想讓劉崇這個沙陀翁坐在自己現在的這個位子上，然後繼續做中原的乾爹。郭威冷笑：「劉崇老兒是石敬瑭，可朕不是李從珂！」召成德節度使何福應戰。何福派龍捷都指揮使劉誨等人出兵告訴耶律述律，現在的中原皇帝不是李從珂，請回吧。

契丹軍在貝州（今河北清河）和周軍試探性地打了幾仗，雙方其實都不想玩命，契丹軍來內地是來「採購年貨」的，周軍中多是些人精子，哪個肯送死？何況皇帝又不在身邊，樂得偷奸耍滑。契丹軍撈夠了就回去，但回軍途中又手癢難耐，將當地的成年男子砍殺無數，然後大搖大擺而去（真是野蠻！）。劉誨等人也不想多事，契丹人走了更好，誰想去提著腦袋撈一個「烈士」的美名？坐視老百姓被殺，然後回去交差。

在階級社會中，底層的老百姓的生命根本不值幾個錢，殺了也就殺了，死後連個名也留下不來，最多就是「張三、李四」之類的。古代統治者所謂「愛民如子」之類的美麗承諾，雖然張三比李四做得可能會好一些，但歸根到底都是沒把老百姓當回事的。天下百姓千千萬，死了三五十萬，處在金字塔頂層的統治者根本感覺不到。怪不得元朝文學家張養浩在《山坡羊》中感慨：「興，百姓苦！亡，百姓苦！」

當然，相對來說，在五代時期，郭威是個很不錯的皇帝，他和之前的劉知遠、石敬瑭等人不同，這幾位老是純粹的亂世軍閥，因勢取事。郭威取得成功的道路雖然和他們並沒有什麼明顯的區別，但郭威心胸寬大，對老百姓的疾苦比較同情，不似前幾位，拿老百姓當他們家的取款機。

郭威即位後，就將劉承祐搜刮進宮的稀世珍寶取出來，命人全都砸爛，曉諭群臣：「真正為君者，是不需要這些亡國之物的。真正的寶是人心（當然不一定是民心）。朕出身低賤，吃盡千辛萬苦，遇上這個亂世，才僥倖成為皇帝，我怎麼敢殘剝百姓來圖個人享受？」郭威隨後下詔，命令地方有司不准搜刮民間財物奉貢內庭，夠吃夠喝就行了，要這些東西沒什麼用處。

到了廣順二年的十一月，郭威下詔對作為戰爭資源的牛皮徵收制度進行改革。牛皮是冷兵器時代非常重要的戰爭用具，可以製作甲具和盾。後漢時官府嚴禁民間私自買賣牛皮，並把民間所有備用的牛皮都徵入官，然後付給百姓比較低的價格，老百姓有苦說不出。這還算好的，唐明宗李嗣源時期，甚至用鹽哄弄老百姓，打發了事。石敬瑭更絕，連鹽都不給，強行「收購」牛皮。

郭威知道其中的利弊，規定以後民間以十頃（古代五十畝為一頃）地交給官府一張牛皮，其他的除了不允許賣給周邊敵國，任憑百姓自己交易。同時，郭威還廢除了牛租，當年朱溫攻打淮南，搶來幾十萬頭耕牛，朱溫把這些牛分給老百姓，每年交給官府租子。但這些牛死了，牛租卻沒有廢除，甚至到了後漢時，這些牛的牛子牛孫都衍生多少代了，牛租還年年照收。老百姓這個氣啊，真是天下的烏鴉一般黑，都說朱梁是偽朝，可唐晉漢三朝對老百姓的橫徵暴斂，一點也不比朱梁這個「偽朝」輕。郭威改革了牛皮徵收制度和牛租，民間歡騰不已，都奔相走告：老天有眼，出了個好皇帝。

五代朱梁以後，均把梁朝看成偽朝，後唐就不用多說了。之後的晉漢周其實都是出身河東軍政系統，他們一代代往上順關係，也只能順到後唐這，然後由後唐直接上承唐哀帝，郭威也不例外。後來的趙匡胤之所以承認梁朝，主要原因還在於趙匡胤不是河東派出身，沒有那麼多的派系糾葛。而且李存勖稱帝時正好是梁朝最後一年，這樣就容易上承正統，在技術處理上也不是什麼難事。

對於郭威的革除弊政，薛居正給予了高度評價：「期月而弊政皆除，逾歲而群情大服，何遷善之如是，蓋應變以無窮者也。」郭威當得起這個評價，有人建議郭威把一些肥田賣給富戶，可以得到大筆的銀子充實國庫。郭威不同意，說了一句足以感動古今的話：「利在於民，猶在國也，朕用此錢何為！」老百姓的利益就是國家的利益，老百姓富了，國家自然也就富裕。雖然這最終還是封建統治者的利益，但郭威能如此順應時代發展，實在是應該大大誇讚的。現在有些地方做的還不如郭威這個封建統治者，跟綠頭蒼蠅似的盯著老百姓的那點血汗錢，與民爭利，相較之下，何其愧也。

八

郭威在位時已經是五代後期，和前期有所不同的，後周之前的幾個朝代內部的軍事鬥爭非常激烈，大鎮叛亂已經是家常便飯。不高興了就造反，高興了也造反，反正都是想渾水摸魚。而後周存在的十年中，除了郭威剛即位時發生的兗州慕容彥超叛亂之外，基本就沒再發生過重大叛亂事件。

前面幾個朝代的統治者對老百姓視若牛馬，對老百姓的疾苦不管不問，這就給了心懷二心的地方軍閥以可乘之機。老百姓對統治者也非常的失望，這也是地方軍閥造反的社會基礎。郭威一反前幾任的橫徵暴斂，接連對社會民生進行改革，大大改善了人民的生存條件。郭威作為明君已經得到了最大程度的認可，地方實力派師出無名，即使不顧民間意願造反，結果也只能玩火自焚。

如同毛主席所講的：「政治路線確定後，幹部就是決定因素。」郭威這點做得比較好，自己不可能事事過問，只能通過地方官來實施統治，所以用人和正確的政治路線有同等重要的意義。

當然，郭威用人也有看走眼的時候，比如前慶州（今甘肅慶陽）刺史郭彥欽。這小子是個貪婪鬼，自當慶州的父母官後，對治下各族人民群眾搶掠搜刮，貪了不少財物。由於慶州地處民族混居地區，民族關係複雜，所以在民族地區做官，穩定和發展都應該並重。可這位郭爺倒好，管你穩定還是發展，先搶過來再說，弄得當地漢人和少數民族都怨聲載道。當地的黨項部野雞族也被郭彥欽弄得雞飛狗跳，乾脆造起反來。

郭威知道後，先臭罵郭彥欽，派出邠州（今陝西彬縣）節度使折從阮（大名鼎鼎的楊六郎之母佘太君的爺爺，折姓在演義中多做「佘」），寧州（今甘肅甯縣）刺史張建武率領官軍去找野雞族問問情況。

郭彥欽不是東西，張建武也不是好鳥。他將野雞族殺敗後，和野雞族有仇的折思族和殺牛族都派人帶著酒肉犒賞官軍。不知道軍爺是不是三月不識肉滋味了，不僅搶下這些酒肉，吃飽喝足後一鼓作氣去搶掠折思、殺牛等族。殺牛族一看官軍怎麼都這德性？一氣之下，幾個部族聯合起來進行反攻倒算，官軍慘敗，折從阮等人急向郭威求救。

郭威氣得在殿中直轉圈，下旨罷免這些蠢貨的職務，選派其他人去慶州安撫這些少數民族，這場鬧劇才收場。少數民族和漢族一樣，都應該享有平等的生存權利，不能因為是少數民族就對他們有歧視。誠然，有些少數民族的統治者兇殘暴虐，但有些漢族皇帝的殘暴並不遜色於這些人。各人情況千差萬別，不能因為某一個人如何就動輒說這個民族如何如何，這是不客觀的。

處理完了邊疆事務，郭威可以騰出手來整治內部了，對某些不像話的人士進行整頓。頭一個開刀的就是大周開國重臣、郭威的異姓大哥王峻。王峻地位顯要，位居中樞，本應是郭威的左右手。可王峻卻居功自傲，越來越不拿郭威當回事了。甚至連皇子柴榮入見郭威，都被王峻從中使絆子，不讓見。

有一次強行要求郭威罷免宰相范質和李穀，改任端明殿學士顏衎和樞密直學士陳觀。人事決定權是皇帝的私物，豈能容他人染指？郭威礙於大哥的面子：「事關重大，讓朕考慮一下吧。」可王峻不依不饒，口出不遜，罵了郭威幾句。甚至郭威準備吃午飯，王峻還在一邊嘰嘰歪歪，郭威餓得不行了，才勉強答應了，王峻這才回去。

王峻明顯要在朝中樹立自己的黨羽，任用王峻的私黨，這些人當上宰相，是聽郭威的還是聽他王峻的？郭威有可能被王峻架空，當上「精神領袖」，傻子也不會答應。郭威忍無可忍，廣順三年（西元九五三年）二月間，郭威將王峻軟禁起來，召集重臣，郭威老淚縱橫：「王峻眼中無朕，屢次弄權，彼若成事，朕將何往？而且朕子嗣皆死在前朝，現在只有一個養子郭榮，也因王峻陰加阻撓而不能盡人倫孝道，你們說，王峻該怎麼處理？」

馮道的哲學就是誰占上風誰就是正確的，當然支持郭威，眾人也勸郭威殺掉王峻，絕除後患。不過郭威沒忍心下重手，只把王峻貶為商州（今天陝西商縣）司馬。王峻到了商州，越想越後悔，氣病交加，不久死去。

王峻的出身比較「下賤」，他曾經做過梁朝大奸臣趙岩的「孌童」，後來梁朝滅亡，王峻流落江湖，最後跟了劉知遠。和郭威的交情極好，汴梁事變時王峻三族也被誅滅，刻骨銘心的仇恨讓王峻死心塌地地為郭威謀智，史稱王峻「綢繆帷幄，贊成大事，峻居首功。」郭威是個重感情的人，雖然王峻對他不敬，但郭威也只是將他貶居，如果王峻能向郭威認錯，郭威還是可能重新起用的。郭威在乎的是皇權，只要不威脅皇權，萬事好商量。權力這東西，是最不近人情的，父子兄弟都可以為了權力喋血蕭牆，郭威能對王峻手下留情，已經很給面子了。

郭威為了讓柴榮日後能順利繼位，在廣順二年三月，調柴榮入京任開封尹，封晉王，算是正式確定了柴榮皇太子的身分。

不過郭威的麻煩還沒有完，剛整倒一個王峻，又跳來一個王殷來和郭威搗亂。王殷也是開國重臣，級別和王峻不相上下，以宰相身分坐鎮鄴都，是名副其實的「河北王」。王峻雖然對郭威不服，但也只是弄權而已，王殷在河北經常打著各種旗號撈錢，這些郭威都能容忍。王殷膽子越來越大，甚至想要對郭威下手，每次朝見郭威的時候，都帶著幾百個侍衛，郭威經常擔驚受怕，萬一王殷在朝上翻臉，自己可能就要玩完。

郭威這時身體不太好，也知道自己時日不多，為了給繼承人柴榮留下一個好局面，一狠心，趁王殷再次上朝的時候，伏兵殿中，一舉將王殷拿下，流放登州（今山東蓬萊）。但王殷剛出汴梁城，就被郭威派人在城外找個好地方給砍了。

三番兩次的折騰，郭威病倒了，不過柴榮在身邊，大事一體茲問柴榮，郭威倒可以安心養病。柴榮明白這是父親給自己壓擔子，歷練自己，在府中認真辦事，汴梁城中四民安然。柴榮熬到這一步太不容易，養父對他恩重如山，豈敢懈怠誤事？但柴榮原先在鄴都的部下曹翰卻私下跑到汴梁來見柴榮，柴榮大驚：「你怎麼跑來了？」曹翰是柴榮的心腹，請屏去閒人，對柴榮說：「殿下主持京務，是為百姓之福，但現在還不是殿下施展大志的時候。百善孝為先，聖主有恙，大王作為皇嗣，為什麼不入大內侍奉聖主，以慰天下人心？」柴榮悟起：「非汝言，吾幾大誤！」急入宮親自伺候養父，郭威看到養子來為他調藥，泣不成聲。

到了顯德元年（西元九五四年）正月，郭威病情不斷惡化，甚至在拜祭太廟時，都要別人扶著，最後只得讓皇子晉王柴榮代替自己行禮。

郭威死前把柴榮叫到榻前，囑咐了最後一件事，就是等他死後用「衣紙衣、斂瓦棺，不要金銀玉器附葬。」並對柴榮說：「當年我西征李守貞時，看到唐朝皇帝諸陵因為內藏寶物，而遭盜竊，我用不著那些東西。我死後也不要刻什麼石羊石虎之類的，只在我陵前刻上一塊碑，上寫『周天子平生好儉約，遺令用紙衣、瓦棺，嗣天子不敢違也。』就行了。」郭威重咳了幾聲，又說道：「你必須按我說的去做，如果你不聽，我在地下也不會保佑你！」

周顯德元年（西元九五四年）正月十五日夜，郭威病死於滋德殿，享年五十一歲。晉王柴榮在大行皇帝靈前繼位，史稱周世宗皇帝，柴榮尊郭威為聖神恭肅文武孝皇帝，廟號太祖。

五代到了後周時期，已經出現了統一的苗頭，雖然在郭威時期並不明顯，但郭威的改革卻對柴榮、趙匡胤的統一進程產生了重大影響。郭威和柴榮一樣，扎在五代裡頭實在有些委屈他們，五代十國的歷史環境非常惡劣，郭威能在四面受敵的情況下「啟動」統一進程，能力不用再多說什麼，薛居正對郭威的評價相當精彩「魯國凶徒，望風而散，並門遺孽，引日偷生。」

第七章

金戈鐵馬　氣吞萬里如虎

——一代聖主柴榮的英雄事蹟

在此附摘南宋劉龍洲的一闋《沁園春》，一是非常喜歡它，二是覺得此詞配得上柴榮的英雄氣概，雖然此詞寫的不是皇帝。

沁園春——御閱還上郭殿帥

玉帶猩袍，遙望翠華，馬去似龍。
擁貂蟬爭出，千官鱗集，貔貅不斷，萬騎雲從。
細柳營開，團花袍窄，人指汾陽郭令公。
山西將，算韜鈐有種，五世元戎。
旌旗蔽滿寒空。魚陣整、從容虎帳中。
想刀明似雪，縱橫脫鞘，箭飛如雨，霹靂鳴弓。
威撼邊城，氣吞胡虜，慘澹塵沙吹北風。
中興事，看君王神武，駕馭英雄。

中國歷史上有這麼一個奇怪的現象，想來很有意思，就是凡在（姬）周朝之後建立的國號仍稱為「周」的朝代，都出過大名鼎鼎的皇帝，而且多是改革家。比如南北朝的北周，出了兩個很有作為的皇帝，北周太祖宇文泰創建了軍事史上著名的府兵制度，他的兒子北周武帝宇文邕消滅北齊統一北方，為後來隋文帝楊堅統一中國打下堅實的基礎。

唐朝中間還夾著一個「周」朝，就是中國歷史上唯一的女皇帝武則天，雖然武周後期政局比較混亂，但社會經濟從整體來說還是向前發展的，之後的開元盛世也沒有擺脫武周的影響。

到了五代後期，同樣出了兩個很有作為的皇帝，後周太祖郭威和後周世宗柴榮。郭威改革五代積蔽，政局逐漸穩定下來。而後周世宗柴榮則繼承了郭威的改革事業，並在此基礎上開始統一戰爭，南下掃唐，奪得千里江淮，北上攻遼，奪回石敬瑭賣給契丹的三州之地。如果不是柴榮突然病故，中國歷史不可能出現一個國號稱做「宋」的朝代。

更為巧合的是，北周武帝宇文邕和後周世宗柴榮都是當世數一數二的明君，都在進行統一大業，但都「為他人做嫁衣裳」。甚至他們死時的年齡差不多。而且宇文邕傳給宇文贇，胡鬧一年就死了，留下一個幼兒宇文闡，一年後被楊堅奪去江山建立大隋。柴榮則留下了一個幼兒柴宗訓，半年後被趙匡胤奪去江山建立大宋。

當然不包括明末清初大漢奸吳三桂建立的「周朝」，這個不算數，除了吳三桂自己，沒人承認。感歎造化如此弄人，讓人玩味不已。

如果把五代的皇帝用九等來區分的話，周太祖郭威和梁太祖朱溫、唐莊宗李存勖以及唐明宗李嗣源以及吳國的楊行密、南唐的李昪、吳越的錢鏐、福建的王審知、前後蜀的王建、孟知祥等人屬於中上等。朱溫和李存勖以武功見長，李嗣源、郭威、李昪以文治見長。當然對於老百姓來說，還是李嗣源和郭威、李昪這樣的皇帝更好一些，畢竟他們能讓老百姓受到不少實惠，而朱溫和李存勖等「軍事家」整天打打殺殺的，老百姓吃盡了苦頭。劉知遠武力不遜於朱溫和李存勖，但即使劉知遠活的再長一些時間，也不會有李嗣源和郭威這樣的政績，他天生是個打仗的。

而如果要說起五代十國帝王中的上上等，只有一個，就是後周世宗睿武孝文皇帝柴榮。有時甚至在想，柴榮這樣的人物，扎在五代裡頭著實委屈了他。毛主席曾經在千古絕唱《沁園春・雪》中提到過秦始皇、漢武帝、唐太宗、宋太祖這四位歷史上非常著名的皇帝，有網友戲稱為「樣板皇帝」。這四位是中國六百多位帝王中鳳毛麟角似的人物，都是極品。

趙匡胤好運氣，他的主子柴榮早死，繼承人又是個黃毛小兒，不然是絕輪不到趙匡胤出鋒頭的。柴榮的雄才大略和「千古一帝」的氣質，和上述這四位比起來，只在其上不在其下。可惜柴榮在位時期太短，只有短短五年。但柴榮也只用了五年，就把自己的名字深深地刻在了歷史的豐碑之上。假如上天多給柴榮十年時間，柴榮都會做出超過秦皇漢武唐宗的千古偉業。

說到柴榮，不得不提及另外一個人物，《水滸傳》中那位有名的小旋風，柴進柴大官人（還有楊家將中的「柴郡主」）。柴進的名氣可能要大於他的「先祖」柴榮，書中直說柴進就是大周柴世宗的嫡派子孫，名頭很響。廢話先說到這，下面進入正題。

柴榮，邢州（今河北邢臺）龍崗人，梁末帝朱友貞貞明六年（西元九二〇年）九月二十四日生於邢州。柴榮本是後周太祖郭威原配夫人柴氏的侄子，生父名叫柴守禮。柴榮從小就跟著郭威，可以說是郭威一手把柴榮帶大的，因為郭威特別喜歡這個內侄，便乾脆收為養子。現在我們提及柴榮，都稱周世宗柴榮，但從嚴格意義上來說，應該稱為郭榮，不過歷史上都習慣這麼叫，也沒人去在乎什麼郭榮了。

和許多草根出身的皇帝一樣，柴榮生時家境也不富裕，年少時便行走江湖，做點小買賣，用來養家糊口。「大耳賊」劉備賣的是草席，劉寄奴賣的是草鞋，柴榮賣的則是雨傘，本小利薄，勉強用度。但英雄莫問出處，出身「低賤」不等於能力低下，要論起「低賤」來誰又「低賤」過朱元璋？一個窮要飯的，最後建立起稱雄東方二百七十六年的大明帝國。

柴榮雖然出身貧寒，但還能識得一些文字，喜歡看歷史哲學方面的書籍，性格沉穩，不事張揚。而且柴榮長相英武，精於騎射，馬上功夫也了得，擱到現在絕對是能傾倒眾生的霸氣男人，有天生的領袖氣質。

因郭威的兒子在後漢乾祐之變中全都被殺，所以郭威便立了柴榮做皇位繼承人。說來也奇怪，五代五十三年裡居然沒有一個皇太子，都是以藩王身分繼位，柴榮也是這樣，被封為晉王，廣順三年（西元九五三年）三月，柴榮主政京師開封，開始了繼位的準備工作。歷史上以晉王身分後來入承大統的有好幾位，比如唐高宗李治、宋太宗趙光義、元泰定帝也孫鐵木兒等人。

郭威死後，柴榮不出意外地繼承了皇位，成為大周王朝的第二代皇帝。柴榮雖然不是郭家人，但對養父加姑父郭威感情深厚，將郭威遺柩下葬嵩陵（在今河南新鄭郭店鎮境內），並委派「德高望重」的老太師馮道為山陵使，負責安葬大行皇帝諸事宜。

柴榮當皇帝時天下四分五裂的局面沒有任何改變，周朝也只是控制著中原地區，南方還有李璟的南唐、錢弘俶的吳越、劉晟的南漢、孟昶的後蜀、高保融的荊南三州之地、清源軍（今福建泉州一帶）的陳洪進，湖南原楚國轄地正由周行逢和王逵進行殘酷的爭奪。北方也不平靜，強大的契丹橫於北方，加上視後周為死敵的北漢，西北角還有一個定難軍節度使李彝殷（即西夏的前身）。

不過南方諸國對周朝也構不成威脅。只有北方的北漢劉崇勾結契丹屢屢南下找事，對周朝的威脅最大，北漢以後漢正統自居，對郭威建立的後周有著刻骨的仇恨。「大漢皇叔」劉崇自恃有契丹「叔叔」的撐腰，夢想有一日能殺回汴梁，恢復「大漢江山」。

劉崇眼中只有郭威這個仇人，雖然他知道郭威的厲害，但對柴榮並不了解，以為不過是黃口孺子。（拜託，柴榮已經三十四歲了。）聽說郭威死了，劉崇喜不自禁，此乃天時，天予不取，反受其禍，劉崇豈肯錯過良機。

周顯德元年（西元九五四年）二月，柴榮即位不久，邊關傳來八百里加急軍報：北漢劉崇協同契丹武定節度使楊袞所部三萬餘人出團柏谷（今山西祁縣東）直逼潞州（今山西長治）。

柴榮看過軍報後，把書案一拍：「劉崇老兒欺朕新立，南侵潞州，想給朕一個好看。朕豈是好惹的人?!」當下決定要親征河東，狠狠敲打劉崇和契丹人。

不過朝中大臣想的卻和柴榮不一樣，這些人以馮道為首紛紛勸道：「陛下，前次劉崇被我大敗，數年不敢越關南下，是不是情報弄錯了。何況陛下新近即立，應該先穩定國內局勢。陛下最好不要倉促行事，派幾員大將前去平賊就行了，何必勞動聖駕？」

柴榮知道這些人怕死，面帶怒氣：「劉崇向來沒把朕當回事，朕豈能讓老匹夫輕視，朕必須讓劉崇知道朕的厲害，不然以後更別想過安穩日子。」馮道一味勸阻，柴榮急了：「唐太宗手定天下，事當親行，朕平時仰慕太宗久矣，彼能行之，朕為何不可?!」

馮道笑了笑：「太宗自是太宗，陛下自是陛下。」柴榮一聽很不高興：「河東鼠子籍強虜之勢，為吾大患。今朕手下有百州健兒強鋒之刃，蕩滅劉崇如泰山壓頂一般。」馮道不依不饒：「泰山自是泰山，陛下自是陛下。」

柴榮臉色往下一沉，正待發作，宰相王溥站出來說道：「強寇一日不除，邊患一日不息，臣以為陛下當親臨前線，鼓舞三軍士氣，以陛下神武，掃賊易如覆掌耳。」柴榮大喜，不再理會馮道的糾纏，顯德元年（西元九五四年）三月，柴榮下詔親征河東。

二

劉崇沒看上潞州的昭義軍節度使李筠，繞城南下，顯德元年三月，劉崇在高平（今山西高平）正遇上率軍北上尋找劉崇主力的柴榮，兩軍開始激戰。周軍因皇帝親征，誰不想在皇帝面前出出鋒頭，以便圖個聖恩浩蕩。如虎下山一般，殺退北漢軍。

劉崇這才知道柴榮來了，笑道：「來就來吧，逆賊！今日讓你知道老爺的厲害。」北漢軍和周軍先嘗試性的交了手，北漢利稍有不利，劉崇後退至巴公原（今山西高平玉井村）。劉崇自己坐鎮中軍，契丹大將楊袞率契丹軍處右軍，心腹大將張元徽處左軍，三軍互為犄角，防禦周軍。

柴榮哪怕這個陣勢，也如法對應。以宣徽使向訓、鄭州防禦使史彥超處中軍，柴榮的表哥馬步軍都虞侯（高級武官）李重進、滑州節度使白重贊處左軍，步軍都指揮使何徽、侍衛馬軍都指揮使樊愛能處右軍，柴榮作為壓陣，在後觀戰。

劉崇看到周軍的兵力比聯軍要少，不禁有些後悔：「周軍就這點子兵，還不夠朕做餡，早知道這樣，何必請來契丹軍分功，一人吃獨食多好?!」

契丹大將楊袞是個懂兵法的，看到周軍陣勢嚴整，知道不是個善茬，勸劉崇不要大意「柴榮善用兵，陛下宜慎之。」劉崇這時已經利令智昏，哪還聽得進去。

這時南風大起，劉崇剛要下令，樞密學士王得中苦勸：「風勢北向，我軍逆風，如何作戰？請陛下穩守勿戰，以待時機。」劉崇大怒：「老措大！少在這裡蠱惑軍心，朕今日必擒郭家小兒，再說廢話，朕手中劍可認不得你！」

劉崇舉劍大喝：「殺！」北漢軍由張元徽率領，逆風進擊周軍右陣樊愛能、何徽部。劉崇眼光不錯，看上了這兩個飯桶，張元徽是北漢有名的大將，所部也都是些不要命的悍卒，一陣嘶喊聲中殺進周軍右陣。樊愛能、何徽是兩個大草包，看到北漢軍瘋了一般衝過來，狂呼亂叫，拔馬就逃。周軍一看主將跑了，頓時亂作一團，為了活命，高呼大漢皇帝萬歲，解甲北向投降。

形勢在這裡發生逆轉，對柴榮非常不利。在後面觀陣的柴榮氣得大罵：「畜牲，膽敢賣朕！」拔劍出鞘，一邊揮舞撥撩漢軍射來的箭，一邊喝道：「朕養千軍，用在此時，不怕死的給朕上！」周軍將士見皇帝如此血性，誰還敢苟安偷生，個個慷慨激奮。

這時，周軍中有一員大將手持鑌鐵大棍，回首顧謂三軍道：「吾主有難，我等食君之祿，敢不效死以報皇帝大恩？想立不世之功的跟我來！」周軍士氣高漲，跟著這位將軍就衝進了漢軍陣中。這員大將非常勇猛，一條鑌鐵大棍如蛟龍出水，上下飛動，砸死好多北漢兵。周軍好像吃了興奮劑一樣，個個都是猛男，嗷嗷直叫，砍殺北漢兵。

北漢兵大亂，張元徽壓不住陣腳，準備後撤。沒想到戰馬突然撲倒在地，張元徽摔了下來，周軍見有利好，亂刀齊下，張元徽慘叫而亡。主將一死，北漢兵哭爹喊娘，欲生無門。

周軍已經殺紅了眼，管你哭爹還是喊娘，刀影動處，人頭滾滾，北漢軍大敗。右陣上的楊袞一看這個陣勢，不想送死，冷笑：「老東西，不聽我的良言，這回丟人了吧。對不起，爺不管你了，你慢慢玩吧。」帶著契丹軍溜了。忘了介紹剛才那位使鑌鐵大棍的牛人了，他的名字叫趙匡胤。

劉崇非常惱火，哪想到周軍中的猛男這麼多，難道這幫人都吃了春藥，這麼亢奮？來不及胡想，先穩住了陣腳再說。劉崇不甘心就這樣讓柴榮一戰成名，自持老資格，再次向周軍發起攻擊。周軍劉詞部是支生力軍，體力旺盛，正趕上個巧，又是一通狂殺。一直將北漢軍追至高平，可憐的大漢皇帝劉崇又被揍的找不到北了，北漢兵死傷殆盡。

劉崇見敗局已定，知道現在除了逃跑沒有第二個選擇，只好脫去龍袍，套上普通士兵的服裝，騎著契丹人送的千里良駒黃騮馬，帶著一百多個騎兵抄鵰窠嶺小路狂奔。

天晚夜淒迷，不知方向，抓了一個當地村民帶路。不知道這個村民是不是周軍間諜，竟然把劉崇一行帶入了晉州。大亮才發現不對，劉崇嚇的魂都飛了，殺掉嚮導，轉向北走。劉崇連乾糧都不敢吃了，沒時間了。劉崇乾脆趴在馬背上，不斷的拍馬屁，這匹黃騮馬心中暗罵：「老不死的，你打不過姓柴的，倒拿老爺出氣。看你可憐，送你一程吧」，黃騮馬狂奔，算劉崇好運氣，平安回到太原。

劉崇到了家後，為了感謝黃騮馬的救命之恩，給黃恩公造了一個馬舍，用金銀裝飾，享三品俸祿，並封為「自在將軍」。（沒想到劉崇這老傢伙居然這麼搞笑。）

這場高平之戰是五代史上的著名戰役，北漢主力在高平幾乎被全殲，再沒能力發動對周朝的大規模戰爭，僅僅依靠契丹自保而已。而此前名不見經傳的柴榮則揚名天下，周邊各大藩鎮都知道了郭威的養子是個狠角，哪個還敢在老虎頭上拔毛？

此役獲勝，周朝取得了對北漢的戰略主動權，可以隨時根據自己的戰略需要來發動對北漢的戰事。後來的宋太祖趙匡胤完成的統一大業，用的是柴榮打下的老底，而柴榮統一進程的契點，正是這場高平之戰，意義之重大，可見一斑。

把劉崇打回河東後，柴榮接下來要做的事情就是處理前線譁變的樊愛能、何徽等人，此二人臨陣逃跑的性質過於惡劣，對軍隊的影響極壞，柴榮必須藉這個機會狠狠整治「惰將驕兵」的問題，五代經常發生軍隊叛亂和譁變，病根除了軍權的外放，就是軍隊中政治建設的滯後，對這些軍人過於縱容，養成了這種非常鬆垮的作風，這樣的人能有什麼戰鬥力？

不過柴榮為人謹慎，做事都要經過深思熟慮後才能作出決定，為了穩重起見，柴榮問殿前都指揮使張永德應當如何處置此事？張永德說得很乾脆：「樊愛能等人臨陣賣主，罪當論死。陛下雄才武備，征服天下不為難也。但行軍無法，陛下就不能在軍中樹立絕對的權威。即使有精銳百萬，也不能征服天下。」

柴榮聽了大喜，速執樊愛能、何徽及跟他們陣中逃跑的軍校，先是痛罵：「你們都是肉堆血河中滾爬出來的老將，還怕個劉崇？你們大概是想：朕還不如劉崇，想把朕賣給劉崇，好在他大漢朝中謀個郡王當當吧。」樊愛能等人低首無語，柴榮喝令刀斧手：「斬！」

看到柴榮如此動怒，軍中那些兵油子們個個膽寒心顫，知道這個主子和石敬瑭們大不一樣，惹惱了他，沒好果子吃，都不敢再做這樣的「買賣」。

經此大捷，柴榮雄心頓起，他想畢其功於一役，北向河東，活捉劉崇。但不知道北漢的具體情況，決定先派人去河東觀觀光。

柴榮命令天雄軍節度符彥卿為北征軍統帥，郭崇、向訓、李重進、史彥超等人為副，召令河中節度使王彥超等人率軍出陰地關，和符彥卿部合軍，到太原問候一下劉崇。柴榮命剛收招入伍的大盜荊罕儒為先鋒使，率三千步兵從小路抄到太原城下，提前通知劉崇。荊罕儒也有本事，讓士兵背負柴草一路行進，到太原東門，荊罕儒命令士兵把柴草堆在城下，一把大火，把城中的劉崇嚇個半死，符彥卿等人隨後趕到。

此時，京師馳來快馬，報大行皇帝山陵已經竣工，奉大行皇帝遺柩入葬嵩陵，柴榮南向伏地痛哭，淚滿衣襟。因為前線戰事較緊，沒有回去奉葬養父，柴榮心中有些歉疚。

過了幾天，再得消息，負責太祖皇帝後事的「紅白事務總管」馮道太師已經永遠的離開了我們，享年七十三歲。馮道是五代史中的一個異類。馮道這一生，享盡榮華富貴，曾經寫下《長樂老自序》，對自己的「英雄事蹟」進行一個總結，甚至把自己從初出江湖到位極人臣之間的歷任官職都弄了出來，似有炫耀之嫌。

記得馮道有兩則很有意思的笑話，還在後唐明宗的時候，馮道有次讓家僕上街買了一雙靴子。第二天穿新靴子上朝時正好讓同僚翰林學士和凝看到了，便問馮道你這靴子多少錢買的？馮道笑著抬起一隻腳說：「九百文。」和凝聽了立刻罵自己的隨從：「怎麼買同樣的靴子，馮大人只花了九百文，你怎麼花了一千八百文？那九百文哪去了？」還沒等僕人說話，馮道又抬起另一隻腳說道：「這隻也是九百文。」眾人大笑，和凝弄了個大紅臉。

還有一次，馮道有個門客給別人講老子《道德經》，開頭第一句就是「道可道，非常道。」正好有馮道的「道」字，這位門客不敢犯老爺的名諱，便大聲誦道：「不敢說，可不敢說，非常不敢說。」

史稱馮道「滑稽多智」，也確實如此。當然馮道一生侍奉過八姓十二個主子（包括劉守光），「為人沒有氣節」，被修新五代史的歐陽修和司馬光好一陣痛罵：「歷五朝、八姓，若逆旅之視過客，朝為仇敵，暮為君臣，易面變辭，曾無愧怍，大節如此，雖有小善，庸足稱乎！」

馮道是有點「無恥」，不過馮道不算是奸臣，至少他曾經勸過李嗣源：「仁義者，帝王之寶也！」僅憑此語，就足勝那些認賊作父的俊傑。柴榮雖然不喜歡這個老傢伙，但也知道馮道的分量，風風光光的把馮道下了葬，追封瀛王，所以後世也稱馮瀛王。

而太原城中的劉崇知道自己的家底太薄，招待不了周朝客人，只好厚著老臉去求「耶律叔叔」，再來幫回忙吧。耶律璟當然知道唇亡齒寒的道理，北漢是契丹南面門戶，燕雲十六州的地盤還沒捂熱呢，怎麼能還回柴榮？發兵來救。

符彥卿一路行進，途中的北漢百姓都「簞食壺漿」來迎周軍，群眾聲淚俱下的向周軍陳述劉崇的暴政，紛紛表示願意提供王師的後勤保障，只要滅了劉崇那狗東西。此時北漢境內的地方官們也都棄暗投明，向周軍款降。符彥卿一邊在太原城下問候劉崇，一邊遣將攻取周邊州縣，沒多久，汾州（今山西汾陽）、遼州（今山西左權）都改姓「周」了。

符彥卿由於治軍不力，導致進入北漢境內的周軍多次發生搶掠百姓財物的事件，引發人民群眾的不滿，都逃了（這些人不長記性，樊愛能是怎麼死的）。柴榮得報，直罵這些兵油子無恥，急下詔撫慰河東百姓，免去北漢制定的苛捐雜稅，民心稍稍安定下來。老百姓作為被統治者，老百姓才不管你是劉崇還是柴榮，只關心自己的收成，誰對他們好，他們就支持誰。為了保障軍糧運輸，柴榮又徵調河南、河北、山東臨境諸州民夫運糧到前線。

五代亂就亂在了「兵驕將惰」，當兵只是為了撈錢，真到前線玩硬的，他們能不打盡量不打，實在不行就投降，反正他們到哪都有肉吃。對此王夫之有段精彩的評論：「朱友貞、李存勖、李從珂、石重貴、劉承祐之亡，皆非外寇之亡之也。驕帥挾不定之心，利人之亡，而因讎其不軌之志；其戰不力，一敗而潰，反戈內向，殪故主以迎仇讎，因以居功，擅兵擁土，尸位將相，立不拔之基以圖度非分。」

不獨武將如此，文臣也個個都是「俊傑」，朝秦暮楚、「人盡可夫」的事幹的也不少，今天跟張三混，不成就跳槽到李四那。他們都是統治階級的一員，「人才」就那麼多，不用他們？看你用誰？或問岳飛：「天下何以致太平？」岳飛痛呼：「文官不愛錢、武將不怕死，天下可立致太平矣！」

三

周軍被皇帝狠批了一頓，老實了不少，又恢復了往常的氣勢。接連拿下石州（今山西離石）、沁州（今山西沁源）、忻州（今山西忻縣），從東、南、北三面將太原城圍個水洩不通，劉崇成了「孤家寡人」。

顯德元年（西元九五四年）五月，柴榮率大軍北上。柴榮與文武騎馬前行，一路上周軍馬步軍縱橫成陣，旌旗獵獵，不日兵臨太原城下。這時契丹軍已經來到忻州附近，柴榮決定圍點打援，讓符彥卿去收拾契丹人。周軍開出忻州城外，擺好陣式，迎接契丹軍。

周軍先鋒史彥超恃勇逞強，只率二十個好漢衝進契丹陣中，而前來支援的潞州節度使李筠正好趕到，幫助這些梁山好漢殺退了契丹軍，斬首二千餘級。而史彥超打個了大勝仗（功勞應該是李筠的），有點忘乎所以，招呼二十個猛男去追殺契丹人（有毛病！）。

契丹人再不濟事，也不怕你這幾個人。反過來將史彥超圍住，一通亂砍，史將軍嗚呼斃命！契丹軍又趁勢回殺，周軍沒有想到契丹人殺了一個回馬槍，亂了方寸，連死帶傷好幾千，李筠光棍似的逃掉了。

柴榮接到敗報，氣得直跺腳：「史彥超有勇無謀，壞朕大事！」史彥超是周朝有名的猛將，他這一完，周軍將士心中發毛，議論紛紛。柴榮不想再等，下令攻城。城中的劉崇打陣地戰不怎麼樣，防守倒有點本事，打了幾天周軍沒拿下來。老天似乎也不想讓柴榮這麼早就出鋒頭，連旬大雨。城裡的人好說，城外的人就慘多了，沒地方躲，帳篷也不如房子能頂雨，周營一下子多出了許多病號。

看樣子，太原是一時半會拿不下了，柴榮考慮了一下，留得青山在，不怕沒柴燒，今天不容爺，明個爺再來。傳令三軍毀營後撤，原先積蓄在城外的數十萬斤糧草帶不走的就燒掉，不能留給劉崇。周軍已經沒有鬥志了，皇帝一下令，如喪家之狗般，狼狽撤退。有些軍爺手上閒不住，邊撤邊搶百姓東西，軍中一片烏煙瘴氣。

劉崇想送送柴榮，剛出城就被周軍殿後的匡國節度使藥元福給請回去了。周軍一撤，已經奪得的北漢州縣復歸北漢，周朝派出來的新任刺史倉皇南退。

柴榮回京前先繞道去了新鄭，拜祭太祖皇帝。來到陵前，柴榮跪在地上放聲大哭，直呼：「不孝子榮，未能親自奉葬，萬死不足辭罪，願父皇神聖有靈，保佑皇周國祚綿長，早日殄滅禎河東殘賊，規復山河，拯黎庶於水火！」侍從眾人也跟著落淚。

經過這兩次親征，柴榮對那些打仗不怎麼樣架子倒不小的軍爺的底細摸的差不多了，這些人個個都是兵油子，滑的很，衝鋒在後，分功在前，這樣的軍隊是不行的。

柴榮會集群臣檢討此次失利，柴榮心情沉痛的告訴他們：「軍中良莠兼雜，勢強則戰，勢危則降，兵油子混進軍隊不是來打仗的，而是發財的。前次在高平，右軍未戰即潰，如果不是朕親臨矢石，督勵將士，連朕都險些命喪高平。這等混帳絕不能再用！否則不知哪天朕就得被他們賣了！」

柴榮決定利用這個休整的時期對軍隊進行徹底整治，首先淘汰掉老兵、弱兵，打發回家。然後徵募強壯漢子，直接充入禁軍。因為如果讓地方藩鎮募兵，只能增加他們對抗中央政府的風險。由中央遴選，軍隊自然掌握在柴榮手中，不管是盛世亂世，沒有一支素質過硬、能力過硬的精銳部隊是不行的。

柴榮親自檢選，在眼皮子底下亮真傢伙，功夫好的就當禁軍頭領。這樣一來，雖然軍隊人數少了，但戰鬥力強了，自古強兵在精不在眾，人多了沒用，反容易誤事，君不見當年苻堅東拉西湊了九十萬烏合下江南嗎？朱序一呼，「秦軍敗了！」土崩瓦解，不可收拾。

淘汰冗兵還能省下不少軍費，財政狀況也隨之好轉。而且禁軍隊所用經費由中央財政直接撥付，也保定這支軍隊的穩定。柴榮建立起的這支軍隊「兵甲之盛，近代無比」，後來討伐淮南、北上攻契丹，立下戰功無數。宋太祖趙匡胤稱帝後，南征北戰，實現局部統一，靠的也是柴榮的禁軍主力。

顯德元年（西元九五四年）十一月，從河東傳來一則重要消息：盤踞在太原的北漢皇帝劉崇病死，次子劉承鈞繼位。

柴榮從來就沒怕過劉崇，但對劉崇的「耶律叔叔」倒是不得不防，契丹人不比北漢。契丹人經常仗著自己的騎兵優勢，竄到河北燒殺搶掠，因為機動性比較強，境內周軍拿這夥「馬賊」也沒什麼辦法。

柴榮為了防禦契丹，於顯德二年（西元九五五年）三月，在深州（今河北深縣）和冀州（今河北冀縣）之間的李晏口（今河北下博境內）設置靜安軍，派大將王彥超駐守李晏口。李晏口旁依胡盧河，憑深扼冀，是重要的軍防要塞。契丹不希望看到李晏口的軍防工程竣工，前來拆臺，被王彥超痛擊一陣，敗了回去。契丹領教了柴榮的本事，沒事再不敢上門拜訪了，河北百姓深受其惠。

汴梁自石敬瑭再次建都以來，到了柴榮差不多有近二十年的時間，柴榮胸懷天下，對狹小的汴梁自然不太滿意，決定大規模的擴建汴梁。當然這個季節農民都沒有空閒，為了不耽誤農業生產，先畫好新城輪廓，以待來冬開始動土興建。這次擴建對開封建城史來說具有非常深遠的意義，如果說梁太祖朱溫定都開封使開封成為「重量級」歷史名城的第一個臺階的話，那麼柴榮擴建則為後來開封在北宋時期一躍成為天下第一大都市打下了堅實基礎。

柴榮不是個能坐得住的人，進行內政建設的同時也沒失去削平天下的志向，畢竟臥榻之側群狼俟顧，換成任何大腦正常的人都不會睡得著覺。柴榮下令群臣每人寫兩篇作業，談談自己對國家大政的看法，看這幫「食肉者」能不能有什麼好策略，養他們不是白養的，光吃乾飯不做事的人柴榮是很討厭的。

眾人領旨回家做作業去了，不久都把作業交了上來，柴榮一一審查，越看越頭疼，這都寫的什麼啊，歌功頌德，有個屁用？翻著翻著，柴榮眼前一亮，發現了一篇奇文，署名是比部郎中王樸。

王樸是山東東平人，精通諸家兵法，很有戰略眼光，他在文中說：「自唐晉以來，中國（指中原政權）之所以失天下，主要是因為人主昏庸於上，而人臣弄權於下，軍人驕橫跋扈，漸成積弊。現在陛下胸懷四海，當首先近賢臣遠小人，人如墨朱，近者如也。言而有信，獎賞有功而懲戒過失，天下人就都願意為陛下效死。陛下應該提倡節儉，不然上行下效，奢靡風起，就將動搖陛下的統治基礎。至於邊患，臣認為南方諸國實力較弱，比北方的契丹好對付。尤其是江南李唐，據有淮南千里沃土，其主李璟昏庸無道，國內宵小為黨，國勢漸衰，陛下可以先取淮南，定江北之地。然後休養時日，再傳檄嶺南、兩川、閩浙，令速早降，不然王旗指處，四方披靡。南方平定之後，大周的實力就會得到極大的增強，就可以抵消契丹憑仗十六州時常南犯的優勢。而河東殘賊是我朝死敵，對他們只有用武力強行解決。劉氏自高平敗後，已經沒有和大周相抗衡的實力，不過藉著契丹的威風苟延殘喘而已。我大周兵強馬壯，萬乘大國，何懼鼠竊之輩。陛下英武，三軍用命，現在就可以開始準備，一步一步的完成統一大業。」柴榮越看越興奮，激動得無以名狀，立刻晉升王樸當上開封尹，做自己的左右手。

王樸的這篇具有戰略指導意義的文章就是五代史上大名鼎鼎的《平邊策》，王樸的戰略意圖非常明顯，就是先易後難，先取江南，後取北方。後來宋太祖趙匡胤的統一進程實際上就是按王樸的《平邊策》照葫蘆畫瓢，北漢也確實是五代十國時最後一個消滅的政權。至於王樸死後，柴榮為什麼要放棄既定戰略而北伐契丹，柴榮有以下考慮：南方諸國中只有蜀國和南唐與周朝臨界，李璟已經被打懵了，不足慮。蜀國孟昶倒是能在西邊鬧點動靜，但也只是癬疥之疾，何況柴榮對蜀早就有備。其他的小政權更是不值一提，而且和周朝不搭界（荊南倒是搭界，可有誰相信荊南會給柴榮造成麻煩？），他們反誰去？

柴榮北伐契丹的主要戰略目的是奪回燕雲十六州，在北方建立完善的山地防禦體系，相對北漢，契丹才是周朝最大的威脅。因為此時的契丹已經基本完成了封建化，是一個強大的封建農奴制軍事集團，契丹高居燕雲山險之地，俯窺山南千里平原，遊騎縱橫，讓人防不勝防，所以柴榮認定南方不會對自己造成威脅後，北伐也是勢在必然。

柴榮本就懷有統一大志，王樸此策正合心意，雄心勃發，開始著手啟動統一進程。正好這個時候西邊的秦州（今甘肅秦安，著名的「隴西成紀」便是）、鳳州（今陝西鳳縣）等地百姓因為忍受不了後蜀政權的苛政，向周朝乞兵。

柴榮當然願意幫忙了，派鳳翔節度使王景與宣徽南院使向訓率兵前去收復秦鳳二州（在後漢之前屬於中原政權）。不久後，周軍在鳳州黃花谷大敗蜀軍，蜀軍高彥儔部敗退青泥嶺（今陝西略陽北），周軍連取秦州、鳳州、階州（今甘肅武都）、成州（今甘肅成縣），這四州都是後晉滅亡時，時任雄武軍節度使的何建獻給孟昶的。不該孟昶吃的，到底還是吐了出來。

接下來柴榮又幹了一件事，因此事柴榮在本素不相干的佛教界大大的有名。中國佛教史上有一個名詞叫「三武一宗法難」，說歷史有四個皇帝曾經抑制過佛教的發展。三武是指北魏太武帝拓跋燾、北周武帝宇文邕、唐武宗李炎，一宗就是後周世宗柴榮。

佛教自漢明帝劉莊時傳入中國以來，發展極為迅速，到了南北朝時期，已經深深的影響了中國歷史發展的進程，著名的梁武帝蕭衍就是個「菩薩皇帝」。隨著佛教對中國政治發展的介入，佛教已經形成一個龐大的利益集團，政治關係錯綜複雜，各種利益衝突也逐漸公開化。三武毀佛，對佛教在中國的發展是沉重的打擊，但往往是「人亡政息」，三武一死，佛教又漸漸恢復了元氣。到了五代，佛教對社會發展的負面影響比較突出，比如寺院佔有良田和壯勞力，國家要出錢養活僧尼，而且許多寺院收集銅器建造佛像，銅價大幅上漲，國家不堪重負。

柴榮準備對周邊敵對勢力大動干戈，沒有一個穩定的政治環境和雄厚的財政基礎是絕對不行的，所以柴榮才下定決心，對佛教進行大規模限制。柴榮頒布命令，保留一些必要的佛教場所，其餘的寺院一律廢除。

準備出家者必須得到家長的同意才能成為僧尼，男子十五歲以上並且能讀至少一百篇佛教文章、女子十三歲以上至少能讀七十篇佛教文章的才能出家，不准私自受戒，而且只能到政府規定的幾座大寺院中進行註冊。嚴厲禁止搞迷信活動，不許僧人自殘惑眾（善舉！），禁止私造銅像，把多餘的銅器入繳官府，否則一旦查出私藏五斤銅器以上者論死。

原先在後周境內的三萬三千零三十座寺院只保留了二千六百九十四座，註冊僧人四萬二仟四百四十四人，尼姑一萬八千七百五十六人，還俗了六萬一千二百人。有人認為柴榮這麼做太過嚴厲，柴榮說了一番大道理：「佛家普度眾生，以慈悲為懷，心向善，心中就有佛，佛像不等於是佛。朕只是對佛教進行改革，並沒有毀滅佛教。朕此舉，一是救佛，二是救民，佛民兩便，有何不可？而且朕聽說佛家普度眾生，就是自己的身體都可以布施，損失點銅器土地算得了什麼？如果朕的身體可以拯救黎民百姓的話，朕又有何惜?!」

柴榮真是仁人之見，怪不得大儒司馬光狠狠地把柴榮臭誇了一頓：「若周世宗，可謂仁矣！不愛其身而愛民；若周世宗，可謂明矣！不以無益廢有益。」

經過一番整頓，周朝的實力大大增強，耕種面積大了，老百姓多了地耕種，自然高興。國家也充實了財政，被寺院「霸佔」的青壯勞力可以徵募入伍。柴榮也許「對不起」佛教，但卻對得起天下！

四

柴榮把內部交易處理妥當之後，下一步就要開始他的統一大業了。第一個目標不是契丹卵翼下的北漢，王樸之前說的先南後北，先唐後蜀，正和柴榮的想法一致。柴榮早就看上了淮南這片千里沃土，淮南的地理位置非常重要，淮南是長江一線的戰略週邊，打下淮南，江南就穩如泰山。

三百多年前，北周武帝宇文邕在呂梁大敗陳朝吳明殘部，將陳軍最精銳的主力消滅殆盡，隨後宇文贇奪去淮南，從而讓後來的隋文帝楊堅順順當當的下了江南。柴榮想：宇文邕這個大周皇帝能取淮南，朕這個大周皇帝為什麼就不能?!

顯德二年（西元九五五年）十月，柴榮遣宰相李穀為淮南道前軍行營都部署，南征軍統帥，許州節度使王彥超、侍衛馬軍都指揮使韓令坤（趙匡胤的好朋友）等十二人為副，以所部兵馬南下。柴榮吸取了上次北伐太原時官軍出現搶掠百姓的教訓，在南征詔書中特地交代：「不犯秋毫，有如時雨，百姓父老各務安居，剽擄焚燒必令禁止。」

和五代同時期的十國中，在歷史上的名氣都不是很大，而其中名氣最響和實力最強的一個，就是南唐。西元九三七年，原名徐知誥的李昪廢除吳國皇帝楊溥，在金陵稱帝，國號大唐。李昪沒多少知名度，但他有一個寶貝孫子，可以說人人盡知：南唐後主李煜。而此時做為柴榮對手的南唐皇帝，是李煜的父親，唐元宗李璟（也稱南唐中主）。

李璟前幾年滅了閩國和楚國，可惜李璟華而不實，沒多久，湖南丟了，福建也丟了大半，弄得灰頭土臉。李璟的愛好是填詞，和好朋友馮延巳一起比較詞章。

突然一聲炸雷傳來：周軍南下，聲勢空前，周軍前鋒已至壽州（今安徽壽縣）。李璟只好放下詩詞愛好者的身分，以大唐帝國（應該稱為小唐帝國）皇帝的身分調兵遣將，命神武統軍劉彥貞率三萬唐軍趕赴壽州，協助駐守壽州的清淮節度使劉仁贍。奉化節度使皇甫暉和常州團練使姚鳳率三萬唐軍出屯定遠（今安徽定遠），協同劉仁贍等部防禦周軍。隨後又派六皇子安定郡公李從嘉（大詞人李煜正式出場，雖然這時還只是混個臉熟）為沿江巡撫使，負責沿江一線的防禦。

周軍統帥李穀率軍從正陽（今安徽壽縣）渡過淮河，進入南唐境內。周軍比較勇猛，接連取得三場小規模戰役的勝利，李穀這人也有意思，三場小勝一場不落的都報給了柴榮，生怕皇帝忘了記功。

柴榮大喜，決定到淮南看一看，顯德三年（西元九五六年）正月八日下詔親征淮南。行前柴榮沒忘擴建汴梁城的事情，發動十餘萬農民趁著農閒開始動土，並留下向訓和王樸守汴梁，自己率禁軍南下。

而唐軍劉彥貞部已經到了淮河邊上，防禦周軍。周將李穀不想送死，對眾將說：「南軍勢盛，且擅長水戰，水戰我們不是對手，不如退後，等皇帝到來，再做打算。」便率軍回撤至正陽，把糧草也燒了，軍中大亂。柴榮聽說李穀準備撤退，忙派人去阻止李穀胡鬧，但晚了一步，柴榮大罵李穀糊塗。

劉彥貞看到周軍後退，想出出鋒頭，挺軍北上，也來到正陽。唐軍人多，遍布淮南南岸，陣勢非常浩大。劉彥貞不想錯過時機，全殲李穀部，壽州城中的劉仁贍急忙勸止：「現在不是打速決戰的時候，周軍後隊馬上就跟上來，將軍應該以逸待勞。」劉彥貞聽不進去，甚至不讓唐軍吃飯，催趕著前去進攻周軍。

劉彥貞也命中該絕，正好遇上渡過淮河的周軍李重進部，周軍是吃飽喝足過來的，自然有力氣打。劉彥貞沒聽說過李重進這個人，哪把李重進放在眼裡？下令布陣，馬軍在前，而劉彥貞有豐富的創造力，將戰馬用鐵條連起來，馬卒都持著用木頭刻的怪獸盾，號稱「揵馬牌」，為了不讓周軍過來，在陣地前面撒下無數的鐵蒺藜。周軍看到劉彥貞在耍寶，都狂笑起來：老子也是見過大世面的，從沒見過這等活寶。

李重進不管劉彥貞搞什麼花樣，既然上戰場，早就將生死抛到雲外，還在乎你這個？李重進大喝：「殺！」周軍的將士們叫喊著衝殺過來，唐軍的士兵們都還沒吃飯呢，都餓得兩眼昏花、金星亂冒。何況前軍都被鐵條給拴死了，根本沒法動彈。周軍大喜，管不了你「揵馬牌」還是「揵驢牌」了，好一陣屠殺，唐軍死傷殆盡，伏屍三十里，淮河裡血腥沖天，劉彥貞光榮殉國。

而前來助陣的唐軍皇甫暉部和姚鳳部不敢來觸李重進的霉頭，撤到了清流關（今安徽滁縣），而鎮守滁州的地方軍政長官王紹顏乾脆棄城逃回江南去了。

劉彥貞連最基本的軍事常識都不具備，還打什麼仗？軍人靠什麼打仗？勇敢頑強，但首先要吃飽飯，別說在冷兵器時代軍人要吃飯，現代戰場上不吃飯也能打勝仗的誰見過？而且最愚蠢的是劉彥貞居然把馬軍固定起來，陣地戰講究一個靈活機動，騎兵作戰尤是如此。

甚至懷疑劉彥貞是不是被周軍收買了，也不像，因為劉彥貞也戰死了。戰爭的勝負取決於許多因素，但最主要的還是統帥之間的博弈，南唐軍主帥如果換成是李重進，李重進絕不會做這等傻事，真不知道李璟怎麼會派出這些活寶出來。

過了幾天，大周皇帝柴榮御駕親臨前線，柴榮對李穀擅自後退非常不滿，讓李重進取代李穀為淮南道行營都招討。柴榮軍於淝水北岸（讓人不禁想起了苻堅），下令猛攻壽州城。城中的劉仁贍早就做好了防禦準備，任你周軍大水來，我自有土掩之法，一時沒攻下來。柴榮再發河南、山東、蘇北一帶數十萬壯丁來到壽州城下，協助官軍攻城。

周軍架梯四面攻城，但都被城中唐軍給壓了下去，周軍不服，繼續圍攻，不分白天黑夜，狂攻不止。周軍仗著人多，一撥被打掉了，另一撥再接著上。甚至周軍在城下擂鼓吹號，壽州城內的房屋牆壁都震動不已。而城外的南唐援軍根本打不進來，只好在週邊「觀戰」。

都說唐莊宗李存勖英武神勇，經常親冒雨箭上陣督戰，柴榮比起李存勖更加有魅力。柴榮坐在胡床上，左右侍衛抱劍而立，柴榮指揮三軍攻城。這正好讓劉仁贍看到了，心想「擒賊先擒王，如果能了結了柴榮，我就可以翻盤。」便取出一張離胎弓，搭箭朝柴榮就射。可柴榮距離太遠，箭距離柴榮幾步之地就掉在地上。

柴榮真是個頂天立地的大英雄，你劉仁贍不是想射死我嗎？好！「來人，把胡床搬到劉仁贍箭能射到的地方去！」眾臣大驚，忙上前勸諫：「鋒鏑無情，陛下一身繫於天下，不可輕蹈險地，請陛下且避一避。」柴榮大笑：「如果劉仁贍一箭就能射死一個皇帝，那天下還會有皇帝嗎？你們怕，朕不怕！」侍衛只好照辦。

對於柴榮的英雄壯舉，史家極力稱讚：「以周世宗之神武確斷，當矢石而不懼。予觀自古帝王之達者一人而已。」像柴榮這樣頂天立地的英雄好漢，別說五代，縱觀上下五千年，能比得過柴榮的基本沒有。

柴榮坐下來後，不斷招呼城上的劉仁贍：「劉將軍，朝朕這射！若箭不夠，朕可以給你。」。劉仁贍也不客氣，挽起強弓再射，可這支箭再次落到了柴榮前面不遠的地方。劉仁贍大驚「怎麼就是射不死柴榮？難道這真是天意不成？」把弓丟到地上，仰天長哭：「此城必破，吾必不守，但身是唐臣，終不做乞生之虜！唯欠一死，報我君王。」

劉仁贍射不死柴榮，柴榮也攻不下壽州城，兩軍就這樣僵持著。柴榮沒想到劉仁贍這麼硬朗，派人去城中勸劉仁贍：「劉將軍忠勇無二，義烈可風，但壽春孤城，終不能抗十萬無敵王師。兩軍死戰於此，城中百姓何罪，受此驚恐？降我大周，位不失三公！」劉仁贍將來使亂棍打出：「回去告訴柴榮，仁贍終死，絕不屈節！」

柴榮還不死心，只帶著幾個侍衛到城下，大聲招呼劉仁贍：「劉公何苦！李璟昏亂，早晚要被朕生俘汴梁，公為誰守？朕素服公之肝膽雄略，若公能順民心天意，與朕南征北戰，掃定四海，萬民安樂，豈不快意?!」

劉仁贍微笑不從，答：「仁贍效節唐室，自當全一而終，今日之事，唯有死戰！」

柴榮精通兵法要訣，知道不能師老於此，萬一等到周軍力疲之時，南唐援軍殺過來，這仗就沒法打了。柴榮決定先敲掉南唐軍外援，派殿前都虞候趙匡胤帶著禁軍一部夜襲清流關，拔掉南唐國都金陵的週邊要塞，一是斷掉唐軍救援壽州的可能，二可以威懾一下李璟。

趙匡胤輕進至清流關，唐將皇甫暉駐紮在關外山前，看到周軍來了，做好應戰準備。哪知趙匡胤抄了皇甫暉的身後，從山後邊殺了過來。皇甫暉不知周軍底細，不敢戰，撤入滁州。趙匡胤在後面跟著，皇甫暉在城上對趙匡胤喊道：「姓趙的，咱們弟兄各為其主，並沒有私仇，有種的等我出城列好陣，咱們再會會，敢不敢？」

趙匡胤大笑「君子不乘人之危，我等你就是。」皇甫暉率軍出城，兩軍開始捉對廝殺。趙匡胤拍馬揮棍，直取皇甫暉，皇甫暉哪裡是趙匡胤的對手，沒過幾個回合，被趙匡胤一個蛟龍出水，一棍打在皇甫暉的後腦上，顛下馬來，周軍上前把被打成「重度弱智」的皇甫暉捆成了粽子，另外一位唐將姚鳳也享受了同等待遇。趙匡胤率得勝之師進入滁州。

五

關於趙匡胤鎮守滁州有一個著名的故事，就是趙匡胤的父親趙弘殷時任周朝的馬軍副都指揮使，奉柴榮命令，前來幫助趙匡胤守城。趙弘殷來到滁州城下時已經深更三夜，趙弘殷在城下叫門，趙匡胤知道父親來了，但這裡不是講私情的地方，便大聲回道：「雖然我們父子情誼相關，但匡胤為大周守城，半夜不識軍情，不敢放大人進來。」到了天亮時分，趙匡胤這才打開城門，放趙弘殷進來。

趙匡胤公事公辦，確實值得稱道，這時的趙匡胤還不敢有什麼非分之想，只想多建軍功，多博得些富貴。但趙匡胤的這種態度，千載之下仍不失借鑒意義，現在的有些人，假公肥私，奉行「一人得道、雞犬升天」的哲學，手頭有點權力，就把七姑八婆的都塞進來吃皇糧。人都是有感情的，但這種私情不能凌駕於國家民族的利益之上，不然，人人如此，天下不亂何待？

為了給趙匡胤找個幫手，宰相范質推薦原在永興節度使劉詞門下的幕僚趙普來做滁州軍事判官，趙匡胤和趙普都是幽州人，同鄉且都姓趙，關係自然一處就好。趙普是中國史上著名的半吊子宰相，相宋二十餘年，古時有句名言：「半部論語治天下！」就是趙普說的。

唐軍經過幾場挫折，士氣大沮，南唐皇帝李璟見柴榮可不是亡閩的王延政和亡楚的馬希崇，不想再打下去了，派人去和柴榮講和，希望柴榮就此收手，李璟願意兄事柴榮，每年都送給柴榮不菲的財物。這樣的條件豈能打動柴榮？理都理沒他。

李璟知道柴榮的胃口太大，再派戶部侍郎鍾謨和工部侍郎李德明來到柴榮駐軍的下蔡（今安徽鳳台），願意向周稱臣納貢，並獻金器五千兩、上錦兩千匹、肥牛五百頭、好酒兩千石，以及其他一些珍玩，希望周軍快回去吧。

柴榮既然來了，要的是土地，幾個小錢加幾頭牛打發不了柴榮。柴榮命武士持械立在中軍大帳，柴榮高坐於上，喝問鍾謨和李德明：「你家主子這時候知道害怕了？早前為什麼通使契丹，謀攻我朝？而且李璟號稱唐朝後人，為什麼如此不懂規矩？你們想說服我罷兵，告訴你們，沒這個可能！快滾回去，讓李璟快來見朕請罪。不然，朕一怒之下，連金陵都給你們端了。」鍾謨和李德明也號稱口才一流，但見柴榮這架勢，嚇得沒敢吱聲。

顯德三年（西元九五六年）二月，探馬來報：「揚州城今夜不設防」，城中沒有多少唐兵。柴榮覺得有利可圖，命侍衛馬軍都指揮使韓令坤和趙弘殷等人率軍去攻南唐的東都揚州，給李璟點顏色看看。揚州是之前吳國的國都，在南唐的地位類似唐朝的洛陽。拿下揚州，能把李璟給嚇死。

韓令坤輕兵急進，一舉攻入揚州，南唐東都屯營使賈崇放火燒城，然後逃去。賈崇真不夠意思，他倒跑了，把南唐的東都副留守馮延魯（大詞人馮延巳的弟弟）堵在了城中。馮延魯不想去見柴榮，尋把刀來，剃了一個大光頭，換上僧服溜進廟裡敲起木魚來。

周軍進城後，四下搜找，終於把馮延魯從和尚堆中揪了出來，送給柴榮念經。柴榮殺他沒什麼用，先養起來。韓令坤稍做休整，發兵直進泰州（今江蘇泰州），泰州將少兵寡，一戰既下，刺史方訥竄回金陵。

李璟越打越沒脾氣，萬般無奈之下，只好再遣司空孫晟赴周營求和。而這時周軍也沒閒著，四處掠地，攻下光州（今河南潢川）、舒州（今安徽潛山）、蘄州（今湖北蘄春）、黃州（今湖北黃岡）。孫晟等人趕到下蔡，表示李璟願意割讓壽州、濠州（今安徽鳳陽）、泗州（今江蘇盱眙）、楚州（今江蘇淮安）、海州（今江蘇連雲港）、光州六州，年輸金帛百萬，乞求柴榮回師。

此時淮南的大半土地都被周軍奪去，這時撤回不划算，柴榮拒絕了李璟的求和。之前還留在周營的李德明勸柴榮：「請陛下給臣五天時間，臣趕回金陵，請國主盡數割讓淮南。」柴榮同意了，李德明回去通知李璟去了。

柴榮這時一直為沒有攻下壽州頭疼，能在五代時讓一代英雄柴榮如此難堪的，大約只有劉仁贍這獨一份了。柴榮讓唐使孫晟到壽州城下勸降劉仁贍，孫晟素稱南唐忠臣，哪肯幹這等有損名節的事情。

劉仁贍望見孫晟，重甲朝孫晟下拜，孫晟大聲對劉仁贍說道：「劉將軍！你現在只有死路一條，別想活著回金陵見聖主，殺敵不成，則殺身成仁！若失節事周，遺臭千載，不足為將軍計！」劉仁贍在城上痛哭流涕。

柴榮知道後，大罵孫晟：「我讓你去招降劉仁贍，你這是在幹什麼？難道你不知朕有利劍?!」孫晟理直氣壯地說：「我是唐朝宰相，天下哪有宰相讓守牧屈膝降敵之理?!陛下神武明理，能容忍這樣的事情麼？」柴榮理屈，只好作罷。

南唐武有良將，文有賢臣，可惜不為李璟所用。柴榮平生最愛惜的就是人才，而且柴榮手下也不缺人才，但英明的君主是不會覺得人才多的，如果劉仁贍和孫晟這樣的人才能為柴榮效命，遠比送給柴榮金銀玉帛更來的實在。南唐人才濟濟，怎麼就出了李璟這樣的詞人皇帝？南唐這些牌如果由柴榮來打，別說不會弄丟淮南十四州，北伐中原也不是什麼難事。

李璟自稱是唐太宗李世民的後人，難道忘了李世民是怎麼用馬周的？像李璟這樣出生在帝王家的文學家，人生往往都是悲劇性的，別人不說，他的兒子李煜，就是一個最明顯的例子。

此時已經回到金陵的李德明苦勸李璟速割淮南，以免周軍過江，玉石俱焚。李璟直罵李德明誤國，而南唐的開國頭號重臣、太師楚國公宋齊丘在李璟面前說李德明的壞話：「李德明貪生怕死，不惜賣主求榮，況且割讓淮南只能讓柴榮貪得無厭。」加上素來是李德明對頭的樞密使陳覺等人在旁邊煽風點火，李璟大怒，命斬李德明於金陵市中。

雖然李德明曾經嚇唬過李璟「攘袂大言周師必克」，但李璟殺了李德明根本就無足輕重，南唐的敗勢其實在西元九五一年消滅楚國馬氏時就已經顯現出來。李璟用人不明，朝中充斥著五鬼（馮延巳、陳覺、馮延魯、查文徽、魏岑），外加一個當道大佬宋齊丘，政治非常腐敗。以這樣的底子和柴榮過招，沒在柴榮生前被消滅就算李璟好運氣了。

李璟在眾人的勸說下，決定不再對柴榮奴顏婢膝，該來點硬通貨了。李璟一邊派人去教訓到常州來搗亂的吳越兵，一邊遣皇弟齊王李景達為統帥，陳覺為監軍，率軍北上防禦周軍。名義上李景達是主帥，但實際管事的則是陳覺。

陳覺是南唐著名的「亂鬼」，專門壞人好事的，成事不足敗事有餘。李璟派出這麼一個寶貝疙瘩，真是不長記性，忘了十年前陳覺在福州是怎麼給自己壞事的？這幫蠢貨當道，也無怪南唐氣數已盡。

南唐這時略有起色，右衛將軍陸孟俊帶著一萬南唐軍從常州過江北上，來收復泰州。按常理說，大敵當前，防禦一方應該嚴陣以待，或者去搬援兵，可守泰州的周兵居然給嚇跑了（這是柴榮帶出來的兵？），讓出空城給南唐軍，陸孟俊取得「泰州大捷」後，進軍揚州。而坐鎮揚州的韓令坤不知是不是吃了瀉藥，也沒了精神，也準備棄城逃跑。

柴榮知道後怒氣沖天：「強將手下無弱兵，朕手下怎麼會有這些窩囊廢?!」急讓張永德提兵來救，韓令坤這才放下心來。柴榮對韓令坤這廝不太放心，又急調趙匡胤帶兵駐守六合（今江蘇六合），趙匡胤知道其中的利害，傳令三軍：「發現逃跑的揚州兵，就地打斷狗腿。」好友韓令坤了解趙匡胤的脾氣，哪還敢逃跑？國法也不能容他！

顯德三年四月，韓令坤見來了援兵，恢復了常態，放膽和南唐軍在蜀岡（揚州瘦西湖附近）展開了一場廝殺，周軍都怕逃跑被趙匡胤打斷腿，自然不敢懈怠。一戰下來，南唐軍大敗，陸孟俊被活捉。正好韓令坤有個小妾楊氏和陸孟俊有滅族之仇，哭告韓令坤，那還有什麼說的，陸孟俊死在韓令坤的刀下。

這時南唐統帥齊王李景達率著兩萬唐軍精銳從瓜步（今南京的長江北岸）渡過長江，準備進攻六合的周軍趙匡胤部。周軍將士要求出兵進擊南唐兵，趙匡胤不同意：「唐軍兩萬，而我軍只有兩千，出城與戰，唐軍見我人少，士氣肯定大振，吃虧的還是我們。不如等他們來到城下，我軍以逸待勞，一戰必勝。」

過了兩天，李景達率軍來到六合城下，趙匡胤趁唐軍立足不穩，縱馬直撲入陣中，周軍如虎趟群羊，唐軍大敗，戰死五千多，剩下的準備逃到江邊南渡，結果眾人搶船，互相踩踏，死傷慘重，李景達和陳覺等人急急如喪家之狗逃回金陵。

六

柴榮屢攻壽州不下，難免有些心焦氣躁，柴榮命人在渦口（渦河與淮河的交匯處，在今安徽蚌埠塗山附近）建造浮梁，準備過河去揚州，尋找唐軍主力決戰。隨軍的宰相范質哭勸柴榮：「大軍坐守淮南，已歷數月，軍心浮躁，長久如此，於軍不利。希望陛下休整一下，然後再來不遲。」

柴榮也不是知進不知退的人，能屈能伸才是大丈夫本色，越王勾踐臥薪嘗膽、生聚教訓二十年方才滅了夫差。柴榮考慮了一下，同意撤軍。在渦口設立「鎮淮軍」，留下李重進繼續攻打壽州。顯德三年（西元九五六年）五月，柴榮率禁軍回到汴梁。

七月，湖南長沙的周行逢滅掉了岳州刺史潘叔嗣，成了湖南的第一把手。周行逢向柴榮稱臣，柴榮現在還管不到湖南，就封周行逢為武平軍節度使，總管湖南軍政。

柴榮回師之後，還留在淮南的周軍將士們見皇帝走了，反正沒人管了，開始撒起歡來，各部主將縱容士兵四處掠劫百姓財物，淮南人民大失所望，也不做「大周順民」了，跑到山上或湖邊，聚眾自守。周軍不高興，趕來征剿，居然被這些老百姓給揍腫了臉。

唐軍看到形勢有所好轉，立刻北上攻取先前被周軍奪去的州縣，沒多久，舒州、蘄州、和州（今安徽和縣）等地均被唐軍收復。周軍在上奏柴榮請求撤出揚州，全力圍攻壽州，得到柴榮同意後，周軍撤出揚州，轉向壽州。這次周軍將士們做了回好人，沒再敢臨行前再發「百姓財」，淮南一帶的百姓得知周軍「重新做人」後，自然放下心來，紛紛向周軍獻出糧食。

屋漏偏逢連夜雨，顯德三年的七月，柴榮的第二任妻子符氏病故，柴榮哭得死去活來，追諡為宣懿皇后。

唐軍打了幾個勝仗，心氣也高了起來，紛紛要求北上和周軍決戰。大太師宋齊丘搖頭說道：「我們不被柴榮吃了就是萬幸，別招惹柴榮了。而且我們給周軍一分面子，周軍自然會感激我們，壽州之圍也可不救自解。」李璟糊塗慣了，居然同意了，讓各地唐軍據守不戰。壽州的劉仁贍本指望周軍一敗，唐軍會趕來解圍，哪知道等到黃花菜都涼了，也沒見一個唐軍過來。

宋齊丘在五代十國也算是個重量級人物，見過大世面的。他難道不知道柴榮南下要的是什麼？一敗即退，那不是柴榮的性格。壽州是江南門戶，一旦失守，淮南必不可守，等到周軍百萬大軍橫渡長江的時候，宋齊丘是不是要學南朝陳後主陳叔寶那樣逃到井裡？李璟和宋齊丘是一對糊塗蟲。

周軍見唐軍沒有乘勝來壽州，毫不客氣的加緊了對壽州的圍攻，周軍主帥李重進可不是等閒之輩，治軍是有一套的。號稱「壽州援軍」的齊王李景達和陳覺又來了，不過是在距壽州百餘里的濠州（今安徽鳳陽）「支援壽州」。唐軍人數不少，整整五萬，可因李璟有旨不戰，當然樂得「觀戰」。

李景達窩窩囊囊，並不等於所有的南唐將軍都這副德性，淮南屯營應援使林仁肇還有些血性，林仁肇身體上刺著一隻老虎，江湖人送綽號「林虎子」。林仁肇孤軍來解壽州之圍，周義成節度使張永德在下蔡駐紮。

林仁肇在淮河上燒了一把火，企圖燒死張永德，可能是「風神」被張永德給收買了，剛才還是南風，突然颳起北風，林仁肇差點被燒死，只好後退。張永德又在距離浮橋不遠的地方用大鐵索拴住幾千根巨木，截住淮河水流，周軍在浮橋後防守，林仁肇再有本事也沒轍了。

張永德不愧是員良將，為將者要有勇有謀，不然一勇之夫如楚霸王，是成不了大事的。南唐軍再次派出水軍戰艦在淮河上和周軍決戰，張永德想了個好辦法：招募會游泳的士兵，讓他們趁夜游到南唐軍的戰船下面，用大鐵鍊子把戰船連起來。隨後張永德就發動周軍划動大艦，向南唐艦船衝殺過來。南唐大艦一動不動，軍人驚為怪事。周軍又衝又射，南唐軍被射死和溺死無數。

柴榮不斷接到捷報，喪妻之痛也漸漸消去，心情好了起來。而之前跟隨柴榮到汴梁的南唐右僕射孫晟卻暗中向南唐遞送情報，被周朝特工捉個正著，柴榮大怒：「前次勸劉仁贍死守，朕已饒你不死，今日如此，還有何說？」孫晟也不怕他，抗言請死：「臣身事唐朝數十年，不能救國家於水火，留此軀何用？請陛下賜死，以全臣節！」

柴榮見他如此強硬，不禁暗自佩服，知道孫晟不會屈節事己，便派都承旨曹翰去賜死孫晟。曹翰來到孫晟寓所，先和孫晟喝酒，沒喝兩杯，曹翰站起身來笑道：「旨意下，相公有罪我朝，今賜相公死。」孫晟縱聲大笑：「知有今日事。」孫晟整理一下南唐朝服，持笏朝著金陵的方向伏地痛哭：「臣孫晟未能成陛下事，當死以謝陛下，願天佑我唐，晟死而無憾！」曹翰下令，將孫晟一行賜死於東相國寺。

殺完孫晟後柴榮立刻後悔了，像孫晟這樣的忠臣，在五代中是不多見，留下來豈不是更好，可惜了。孫晟雖然是個文人，但忠膽照天，實在讓人欽佩。相似的一幕在西元一二八二年十月再一次發生，宋朝孤臣文天祥留下「孔曰成仁，孟曰取義。惟其義盡，所以仁至。」的絕筆，橫刀燕市中。孫晟和文天祥雖然都是文人，但他們都是英雄，人格的純粹容易造就英雄。英雄不怕死，怕死不英雄，人生苦短，終免一死，保全名節，雖死何憾？

而留在壽州城外的周軍繼續群毆劉仁贍，可打了一年多，連抓帶咬，就是沒有得手。而城中的劉仁贍日子過得更加艱苦，這一年來吃的都是陳糧，而且城外救援根本送不進來。南唐齊王李景達想立點功勞讓朝中對自己不滿的人瞧瞧，會同南唐軍邊鎬（邊菩薩）部、許文稹部、朱元部（朱元就是當年替李守貞突圍到南唐求救的那位），從濠州出發，沿淮河西上，來到紫金山（就是讓苻堅風聲鶴唳的八公山）下，準備裡應外合，擊潰李重進部。但李重進哪肯給南唐軍這個機會，當下就殺了過來，南唐軍被殺了五千多了，又退了回去。

劉仁贍見救兵無望，而且身患重病，已經下定了以身殉國的決心。但偏有一個人不想跟著劉仁贍送死，劉仁贍的小兒子劉崇諫趁父親不注意，想逃出城投降周軍，但被抓了回來。劉仁贍二話不說，將他最疼愛的小兒子斬首。

眾將哭拜求免：「少將軍一時糊塗，還請大帥饒他，為劉家留條血脈。」劉仁贍咬牙不許。劉仁贍之妻薛夫人哭告將士：「劉崇諫犯了軍法，罪當論斬，如果有罪不懲，我和劉將軍還有什麼臉面見三軍將士？」

劉仁贍將兒子首級巡視城中，三軍盡哭。京劇有齣戲叫《轅門斬子》，講楊六郎要殺兒子楊宗保的故事，但這件事情是虛構出來的，楊延昭的兒子叫楊文廣，也不叫楊宗保。但劉仁贍轅門斬子卻是真實的歷史，可惜後來說書的沒渲染五代十國的故事，所以劉仁贍轅門斬子並不為世人所熟知（真為劉仁贍而感動）。

周顯德四年（西元九五七年），柴榮剛在汴梁過完新年，便召集群臣議淮南軍情。多數人認為唐軍實力尚在，不易戰勝，不如以後再找機會下手。柴榮沉吟不語，讓宰相范質去問問在家養病的前淮南道行營都招討李穀，看他怎麼說。李穀遞了一個摺子，說「壽春已經被我軍圍困一年有餘，糧草耗盡，不會撐多少時間了。希望陛下能再次御駕親征，鼓舞三軍士氣，壽春不日就可拿下。」李穀上次逃跑，被柴榮臭罵一頓，這回開竅了。當然反正他有病去不了，給柴榮戴戴高帽子，能不白撈個人情？

柴榮果然大喜，以開封府尹王樸留守汴梁，即日再度南征。上次仗打得亂七八糟，這次柴榮要一戰成功。柴榮率禁軍來到下蔡（今安徽鳳台），遠望壽春，見城上的南唐旗幟高高飄揚，守備嚴整。柴榮對劉仁贍這個老對手不由肅然起敬：真是個了不起的漢子！柴榮身披重甲，在城下來回巡視。同時命趙匡胤去攻取城外不遠的兩座南唐軍大營，南唐軍聽說柴榮又來了，全都嚇跑了，趙匡胤砍了三千多顆人頭回營報功。

但紫金山還盤踞著數萬南唐軍，對柴榮是個很大的威脅，柴榮自然要拔掉這根刺。柴榮命眾將前去剿滅紫金山下的南唐軍，周軍有點意思，有柴榮是一副模樣，沒有柴榮又是另外一副模樣。周軍將士用命闖入南唐軍中，東殺西砍，南唐軍又多了一萬多冤死鬼，邊菩薩、許文稹等人被活捉，李景達等人沿淮河南岸向東撤退，周軍緊緊追趕。

柴榮不甘寂寞，帶著幾百精銳騎兵在淮河北岸平行追擊，並急命河中周軍水師速來劫殺南唐軍。周軍水陸諸兵種聯合作戰，將南唐的殘兵敗將團團圍住大開殺戒。南唐軍五萬人馬，能有幸免成為周軍刀下之鬼的只有一萬不多，又是伏屍數十里，淮河裡飄滿了屍體，慘不忍睹。李景達等人勉強保住小命，回到金陵哭鼻子去了。經過這幾次慘敗，南唐軍的主力基本上被周軍殲滅，剩下的還要防守邊境，能再和周軍掰腕子的不多了。

柴榮回到壽春城下，南唐軍已經不再對自己圍攻壽春構成什麼威脅了，柴榮決定要徹底解決壽春城的劉仁贍，再這樣耗下去一點意思也沒有。這時的壽春糧食吃盡，軍民面露菜色，根本不可能再頂住周軍超強度的攻擊。但柴榮擔心如果強攻壽春，會傷害到劉仁贍，柴榮一心要收下劉仁贍這位忠膽孤臣。

柴榮命人帶著親筆寫的勸降信來到壽春，勸劉仁贍速降，劉仁贍這時已經病重臥床不起，但還是不降。劉仁贍想做大唐忠臣，他手下的有些人可不願意殺身成仁，年輕輕的，為什麼要陪劉仁贍送死？監軍周廷構、營田副使孫羽等人私下冒名劉仁贍給柴榮寫了一封降書。柴榮和他們商定在城下受降，周廷構命人將幾度昏厥過去的劉仁贍放在擔架上抬到城北，去「主持」受降儀式。

七

周顯德四年三月，柴榮率軍入城，在城北見到了劉仁贍，快六十歲的老人，鬍鬚花白，但氣質雄毅，一看就是個正人君子。英雄惜英雄，自古皆是如此。柴榮越看越感動，當即拜劉仁贍為天平軍節度使，下詔：「盡忠所事，抗節無虧，前代名臣，幾人堪比！朕之伐叛，得爾為多。」命人速將劉仁贍抬回城中治療，派最好的御醫，用最好的藥，不惜一切代價也要救活劉仁贍。

但此時的劉仁贍對身邊發生的一切都沒有了知覺，周顯德四年，即南唐保大十五年（西元九五七年）三月二十四日夜，南唐名將劉仁贍病死於壽州城中，享年五十八歲。

劉仁贍死訊傳來，城中父老伏拜痛哭，淚水盈城。劉仁贍夫人薛氏痛丈夫此生辛苦，連哭五日，絕食而死。劉仁贍手下的一些將士不願做降兵，望空三拜劉仁贍，橫劍殉國。柴榮不住的感歎，在壽春城中厚葬劉仁贍，三軍肅立，默默無語。隨後柴榮追封劉仁贍為彭城郡王。

金陵中的李璟得到劉仁贍殉國的消息，哭昏數次，捶胸頓足，後悔萬分（宋齊丘這時在哪裡？），追封衛王。劉仁贍雖是武將，但熟讀百家書，儒雅好文，兼通兵法，時人比做孫吳再生。五代十國時勇將不少，但真正能讓敵我雙方都感動的死節名將沒幾個，一個劉鄩、一個劉仁贍（王彥章也算一個）。

梁朝的劉鄩和南唐的劉仁贍算是真正的英雄、劉鄩俠骨柔腸，劉仁贍忠貞不貳，比起那些靠打仗混飯吃的滑頭將軍，人品不知高出了多少倍。柴榮是劉仁贍的敵人，但他對這位敵人的氣節給予極高的評價。

壽州終於拿了下來，付出的代價太大了，但不管怎麼說，得到壽春就等於拿到了打開江南大門的鑰匙，李璟沒幾年好活了。這兩年將士們也打累了，需要一個調整的過程，「強弩之末，勢不能穿魯縞。」柴榮懂得這個道理，處理完壽春事宜後，柴榮返回汴梁。

回到汴梁後，柴榮做的第一件事就是處理前大將韓令坤之父、前許州（今河南許昌）行軍司馬韓倫貪贓枉法為州民武都所告發一案，因為韓倫犯罪情節比較嚴重，柴榮準備殺一儆百。但韓令坤哀求柴榮寬恕老父一死，韓令坤素有軍功，柴榮實在駁不過韓令坤的面子，從輕發落，將韓倫發配到沙門島（今山東蓬萊長島）。

因為韓倫的案子，柴榮自然就聯想到了自己的親生父親、以光祿卿身分「退休」的柴守禮。柴守禮雖然窩囊無用，但因為生了一個英雄兒子，地位自然與眾不同。柴守禮和當時的朝中重臣王溥、王彥超、汪晏、韓令坤等人的老爹在西京洛陽組成一個「阿父黨」，以柴守禮為首（兒子是皇帝嘛，當然老柴第一了）。

這些老爹們仗著兒子們的地位，在洛陽胡作非為，好事不幹，壞事做絕，弄的洛陽城中經常雞飛狗跳。洛陽百姓對他們頭疼不已，又不敢招惹他們，稱他們為「十阿父」。

柴守禮更是過分，曾經因為一件瑣事殺人，被死者家屬扭到了官府，要求懲治柴守禮。地方官一看是皇帝的老子，嚇得魂飛魄散，趁人不注意溜了。換是別人，地方官還敢管，這可是當今萬歲的生父。

即使柴榮繼位後至死不見柴守禮，但畢竟骨肉相連，這個官司對不起，不敢接。柴榮知道後，也頗感棘手，治與不治都不妥，後來乾脆不管了，由他去吧，反正活不了幾年了，並對死者家屬給了一定補償。

對於柴榮的做法，歐陽修倒看得很開：「世宗殺了柴守禮，也不能讓天下再無殺人案件，而如果世宗真殺了柴守禮，就有點忘恩負義了。世宗最需要做的不是殺柴守禮，而是杜絕這類惡性刑事案件的重演。」

雖然「王子犯法、與庶民同罪」，這是「皇上他爹」，換成同輩或小輩的，柴榮早就動手了。確實不必過多指責柴榮，現代的法律也不可能做到完全公平，這個世界上從來沒有過完全的公平，這樣的公平只存在於理論上，不存在於現實中。

這兩年在淮南費了不少心思，感覺也比較累，柴榮也趁這次回京好好休息一下，但老爹這幫人實在太不像話，讓人抓了把柄，柴榮自然很不高興。柴榮曾經下詔在宮中修造永福殿，讓太監孫延希當監工頭。

這日柴榮無事，便微服來到工地看看，此時正值午餐時間，當柴榮看到來服工役的農民居然用髒木棍在瓦片中盛飯吃，柴榮心被刺痛了，他撥的錢款難道不夠這些工匠吃幾頓飯的？肯定是孫延希從中貪墨，當即命人把孫延希抓來，當眾斬首，並改善工匠們的伙食。

孫延希貪污公款確實該殺，柴榮要做天下共主，連工匠的午餐都不管，傳出去是要被人笑話的。對這號無恥之徒就要發現了一個處理一個，孫延希貪掉的絕不只是幾兩銀子，而是民心。並且孫延希撈好處，讓柴榮背黑鍋。貪污民心是最人的貪污，政治腐敗是最大的腐敗，老百姓是不會容忍長久如此的，又想起那句金石名言「水能載舟，亦能覆舟」。

上次出征淮南前柴榮曾經下詔擴建汴梁城，這時的汴梁城已經初具國際大都市的規模，但汴梁的水運交通還比較落後，各地物資運抵汴梁的成本太大，柴榮想到了疏通水道。顯德四年（西元九五七年）四月，柴榮決定動用民夫開始疏通汴水和廣濟河（也稱五丈河，迄於山東梁山泊。梁山泊就不用多介紹了吧，呵呵），將兩條河道溝通後，山東河北的進京物資就可以走廣濟河，這樣將節省大量的運輸成本。

而這時，從淮南前線傳來南唐的濠州（今安徽鳳陽）監軍郭廷謂率領水軍毀掉渦口的浮橋，並在定遠（今安徽定遠東南）大敗周武寧軍節度使武行德，死傷千餘，武行德僥倖逃命。柴榮不禁深鎖眉頭：「這幫飯桶，成事不足、壞事有餘。」

柴榮決定第三次征淮南，前兩次雖然有所收穫，但淮南並沒有完全奪過來，星星之火、可以燎原，不能給李璟這樣的機會。柴榮先是改革了官員任用制度和社會治安的法律，並讓「法律專家」、右庶子劇可久開始著手修改刑律。把內政理順之後，柴榮這才放心的踏上第三次南征的道路。

顯德四年十一月，柴榮率禁軍南下，不日來到濠州城外。柴榮看到在濠州東北淮河中有一個名做十八里灘的沙灘，上面盤踞著不少南唐水軍，柴榮不喜歡。柴榮想了一個好招法，讓趙匡胤帶著數百重甲武士騎著隨軍飼養的駱駝浮水過河，沖到灘上，趙匡胤對這些鳥人實在有些大材小用，一陣亂揍，滅了這個水寨。

隨後，柴榮率禁軍攻取濠州，鎮守濠州的郭廷謂竭力死守，並趁夜率軍攻入周軍營中，周軍一陣大亂，死傷不少。柴榮大怒，穿上甲冑，持劍縱馬殺入陣中，和南唐軍玩命，周軍人多，幾下就把郭廷謂打回了城。柴榮順手將濠州旁邊的軍事據點關城和一個水寨拿了過來，斬首兩千多，燒了南唐的戰船七十多艘。接著又開始進攻另外一個軍事據點羊馬城，羊馬城對濠州至為重要，被周軍攻下後，守城的郭廷謂看到這個樣子，知道守肯定守不住了，只好投降。

柴榮稍做休整，帶領水軍乘大艦沿淮河西下，趙匡胤帶領精銳馬步軍平行前進。到了渦口，駐守在這裡的南唐軍很討厭柴榮隔三差五的來淮南找事，想做了柴榮。哪知沒做掉柴榮，反被柴榮給做掉了，南唐軍大敗，送給周軍五千顆人頭，南唐軍拼命東逃。柴榮不想放過這夥「淮賊」，想跑？看你能跑到哪裡？

柴榮繼續率水軍由淮河東下，趙匡胤依然在地上騎馬跟著。柴榮一路東進，各地唐軍水寨紛紛投降。柴榮一直追到泗州（今江蘇盱眙），命趙匡胤率敢死士薄城，趙匡胤身先士卒，周軍很快就攻下泗州的附城月城。

柴榮不讓休息，繼續給我狂攻。柴榮親自上陣，指揮將士攻城，城上射來的箭也被柴榮給拔掉了不少。周軍士氣正盛，區區泗州能奈何了這幫虎狼？南唐泗州守將范再遇搖起白旗投降了。

顯德四年十二月，柴榮還是老一套，他在水上行舟，趙匡胤地上跑馬，兩人比賽看誰跑得更快。很快就到了清口（今江蘇淮安清江，當年龐師古喪命的地方），周軍大造聲勢，號鼓喧天，震懾南唐軍民。在楚州（今江蘇淮安）大破南唐水師，南唐的楚州防禦使張彥卿固守不出，而南唐保義軍軍節度使陳承昭帶著一些殘兵朝東逃竄，被柴榮看到了。

柴榮操刀縱馬直追，趙匡胤也帶著精壯馬軍跟著柴榮沿岸直追。一直追出了六十里地，在今江蘇漣水一帶趕上陳承昭，柴榮回顧趙匡胤：「在朕面前亮亮你的本事！」趙匡胤也樂得在皇帝面前逞回威風，活捉了陳承昭。

像柴榮這樣的馬上皇帝確實很有魅力，事必躬親，下馬治國、上馬行軍。這樣的男人在五代裡頭沒幾個，勉強能算上李存勖，但李存勖是個政治白癡，李存勖的魅力比起柴榮來，遜色得太多。在現代商場上，最受大眾歡迎的還是那些霸氣的領袖型企業家，領導者有魅力，他所領導的企業就有魅力，這和治國治軍是一個道理。

八

這一通折騰，駐守在淮河一線的南唐水軍滅得差不多了，南唐地處江南，水網縱橫，水軍是他們對抗周軍的一張王牌。現在這張王牌沒了，南唐的騎兵和步兵不是周軍的對手，柴榮可以慢慢收拾李璟了。收編了濠州的南唐軍之後，柴榮立刻率軍南下天長（今安徽天長），刺史易文贇出降。柴榮對古稱「揚一益二」的江淮財富重地揚州懷念不已，便命鐵騎左廂都指揮使武守琦帶著騎兵去揚州走一趟。

而南唐皇帝李璟雖然昏聵，但畢竟不像晉惠帝司馬衷那樣的白癡，對眼前的形勢很清楚：淮南已經不屬於他了，為了不至惹怒柴榮傾國之兵南下江南，現在李璟唯一需要做的就是徹底放棄淮南，把北方防線從淮河南撤到長江一線。李璟發兵過江來到揚州，將城中百姓盡數用舟載到江南，只留下一座空城。武守琦不戰入城，接著又奉柴榮的旨意去收泰州，南唐人望風披靡。

轉眼就到了顯德五年（西元九五八年）的春天，原屬南唐的淮南盡數被周軍奪去，王樸在《平邊策》的第一步戰略基本得到實現。柴榮想讓李璟長長見識，有點自知之明，不要再打淮南的主意。柴榮想讓周軍水師大艦想走水路經淮河到長江上轉轉，但淮河水道北神堰（今江蘇淮安北郊）過於狹窄，大戰艦過不去。

柴榮決定親自考察一下當地地形，以便規劃開通水道，柴榮在淮河沿岸轉了幾天，讓規劃人員按照他的指示設計水道草圖。規劃好後，柴榮發動民夫數萬人用了十幾天的功夫就疏通了原先較窄的漕渠水道。柴榮疏通漕渠水道在京杭運河史上具有重要意義，北宋統一後，江南財富可以從長河沿漕渠北上淮河經古汴水運抵開封，大大促進了工商業的發展。

柴榮留在楚州城外準備攻城，先讓百艘獸頭大艦經漕渠南下，讓南唐人看看大周水師的雄姿，在心理上徹底摧毀南唐軍的反抗。周朝水軍一路前行，駛到長江瓜州渡口（今江蘇鎮江瓜口）時，周軍戰艦組成方陣，在江上來回游弋，周軍將士在艦上擂鼓吹角，聲震數十里。長江南岸的南唐軍民看到周軍「勢同雷霆烈焰」，足見柴榮的氣魄何其宏大，唐人以為天神下降（隋滅南陳時楊素也這麼風光過），畏服不已。

嚇唬住了南唐，柴榮開始下令強攻楚州，城中南唐軍箭如雨下，柴榮不為所動，揮劍指揮，意氣如常。趙匡胤奉命攻北城，帶著將士架雲梯如潮般打城。雖然張彥卿號稱南唐良將，為人忠烈可風，但畢竟寡不敵眾，被周軍一擁而入。張彥卿孤忠可嘉，死守內城，寧死不降，和周軍展開了極其慘烈的巷戰，血濺如雨，肉飛如雪。南唐軍全都戰死，沒有一個人投降。（莫謂南人無武！）

只剩下張彥卿一個人在官署中和數百周軍死戰，周軍勸他不要做無用功，張彥卿大喝：「北虜！少說廢話，有本事的給我來一刀，沒本事我讓你們站著進來倒著出去！」周軍大憤，上前和張彥卿玩命。張彥卿決心殉國，和周軍殺在一處，張彥卿的兵器打爛了，就舉起家具抵抗。周軍人多勢眾，幾刀下去，張彥卿悲壯戰死。

南唐忠誠良將一大把，可偏偏遇上了李璟這個昏君，內政不修，必然導致國勢衰弱，引來強敵入侵。不過從另外一個角度來看，雖然李璟無能，但為人尚不失寬厚，所以武將多願死節，壽州死了一個劉仁贍，楚州死了一個張彥卿，也可見李璟平時待眾人的態度。

另外一個例子就是南宋末年，蒙古軍南下，雖然宋朝對外屢戰屢敗，但是宋朝對君子士大夫相待極為寬厚，士人多願為宋朝死節。甚至宋朝抑制武將，也多死節之士，如張世傑，本是蒙古將，有罪奔宋，宋亡之時，世傑連奉二少主，亡命海角天涯，饑則吃口乾糧，渴則飲海水，寧做宋死鬼，不為元生人。張世傑有句名言：「吾知降，生且富貴，但主死不移耳。」

雖然五代十國是天下大亂、禮崩樂壞的時代，但越是亂世越能顯出人性的光輝，人格的力量越在困境越能迸發出震撼千古的能量。像杜重威這等滑頭將軍，任他偷奸耍滑，終不免亂刀橫死。同樣是一死，張彥卿、張世傑等人就死得異常壯烈，司馬遷在《報任少卿書》中說過：「人固有一死，或重於泰山，或輕於鴻毛，用之所趨異也。」

周軍攻下楚州，柴榮即刻啟程南下，趕往揚州。

因為揚州是座空城，柴榮便在揚州老城的東南再建一座新揚州，並將原揚州所屬各縣的一萬多百姓遷到新城。這時的柴榮意氣風發，率文武來到長江邊，柴榮本就是有大氣魄的雄主，看到浩瀚長江滾滾東去，不禁心胸開闊。遠望金陵，只見煙波浩渺，影影綽綽，柴榮感慨良多。

自唐安史之亂以來，天下紛擾二百年，各大藩鎮軍政自處，和中央分庭抗禮。到了朱溫廢唐自立，天下局勢更加混亂，所謂天子皆強橫軍閥所自為之，暴虐害民，社會生產力遭到了空前的大破壞。道德成了廉價的裝飾品，生命的尊嚴在五代十國時期受到了空前的挑戰，五代十國時期犯事的官員，多逃不了夷族之禍，誅及無辜。

唐平盧節度使王師範在被朱溫滅族之前，舉族痛飲，然後哀求刑者：「我知道必不免死，只是希望先斬少者，次及老者，尊卑有序，不然我將有愧祖宗於地下。」如此可憐，讓人不忍視之。但歷史從來不講什麼人情，人類歷史本就是一部血腥的殘殺史，勝利者坐在失敗者的白骨之上，享受著人世間頂級的奢華。但勝利者只是圖一時之快則已，多是「祖宗造孽子孫當」，到了兒孫輩，又被人夷族，生前身後，何苦？

寫到這裡，突然想起《紅樓夢》開篇甄士隱對瘋跛道人所唱《好了歌》的解注。雖然字數較多，但不忍割捨一二，乾脆全都摘錄下來：

「陋室空堂，當年笏滿床；衰草枯楊，曾為歌舞場。蛛絲兒結滿雕樑，綠紗今又糊在篷窗上。說什麼脂正濃，粉正香，如何兩鬢又成霜？昨日黃土隴頭埋白骨，今宵紅綃帳底臥鴛鴦。金滿箱，銀滿箱，展眼乞丐人皆謗。正歎他人命不長，哪知自己歸來喪！訓有方，保不定日後作強梁。擇膏粱，誰承望流落煙花巷！因嫌紗帽小，致使鎖枷扛；昨憐破襖寒，今嫌紫蟒長；亂哄哄你方唱罷我登場，反認他鄉是故鄉。甚荒唐，到頭來都是為他人作嫁衣裳！」瘋跛道人大笑：「解得切！解得切！」

歷史是什麼？也許只有一個答案，洋洋數千年人類文明史，其實就是一部人吃人的歷史。

當歷史走到柴榮這裡時，柴榮有幸被歷史選中，拉開了統一的大幕，雖然最終完成統一的是趙氏兄弟，但相信許多人在讚賞趙氏兄弟的豐功偉績時，不會忘記了柴榮。真正完成統一的是柴榮，趙氏兄弟不過因勢成事而已。

因為此時南唐的水軍尚在，對柴榮南下依然構成威脅，所以必須除掉它。新得軍報，南唐水軍幾百艘大艦準備駛往長江口。長江口是吳越國入貢中原的必經通道，柴榮知道李璟復淮南之心不死，那哪能答應？

顯德五年（西元九五八年）三月，柴榮下令，以殿前都虞候慕容延釗領馬步軍走長江北岸，神武統軍宋延渥領水師，順江直下。周朝水師訓練有素，裝備先進，士氣正盛，加上慕容延釗的馬步軍都是中原壯漢，戰鬥力沒得說。幾天後，慕容延釗和宋延渥合力，在東布洲大破南唐水軍，南唐戰艦多被周軍擊沉，僥倖逃上岸的南唐軍又被以逸待勞的慕容延釗率軍給滅了。

柴榮在淮南縱橫數年，得到淮南十州之地，但還有廬州（今安徽合肥）、舒州（今安徽潛山）、蘄州（今湖北蘄春）、黃州（今湖北黃岡）還在李璟手中。尤其廬州是江北重鎮，戰略地位非常重要，絕對不能留給李璟。雖然李璟不可能對柴榮造成什麼威脅，但夜長夢多，不可掉以輕心，在現在有能力徹底解除淮南問題的時候，就要一鼓作氣，將隱患徹底消滅在萌芽狀態。

柴榮調李重進部星夜撲向廬州，拿下廬州，掃定江北，周軍勢力就可以在東起長江口，西至鄂州的長江北岸建立起一條強大的攻擊體系，隨時都可以南下。而金陵的李璟看到柴榮在江邊不走，大為擔心：「這柴榮是不是要過江？朕難道真是陳後主投胎轉世？」驚嚇了好一會，李璟想了一個好辦法：傳位。要當亡國皇帝，也要拉個墊背的，便派兵部侍郎陳覺來見柴榮，乞求大周皇帝恩准自己把皇位傳給皇太子李弘冀，並保證李弘冀絕對聽從於大周皇帝。

九

陳覺來到柴榮駐蹕的迎鑾鎮（今江蘇儀徵境內），陳覺這個人，讓他去做利國利民的事，他沒這本事。但如果讓他禍國殃民，絕對是把好手。來到迎鑾後，陳覺看到周軍兵甲強盛，心中打起了小算盤：「再打下去，江東必然不保，我在江東還是個人物，如果到了汴梁，我又算老幾？」為了不激怒柴榮，陳覺做了回好人，對柴榮說：「陛下神武，天人共知，我主不敢有違天命，淮南之地，已屬大周。至於廬舒四州，請陛下遣臣手下去金陵，良勸我主，早割四州，以求南北安息。」

柴榮當然願意，就打發陳覺手下劉承遇回去見李璟，把親筆信交給李璟，勸李璟早識天命：「朕與江南國主言，但割江北，朕必撤兵。」這時的李璟根本沒有選擇的餘地，力保柴榮不過江是李璟外交工作的重中之重，只要柴榮不南下，讓他幹什麼都成。李璟再讓劉承遇做與周朝談判的代表，再辛苦一趟，趕回迎鑾鎮，答應柴榮的要求。

顯德五年三月，南唐皇帝李璟向周朝稱臣，自降國格，去掉帝號，改唐交泰元年為周顯德五年，並賤稱江南國主，並割讓廬州、舒州、蘄州、黃州，連同先前周軍攻下的十州共十四州，並每年向周朝進貢財帛茶米共百萬。約定以長江為界，以北屬周，以南屬唐。同時，李璟為避周朝祖諱

（郭威爺爺的爺爺名叫郭璟），更名為景。

柴榮征服淮南的戰略目的終於達到了，自然也就見好就收，說了一通客套話：「朕此來只要江北土地，拯救萬民，你能屈尊如此，朕也就滿足了，干戈宜休不宜興，以後我們就是好朋友了。」和李璟互相假惺惺了一番，事已至此，李璟還有什麼說的。

至此，長達近三年的南唐和後周的淮南爭奪戰拉下了帷幕，大周帝國的版圖上從此多了十四州、六十縣、二十二萬六千五百七十四戶、人口百餘萬。這樣，周朝境內的戶口數增到二百三十多萬，人口近千萬，這時中原政權因為失去燕雲十六州而造成的人口流失被柴榮補了回來。

事情處理得差不多了，有了淮南做為糧食和財富基地，柴榮的家底更足了，也就敢動大手筆了。現在也是這樣，「錢不是萬能的，但沒有錢是萬萬不能的」，行走江湖，身上沒錢可不行。青面獸楊志如何？吃了人家的飯不但不給錢反而打了老闆娘。柴榮在長江沿岸轉了轉，想家了，於四月間大駕回京。

柴榮南征時，北方的契丹不老實，出兵抄掠內地，幹了不少壞事。柴榮不能容忍任何人對他的蔑視，管你七丹八丹，惹著爺就是不行！柴榮詔命鎮寧軍節度使張永德帶著弟兄們去修理一下契丹人，趕緊滾回去，別給臉不要臉。

自從唐末以來，連年戰亂，百姓流離失所，一方面土地被大量兼併，另一方面造成大面積的荒田。有地種的百姓要接受中央、地方藩鎮和地主的多重壓迫，負擔很重，柴榮便有了改革土地制度的想法，他看了唐朝大詩人元稹的《均田表》，感覺很有價值，便親自草畫了《均田圖》，先發給各級地方長官看看，心中有數，以便日後柴榮改革賦稅制度時積極配合。

柴榮在實行土地改革之前，先進行了農村的行政區劃改革，對縣鄉村鎮進行合併，以每百戶為一團，每團由三位當地德高望重的老者負責。（相當於現在的村委會）唐末五代政局動盪，行政區劃混亂程度堪比南朝的僑州，柴榮此舉順應了歷史發展的潮流，是很值得稱道的。

這時的柴榮已經有了抵制地方藩鎮權力的想法，「臣強則君弱」，五代尤其如此，地方藩鎮軍政通吃，對中央政府是極大的威脅。趙匡胤後來削弱藩鎮，實行中央集權，實際上是完成了柴榮未竟的事業而已。現在天下未定，這些事情暫時還沒有條件去做，不過柴榮已經有了一套完整的改革計畫，先滅了那幫軍閥再說，時間還來得及。

過完殘年，就是顯德六年，（西元九五九年，柴榮生命中的最後一年。）柴榮召令精通音律的樞密使王樸修改禮樂。幾十年來朝廷只顧著打仗了，哪有功夫去關心禮樂？柴榮不一樣，一方面天下大勢已經在他掌握之中，另一方面禮樂是盛世的象徵，柴榮已經對統一天下志在必得了。

隨後，柴榮還嫌水路運輸線不太通暢，調動民夫由韓令坤率領，將汴梁城外的汴水開渠引入蔡水。蔡水是連接汴水和穎水的重要水道，打通之後，淮河中下流的運輸船隊就可以直接溯蔡水北上進入汴梁，使汴梁又多了一條南方進京水道，對汴梁經濟的發展大有益處。

正當柴榮雄心勃勃的準備統一天下之時，被柴榮深為倚重的後周第一重臣王樸突然沒有任何先兆的病倒了，僅僅一夜，王樸去世。柴榮聞著噩耗，大驚失色，急急趕到王宅，看到前幾天還在一起談笑風生的王樸此時已經魂歸西去。柴榮痛不欲生，放聲痛哭：「朕與爾，名稱君臣，實則摯友，朕為爾心，爾為朕臂，心臂如一，天下可致太平。爾奈何捨朕先行？獨忍朕寥落於世間乎？」

王樸可是柴榮的無價之寶，王樸在後周的地位就像劉備的諸葛亮、苻堅的王猛。一代奇才說沒就沒了，柴榮如何能平靜得下來？任憑眾人苦勸，柴榮無動於衷，哭累了，休息一會，接著再哭，淒聲哀念，讓人揪心不已。

王樸為人剛毅，長於辯才，非常投柴榮的脾氣，所以君臣關係極佳。每次柴榮親征，總是留下王樸坐鎮後方，王樸有才，忠心不二，柴榮非常的放心。後來趙匡胤即位，有次來到功臣閣中，看到王樸的畫像，趙匡胤急整好衣冠，朝王樸像鞠躬。侍從勸止：「王樸是前朝臣下，陛下不應該行此重禮。」趙匡胤用手指了自己身上的龍袍：「王樸不早死，朕根本就沒有可能穿上這個。」

宋太宗趙光義也知道王樸的分量，經常對臣下稱讚王樸大才，由此可見，王樸早死對柴榮的打擊有多大。只是不知道那位「千古名相」趙則半聽到趙氏兄弟如此美譽王樸，心中會不會打翻醋瓶子。

還有一種假設，如果王樸死在柴榮之後，輔佐柴宗訓，趙匡胤還有沒有可能兵變即位？可能性不會很大，柴榮是皇帝中的王樸，王樸則是群臣中的柴榮，王樸若在，柴榮可為不死矣。范質、王溥那幫書生哪是趙匡胤的對手，如果換了王樸就不一樣了。

現在王樸死了，放眼四望，除了那班赳赳武夫，就是唯唯諾諾的狗尾貂冠諸君子，趙簡子哭周舍之死：「吾聞千羊之皮、不如一狐之腋；眾人之唯唯，不如周舍之諤諤。」柴榮此時正是這樣的心情。但人死不能復生，哭罷多時，柴榮下詔厚葬王樸，追贈侍中。

顯德六年三月，柴榮下詔北伐契丹，準備收復被石敬瑭出賣的中原屏障燕雲十六州。關於柴榮為什麼會在這個時候北伐，而不是按之前王樸制定好的先南後北戰略。個人認為如果柴榮在征淮南之前進行北伐，那麼南方的幾個政權就有可能趁亂來抄柴榮的後院，柴榮將腹背受敵。

而先征淮南，除了擴大土地和人口，更重要的是嚴重打擊了南方各政權（尤其是南唐和後蜀）對中原的窺視野心，這等於實際上解除了南方的邊患。而且柴榮此次北伐並不是要消滅契丹，只是收復十六州，也沒有順道攻取北漢，這並不違背王樸《平邊策》的總體戰略思想。

柴榮留宣徽南院使吳廷祚守東京，主政開封事務。飛詔義武軍節度使孫行友遏西山路，防備北漢。顯德六年三月二十九日，柴榮率三軍，離開東京，大軍行至滄州（今河北滄州），用左諫議大夫薛居正為刑部侍郎，安撫滄州百姓（如果柴榮不早死，那麼薛居正著的就不是五代史而是三代史了，後周不承認朱梁）。柴榮繼續北進至乾寧軍（今河北青縣），駐守於此的契丹寧州刺史王洪見周軍來勢洶洶，知道柴榮不是來旅遊的，乾脆投降。

柴榮在淮南養成了坐船的習慣，讓歸德軍節度使韓通率馬步軍沿河北上，自己率周軍水師直進。鎮守益津關（今河北霸縣）的契丹守將終廷暉頭腦靈活，王洪都降了，自己何必為耶律璟賣命，搖了白旗。前面水路狹窄，大艦過不去，柴榮棄舟上馬，周軍直撲瓦橋關而來，趙匡胤部當前掃路。為契丹賣命的姚內贇學習王洪好榜樣，成了「大周義民」。

柴榮大軍兵臨莫州（今河北莫縣），給契丹莫州刺史劉楚信一首選擇題：Ⓐ投降，Ⓑ還是投降。劉楚信同學反應迅速，毫不猶豫的選擇了答案Ⓐ。柴榮又把同樣一道選擇題出給了契丹的瀛州（今河北河間）刺史高彥暉，高前輩沒說的，不用選了，讓我怎麼著就怎麼著吧。

僅僅不到一個月的時間，周軍以未傷一人、未發一矢的代價，奪回了三州、三關、十七縣。周邊的契丹軍寨早就聽說了柴榮的大名，沒人願意和柴榮單挑，紛紛投降。柴榮改瓦橋關為雄州，益津關為霸州（不愧是柴榮，起的名字也這麼霸氣！）。

對於這樣的北伐，有一些評論認為柴榮即使再多活幾年，也未必能盡收十六州，因為投降柴榮的都是漢軍，並沒有遇到契丹主力部隊，如果契丹軍和周軍打起來，勝負不可預知。對於這樣的說法，我們應該這樣看：在契丹（遼朝）的九位皇帝中，最具軍事能力的就是遼太宗耶律德光，十三年前他南下攻晉，在白團衛村被晉軍揍的慘敗，差點被活捉。那時的晉朝將軍杜重威、李守貞這樣的角色都能把耶律德光搞成那副慘樣，柴榮面對的耶律璟能比他老爹耶律德光強多少？

即使讓柴榮遇上號稱契丹第一名將的耶律休哥，趙匡胤的能耐還是可以對付一個耶律休哥的。駐守南線的契丹漢軍為什麼一仗不打就投降了柴榮？一方面這些契丹漢軍將領在契丹要受到契丹貴族的壓迫，另一方面他們也知道柴榮在淮南的英雄事蹟，這個時候和柴榮玩硬的純粹找死，都不想為異族政權賣命，不值得。從五代宋初的三個開始進行統一的皇帝的個人能力上講，趙光義＜趙匡胤＜柴榮，不能因為後來趙光義被契丹接連臭揍就推定柴榮不行，人和人的能力是不一樣的。

不費吹灰之力就拿下了三州，柴榮自然龍心人悅，再起雄心，準備以禁軍主力去強攻契丹南線防禦重鎮幽州，將契丹人趕回大漠去。文武眾臣多持異議：「陛下發京師四十二日，兵未血刃，馬未折足，便致三州於麾下，四海之內，孰敢不服？但幽州北國大郡，城高池深，契丹軍馬強盛，未宜輕敵。況契丹以坐守之逸師待我縱行千里之疲軍，於兵法不合，請陛下三思後行。」

柴榮不悅：「朕御臨天下五載，兵鋒指處，所向披靡。江東五十年磐石大國，猶被朕橫掃千軍，誠惶誠恐，北向拜我。二十年前晉高祖賣我十六州膏腴險障之地，北虜乘勢每每南侵，殺我百姓，搶我牛羊，誰能忍之？契丹雖強，但朕不怕！朕今日必要挫一挫契丹人的威風，莫謂中原無人！卿等隨朕數年，難道不知道朕的脾氣？若卿等懼怕契丹，自留於此，朕率一支兵馬北上強攻幽州城。」

柴榮傳令三軍，做好戰鬥準備，明日一早起兵，北上幽燕。群臣哪個不知道柴榮的脾氣？只要是他認準的事情，百折不彎，絕不回頭，只好歎息而出。

可就在這天晚上，柴榮突然染疾，對於得的什麼病，史書不詳，只稱「不豫」。到了天明，眾人知道後都來請安，柴榮勉強支持臥在榻上示意。柴榮智力還很清醒，知道這次北伐是不行了，長歎：「朕本欲為子孫蕩定北患，沒想到病倒於此，朕心煩亂，不能再主軍務，只能再回京將養，待朕癒後，再行北伐。」下令撤軍。得知契丹主準備讓北漢出軍河北，給柴榮製造麻煩時，柴榮大怒，命李重進率軍出井徑口告訴劉承鈞：柴榮不是好惹的。李重進也厲害，沒幾下子就斬殺了兩千多北漢軍，北漢軍立刻縮回去了。

周軍主力停此不前，而義武軍節度使孫行友一路從定州出發，急行百餘里，攻到易州城下。契丹的易州刺史李在欽不認孫行友是個人物，在城下大戰，一戰被孫行友拿下，斬首於陣前。不過周軍因為皇帝病重，不便再發動大規模的戰事，孫行友也樂得清閑，固守本鎮。

因為柴榮病情加重，大軍急速南行，但當行至澶州（今河南濮陽）時，柴榮突然下令暫留澶州，柴榮依然對北伐不死心，想也不是什麼大病，也許過幾天就好了，然後再北伐不遲。柴榮在軍府中養病，文武大臣一概不見，柴榮不想聽他們在耳邊叨叨。群臣大驚，柴榮到了這個時候居然還想著北伐，想勸，但柴榮根本不見他們。只好去找時任澶州節度使的周太祖郭威女婿張永德，張永德和柴榮是親戚，能說上話。

這些人理由非常充分，告訴張永德：「今皇帝有恙，四方洶懼，東京無主，萬一事發肘腋，悔之何及？只有陛下回京，才能鎮得住亂局。還請張公進言聖駕，速還京師。」

張永德覺得有理，便進去見柴榮，把上述這番話說給柴榮。柴榮強笑：「這是你的意思？」張永德怕皇帝生氣，也不想給別人背黑鍋，便說「群臣意皆如此。」柴榮咳嗽數聲，歎道：「朕知道他們都不想打，可山北百萬黎庶受虜虐治，朕為天下主，怎敢視吾子有難而不救？你怎麼這麼不懂事，你難道還不了解朕？」張永德伏地請罪，柴榮擺了擺手，讓他出去。

撤就撤吧，病情一時半會好不了，只能先回汴梁再從長計議。五月三十日大軍回到汴梁。這時柴榮因為感受到了家的溫暖，情況略好一些，但為了防止萬一，立宣懿皇后符氏的妹妹小符姑娘為皇后，以七歲的長子柴宗訓為梁王，一旦柴榮有恙，立刻嗣承皇位。同時，任命范質、魏仁浦、王溥為相，總理朝政。當柴榮看到這三位書生宰相時，一定會想到去世不久的王樸，心情極為沉痛：「有樸在，朕何憂於此？」

北漢的劉承鈞還不太老實，在邊境上一通亂摸。駐守潞州（今山西長治）的周昭義軍節度使李筠是周朝響噹噹的名將，負責防守南境，當然不能讓河東得逞，出兵北上，拿下遼州（今山西左權）。劉承鈞想渾水摸魚，結果什麼也沒摸到，還被刺了幾下，只好作罷。

柴榮回到汴梁後，坊間卻傳播著一條非常神秘的小道消息：「點檢當做天子！」都下人議論紛然，洶洶攘攘，這話自然也傳到了柴榮的耳朵裡。此時的殿前都點檢是張永德，難道張永德會「順應天意」？那怎麼能行，張永德的能力柴榮是清楚的。任何人都不能威脅到柴宗訓的地位，立刻罷胤做殿前都點檢。

免張永德，賞給張永德一個「校檢太尉」的虛職，柴榮改任被他視做忠臣楷模而且級別較低的趙匡胤做殿前都點檢。

柴榮也是，如果懷疑殿前都點檢要做天子，又何必罷張立趙，乾脆廢掉這個職務，換一個名字豈不是更安全？當然職務名稱是什麼並不重要，重要的是實權，有權走遍天下。

過了兩天，柴榮大漸，看樣子是撐不下去了，急召范質等人入大內接受顧命。柴榮執梁王柴宗訓手謂眾人道：「朕前三子，皆死於乾祐之變，獨宗訓最長，年止七歲，幼弱無知，朕死後，望卿等善加輔弼，為郭氏留條血脈。」說完柴榮流淚不止，眾人也跟著哭，宮中一片淒淒慘慘。柴榮交代完後事，輕歎一聲，昏昏沉沉地睡去了。

五代後周顯德六年（西元九五九年）六月十九日夜，柴榮病死滋德殿（五年前郭威也死在這裡），侍從眾人放聲痛哭，一代聖主柴榮魂歸空靈，從此不再醒來。

對於柴榮的英年早逝，史家一片歎息，甚至薛居正在宋朝編著《梁唐晉漢周書》時，就高度評價過柴榮：「江北燕南取之若草芥，神武雄略，及一代之英主也。……降年不永，美志不就，悲夫！」。神武雄略，放眼中國歷史數千年，大約只有三個人可以受之無愧：秦始皇、漢武帝和唐太宗。這三位「樣板皇帝」在歷史上的知名度沒得說，相比之下，柴榮的名氣就小多了。但柴榮在短短五年時間內所展現出來的雄才大略和魅力，絲毫不比那幾位差。

歐陽修評論柴榮：「世宗區區五六年間，取秦隴，平淮右，復三關，威武之聲震懾夷夏，而方內延儒學文章之士，考制度、修《通禮》、定《正樂》、議《刑統》，其制作之法皆可施於後世。其為人明達英果，論議偉然。」同時歐陽修還肯定了柴榮的北伐：「其英武之材可謂雄傑，及其虛心聽納，用人不疑，豈非所謂賢主哉！其北取三關，兵不血刃，而史家猶譏其輕社稷之重，而僥倖一勝於倉卒，殊不知其料強弱、較彼我而乘迅律之殆，得不可失之機，此非明於決勝者，孰能至哉？誠非史氏之所及也！」

司馬光也對柴榮厚加褒贊，並拿唐莊宗李存勖和柴榮做比較：「莊宗以弱晉勝強梁，既得之，曾不數年，外內離叛，置身無所。誠由知用兵之術，不知為天下之道故也。世宗以信令御群臣，以正義責諸國。江南未服，則親犯矢石，期於必克，既服，則愛之如子，推誠盡言，為之遠慮。其宏規大度，豈得與莊宗同日語哉！《書》曰：『無偏無黨，王道蕩蕩。』又曰：『大邦畏其力，小邦懷其德。』世宗近之矣！」

王夫之歎道：「世宗自將以伐契丹，其志乃大白於天下。而中國之威，因以大振，其有疾而竟不克者天也，其略則實足以天下而紹漢、唐者也。天假之年，中原其底定乎！」

現在有些朋友認為柴榮病死的那一天（西元九五九年）六月十九日是中國歷史一個重大轉捩點，如果柴榮不死，以他的能力、魄力、魅力，十餘年間肯定可以至少統一中國大部，十六州也可以收回來，在這個基礎建立起來的大周帝國將不會上演兩宋積貧積弱、最終被北方強悍的游牧民族政權消滅的歷史慘劇。這個觀點，姜狼也基本認同，若上天真能如柴榮所願「十年開拓天下，十年養百姓，十年致太平」，中國歷史將是另外一個樣子，也許中國歷史上將出現一個名詞：「顯德盛世」。

像柴榮這樣的人物，實在太罕見了，有時不僅為柴榮感到可惜，也為歷史感到可惜，但也只能可惜一下，歷史永遠改變不了。

記得蔡東藩先生有詩讚柴榮：

南征北討不辭勞，
戰血何妨灑御袍。
五代史中爭一席，
郭家養子本英豪！
柴榮，英雄也！

十一

柴榮死後，范質等人在靈前擁立梁王柴宗訓即位，依然以第二年為顯德七年，以示對大行皇帝的崇敬。同時大封文武，范質、王溥、魏仁浦依然做宰相，柴宗訓的表叔李重進為淮南節度使，韓通遙領鄆州節度使，趙匡胤為校檢太尉、宋州（這也是宋國號的來歷）節度使。

到了八月，群臣上謚，尊大行皇帝為睿武孝文皇帝，廟號世宗。等山陵竣工後，將柴榮遺柩奉往慶陵（在今河南省新鄭市郭店鎮陵上村）安葬。

柴榮的死訊很快就傳遍了大江南北，無論是契丹的耶律璟，還是北漢的劉承鈞、後蜀的孟昶，或者是「江南國主」李璟，都長長地出了口氣：柴榮這個煞星終於死了，他要是再多活十年，弟兄們都得喝西北風去。

作為柴榮的敵人，他們自然很高興看到柴榮的死去。但作為柴榮的手下，也有一些人暗自高興。柴榮活著的時候，誰也不敢多想什麼，柴榮那樣的塊頭，誰敢惹？現在他不在了，柴宗訓七歲的小娃娃懂得什麼。如果不趁柴宗訓懵懂無知早早下手，等到他成年之後，黃花菜都涼了。

在這群暗自高興的人中，就有宋州節度使趙匡胤。

到了顯德七年（西元九六〇年）的正月，正當周朝上下喜迎新春的時候，突然接到鎮（今河北石家莊）、定州（今河北定縣）方面傳來的加急軍報：契丹軍勾結北漢劉承鈞出井陘口大舉南犯，邊疆告急！

雖然《宋史太祖紀》和《舊五代史周恭帝紀》都說契丹軍聯合北漢入侵，但做戰爭發起的一方，《遼史穆宗本紀》上卻根本找不到契丹軍南下的絲毫記載：「應曆十年（西元九六〇年）春正月，周殿前都點檢趙匡胤廢周自立，建國號宋。」

而此時守鎮州的是周成德軍節度使郭崇、守定州的是周義武軍節度使孫行友，《宋史郭崇傳》、《宋史孫行友傳》均沒有提到契丹入境的消息。《新五代史周恭帝紀》、《新五代史東漢（即北漢）世家》同樣沒有提到北漢軍和契丹軍南下的記載。

鎮、定地處契丹和北漢的結合處，戰略地位極為重要，是五代時期河北第一等軍事重鎮。即使契丹軍和北漢軍沒有走鎮、定，而是改走其他路線，那麼為什麼入侵消息要從鎮、定傳來？

元脫脫等人修《宋史》，多以宋朝皇家修史為底本，宋朝的臣子自然要粉飾趙匡胤，而薛居正入宋後寫五代史，此時趙匡胤還在世，薛居正就算知道內情，也不敢冒死直書，董狐非人人可做，趙匡胤豈甘真相大白於天下？

臨朝的小符太后和小皇帝柴宗訓孤兒寡母哪懂什麼軍情，都嚇得不知所然，便召宰相們前來議事，范質哪有什麼好主意：「兵來將擋、水來土掩，請陛下發兵征討便是。」小符太后穩定下情緒，下詔讓歸德軍（宋州）節度使趙匡胤作為北征軍主帥，由鎮寧軍節度使慕容延釗為前鋒，北上征討契丹。

趙匡胤心中暗喜，便集合三軍出了汴梁城向北進發。當大軍來到汴梁城北不遠的陳橋驛時，突然不走了，說是要休整一下（仗都沒打，修哪門子整？）。趙匡胤的幾個朋友石守信、王審琦、郭延贇、李處耘等人四處走動，交頭接耳不知說些什麼。軍中有個算命的八卦先生苗訓，在大庭廣眾之下，招呼趙匡胤的親信楚昭輔過來欣賞太陽。苗訓有些神神道道：「楚兄，你看到沒有，太陽下面還有一個太陽。啊呀，這真是天意啊，天意啊！」

楚昭輔心領神會，立刻大聲附和道：「真的耶！兄弟們快過來看啊，出稀罕事了！」眾人都過來瞧稀奇，不住咋舌。大夥開始議論開了：「這是怎麼回事？」

「大概是天無二日，要我們除掉了一個吧。」

「別胡說！」

「你怕什麼？你難道沒聽說『點檢做天子』的讖言嗎？」

「你是說……趙太尉？」

趙匡胤的朋友開始串聯煽動：「大行皇帝已崩，皇帝年少無知，就算我們在前線立了功，功勞肯定都被朝中大佬們給貪了去。我們當應天意順人心，先立趙將軍為皇帝，然後再北征不遲。」

大夥一聽，掌聲響起：「有理！」都押衙李處耘速裝模作樣的沉吟道：「這話是有理，但事關重大，關係九族生死，還得要請太尉示下。不過太尉要理軍務，怕沒閒暇來問此事，不如去找太尉弟供奉官匡義，請他代我等知會太尉。」李處耘找到趙光義和宋州掌書記趙普，趙光義做為此次兵變的幕前指揮，自然不能把事做得太過，露出馬腳來。

趙光義讓趙普跳出來唱黑臉，趙普心裡明鏡兒也似，說道：「此事還有何疑？世宗崩，少主立，國勢飄搖若海上孤舟。能扶大廈於將傾者，除了趙太尉，還有誰？請速還京，以成大事。」

三人正議間，眾將各持兵器擁入，大呼：「我們已經商議好了，奉趙太尉做天子！請供奉大人早下決斷。」這會該趙光義說話了，裝起好人來：「我兄不知此事，皆你等所為，不過天意如此，我也無話可說。但萬事不可輕莽，更不可胡來。去找我哥哥吧。」

打雜的事情交給兄弟們去辦，趙匡胤絕不能出頭露面，被後人抓到把柄。趙匡胤跟沒事人一樣，晚上臨睡前喝了點小酒，然後美滋滋的睡去。等醒來，「驚異」的發現，他手下的那幫好漢身披重甲，各持利刃，把趙匡胤團團圍住，舉刃大喝：「幼主愚弱，縱然我等上刀山下火海，拼得一死，也不知我等辛苦，今請太尉自為天子！然後北征。」說罷，眾人山呼。

趙匡胤嚇得花枝亂顫（跟郭威一樣），連連擺手：「爾等胡鬧，再亂言者斬！」眾人哪信你這個，心中暗笑，有人當下就呈上一件黃袍，上前強行給趙匡胤穿上，然後跪地高呼萬歲。

整整十年了，郭威在澶州發動兵變時，無論如何都不會相信，他手下的大將趙匡胤會照抄他的老文章，把他從漢朝手中奪來的天下輕而易舉的變成了趙家天下。

趙匡胤「欲哭無淚」，眾人再逼問一句：「給個痛快的，當，還是不當?!」看到這些人如此「凶狠」，趙匡胤連連點頭：「當，我當就是。」隨後趙匡胤下令：「擁護我做皇帝可以，但我醜話先亮出來：進京敢搶掠百姓、傷及宰相、危害太后幼主，我夷他九族！」眾人當然答應，這有什麼啊，趙匡胤當皇帝，自己就可以富貴終身，誰還會幹那傻事？

周朝大軍這時不再朝北行進，而是調轉頭來殺回汴梁。宰相范質和王溥剛下完早朝，還沒出宮，趙匡胤率軍入京的消息就傳了過來。范質又悔又惱，急得快哭了。他動情地握住王溥的手說：「王大哥，怪我太大意了，結果惹出這場潑天大禍來！」王溥慘叫一聲：「范大哥，你掐痛我了。」范質一看，王溥手上多了幾個血印子，羞愧不已。

負責守衛汴梁城的侍衛馬步軍副都指揮使韓通是柴榮的親信，聽說趙匡胤要回來做皇帝，哪裡肯依。奔回府中，告之妻小城中發生兵變，然後準備指揮禁軍防禦。但這時趙匡胤手下大將王彥升已經率小股部隊闖進了汴梁，王彥升入城第一件事就是殺入韓府，將準備調動禁軍的韓通及其妻小一併殺死。韓通是陳橋兵變周宋禪代之際唯一殉於柴家的將軍，看來柴榮真的沒白疼他。

趙匡胤「聽說」韓通殉周，「痛心」不已，怒責王彥升，並下令追贈韓通是中書令。但趙匡胤後來到開寶寺，看到韓通畫像，讓人摘掉，該扔哪扔哪去。

趙匡胤由三軍擁戴進城，登上明德門，趙匡胤覺得這時穿黃袍不妥，便脫了下來。還沒喝口水，手下的弟兄們就把宰相范質、王溥給押了過來，趙匡胤知道范質名望隆重，不敢越次，衝著范質就是一通狂嚎：「我對不起世宗皇帝啊！我本意並非如此，都是他們逼我的啊，冤枉啊！」范質認識趙匡胤也十多年了，知道這人野心不小，也不信他這個。旁邊的都虞候羅彥瓌見范質沒動靜，挺劍指范質，喝道：「拜！」范質等人怕死，只好對這位趙皇帝行了三跪九叩大禮，以定君臣之分。

宮中的小皇帝柴宗訓也知道前線譁變，叛軍入宮，他懂得什麼？早就由翰林學士承旨陶穀闖進宮來，逼迫小符太后和小皇帝寫下禪讓詔書，詔曰：「天生蒸民，樹之司牧，二帝推公而禪位，三王乘時以革命，其極一也。予末小子，遭家不造，人心已去，國命有歸。諮爾歸德軍節度使、殿前都點檢趙，稟上聖之姿，有神武之略，佐我高祖，格於皇天，逮事世宗，功存納麓，東征西怨，厥績懋焉。天地鬼神享於有德，謳謠獄訟附於至仁，應天順民，法堯禪舜，如釋重負，予其作賓，嗚呼欽哉！祗畏天命。」

好一個「如釋重負」，這樣的「重負」天下人誰不想要？上古堯舜禪代，被後世傳為美談，但自漢魏以降，所謂「禪代」無不血流成河，屍骨遍地，或如張愛玲所說：「生命是一襲華美的袍子，上面爬滿了蝨子。」當歷史撕開這襲美麗的袍子時，所看到的只有鮮血和白骨，還有虛偽和無恥，人性的惡，在「禪代」中顯露無遺，為了權力，在歷史的天空中用鮮血塗抹出一道彩虹，縱使這道彩虹無比奪目，終歸是假的。

趙匡胤見事情辦得非常圓滿，心滿意足的做起了宋朝第一代祖宗。

五代後周恭帝柴宗訓顯德七年正月初五日，即西元九六〇年二月四日，後周世宗柴榮最器重的大將軍趙匡胤先生假惺惺的臨御崇元殿，被服冠冕，在大殿之上接受以范質為首的文武跪拜三呼：「吾皇萬歲、萬歲、萬萬歲！」。建國號為「大宋」，改周顯德七年為宋建隆元年。

趙匡胤自正月初三日「北征」，到初五日建宋，僅僅兩天！

在中國歷史上，建國最為迅速的無過於隋文帝楊堅和宋太祖趙匡胤，極為巧合的是，他們取代的都是周朝，而且都是原先即將統一的大皇帝突然壯年病逝，留下寡婦孤兒，楊某人和趙某人得天時，俟機取人國家。如此成事，讓人極不心服，但卻無可奈何，這就是歷史。

趙匡胤奉幼主柴宗訓為鄭王，小符太后為周太后，遷西宮居住。宋開寶六年（西元九七三年）三月，鄭王柴宗訓死於房州（今湖北房縣），年十九歲，死因不明。

趙匡胤大發慈悲，悼朝十日，素服發哀，葬於柴榮慶陵之側，諡為周恭皇帝。宋乾德二年（西元九六四年）十月，柴榮六子柴熙謹卒，柴榮五子柴熙讓、七子柴熙誨，不知所終。

不知道趙匡胤在讀唐人駱賓王那篇著名的《討武氏檄》中：「言猶在耳，忠豈忘心！一抔之土未乾，六尺之孤何託？」時，會作何感想？

至此，五代歷史正式結束，宋朝建立。從西元九〇七年朱溫廢唐建梁到西元九六〇年趙匡胤廢周建宋，前後歷經五十三年。

後梁（907—923年）建都汴梁

廟號	姓名	登基年	卒年	年齡	死因
太祖	朱溫	907年	912年	60歲	亂倫被殺
末帝	朱友貞	913年	923年	36歲	亡國自殺

後唐（923—936年），建都洛陽

廟號	姓名	登基年	卒年	年齡	死因
莊宗	李存勖	923年	926年	43歲	亂軍所殺
明宗	李嗣源	926年	933年	67歲	善終
閔帝	李從厚	933年	934年	21歲	失位被殺
末帝	李從珂	934年	936年	52歲	亡國自殺

後晉（936—946年），建都汴梁

廟號	姓名	登基年	卒年	年齡	死因
高祖	石敬瑭	936年	942年	51歲	善終
出帝	石重貴	942年	934年	50歲	死因不明

後漢（947—950年），建都汴梁

廟號	姓名	登基年	卒年	年齡	死因
高祖	劉知遠	947年	948年	54歲	善終
隱帝	劉承祐	948年	950年	20歲	失勢被殺

後周（950—960年），建都汴梁。

廟號	姓名	登基年	卒年	年齡	死因
太祖	郭威	951年	954年	51歲	善終
世宗	柴榮	954年	959年	39歲	善終
恭帝	柴宗訓	959年	973年	19歲	死因不明

五代史話第七章《金戈鐵馬　氣吞萬里如虎——一代聖主柴榮的英雄事蹟》到此結束，告別柴榮！

五代結篇關於宋朝建立的一些事情

西元九六〇年發生在開封城外的那場事件就是中國歷史非常著名的陳橋兵變，趙匡胤從此開創了宋朝三百二十年的江山事業，直至西元一二七九年陸秀夫懷抱七歲幼主趙昺在廣東崖山投海殉國。

中國歷史上有兩個宋朝，一個是賣鞋子的劉裕於西元四二〇年殺掉白癡司馬德宗（司馬德文）建立的宋，史稱劉宋或南朝宋。一個就是趙匡胤的宋，巧合的是，兩個宋朝滅亡的時間差了整整八百年。和歷史上許多改朝換代一樣，他們開創新朝似乎都是「身不由己」，都被人「逼上皇位」的。如果從宿命的因果論上來說，他們這樣做並不值得指責，因為他們所取代的朝代也是這樣玩出來的。

相對劉裕從軍三十年立功方才取而代之來說，趙匡胤的得道並不讓人心服。趙匡胤的前主人柴榮如果不是天嫉英才，多活個二十年，趙匡胤到死也不過是個節度使而已，混好的話弄個空頭郡王當當，也就如此了。

但歷史不允許假設，柴榮已經死了，七歲的柴家小兒能擔當得起統一大業嗎？當然誰也不敢說柴宗訓長大之後就不如他老爹柴榮，但這樣的假設毫無意義。趙匡胤逆取順守，兼弱攻昧，用了近二十年的時間，和兄弟趙光義一起完成統一中原的大業。

趙匡胤得志後，曾經秘密設下一個誓碑，上面有兩條死誓，是留給子孫們的。頭一條就是不允許後人擅殺柴家子孫，即使柴家人犯了謀逆罪，也只能誅及其身，不得罪其族。第二條不得殺士大夫及風聞言事者。並說子孫敢違此誓者不得善終！

從柴榮幾個兒子莫名其妙的死因來看，趙匡胤不過是說說罷了，當不得真。趙匡胤「欺他寡婦與孤兒」，有負柴榮對他的信任。不過歷史總是這樣，有時是沒有道理可言的。

南北朝時期，前朝皇帝禪代之後，往往都禍滅九族，相比劉裕、蕭道成、蕭衍等人來說，趙匡胤對前朝皇族算是很仁慈了。

宋朝最讓後人稱道的就是不殺士大夫及風聞言事者，言論相對後面幾個時代自由一些，大臣們敢在殿上和皇帝公然爭議，甚至包黑子大聲講話唾了宋仁宗一臉唾沫星子，宋仁宗也只是笑笑。

後來黨爭蜂起，一派打擊壓制另一派，也沒有動輒滅族，被殺的都沒幾個。宋朝最有名的文字獄，北宋神宗時的蘇東坡烏台詩案，動靜很大，但最後宋神宗憐蘇軾之才，不過是流放黃州。

言論管制得相對寬鬆讓宋朝成為自春秋戰國以來思想最為活躍的時期之一（另一個是明朝萬曆中後期），兩宋文化的高度繁榮，和宋朝統治者的仁治有直接的關係。宋朝雖然實行中央集權，但中央集權不等於個人獨裁，宋朝名臣文彥博曾經說過「皇帝與士大夫共治天下」。可見，宋朝還是比較「民主」的。

趙匡胤是歷史上的大名人，我們一提及趙匡胤，往往腦海中會不由得跳出三個詞來：陳橋兵變、杯酒釋兵權、燭影斧聲。關於陳橋兵變，儘管史未其詳，但明眼人都知道趙匡胤在逢場作戲。有許多人評論過陳橋兵變，其中清人查慎行有句名詩，說的就是陳橋兵變：千秋疑案陳橋驛，一著黃袍便罷兵！

軍情報的是遼漢聯合入侵，趙匡胤這才有機會領兵奪位。奇怪的是，趙匡胤黃袍加身後，遼漢聯兵南下突然沒了下文。遼漢聯兵神龍見首不見尾，怎能不讓人心疑？還有，軍中豈會有黃袍這等宮中禁物？十年前郭威披的是黃龍旗，勉強還能裝的過去，趙匡胤手下那幫人想富貴有些過頭了，也不動動腦筋，十分好笑。

像趙匡胤這樣的人中豪傑，即使這時不動手，以趙匡胤在後周軍界的地位，發生政變也是遲早的事情，或許別人也在想同樣的事情。

當然，終宋一世，始終被北方強悍的游牧民族政權所壓制，文治極盛，武功極弱，這也是讓後世詬病最大的地方。宋朝積弱如此，似情有可原，如果不是石敬瑭這廝想當皇帝想瘋了，喪心病狂地出賣燕雲十六州，宋朝不會如此被動挨打。宋朝揚文抑武，武人在宋朝極不吃香，地位不如文官。前線打仗，靠的不是臨陣機變，而是大後方皇帝畫出的作戰指令，這樣豈能打勝仗？

陳橋兵變後趙匡胤稱帝，趙匡胤知道自己的這個位子是怎麼來的，所以他對身邊那些有手握重兵的武將陰懷忌心。自己能玩柴宗訓孤兒寡婦於股掌間，誰敢保證他手下那幫人就不敢再玩一次黃袍加身？

趙匡胤的同鄉趙普是「杯酒釋兵權」的主要導演之一，五代軍閥殺戮族夷，作為一個過來人，對五代經常發生的人間慘劇刻骨銘心，而且他是文臣，在五代文臣是不吃香的。

趙匡胤問趙普：「朱溫廢唐至今不過五十年，卻換了八姓十三個皇帝，亂極矣！五代大亂，病根就在軍權外流，今朕要收回天下之兵，治天下久安計，你以為如何？」趙普自然支持：「地方藩鎮手控軍政財糧，中央對此束手無策，君弱臣強，主次顛倒。若欲天下長安，必奪其兵，收其錢糧，使藩鎮無兵，天下治矣。」

宋建隆二年（西元九六一年）七月，趙匡胤宴石守信、王審琦、高懷德等親信諸將。宴半，趙匡胤歎道：「非汝等，朕安居於此？但是現在朕才知道做天子不若做節度使。」守信大惑：「陛下何言及此？」趙匡胤假裝淒涼狀：「大鎮節度，誰不望此事？我能做得，別人也能做得。」石守信等人知道趙匡胤起了疑心，伏地泣言：「天下已定，誰還敢有不臣之心？」

趙匡胤真是個演戲高手，見他們已經上了道，心中暗笑，臉上卻陰雲重重：「我們生死相交十餘年，固知汝等忠於我，但你們手下若有非分之徒，強披黃袍於汝身，雖汝等欲不為，又能如何？不見朕之前事乎。」

石守信嚇得直哭：「臣不敢，請陛下給臣等指條活路。」趙匡胤見演得差不多了，把心窩子話掏了出來：「人這一輩子，怎麼都是一個活字，你們都是聰明人，何必貪戀權勢，不如交出兵權，安享富貴。你不負朕，朕必不負你。」這幫大爺終於知道了趙匡胤要幹什麼，趙匡胤雄武過人，除了柴榮就是他了，李筠、李重進如何？不照樣被他滅掉，誰還敢把九族身家押在賭桌上？紛紛交出兵權。

這就是歷史上非常著名的「杯酒釋兵權」的故事，從此，地方軍政財權統統上繳中央，《宋史兵志》云：「更歷五代，亂亡相踵，未有不由於兵者。太祖起戎行，有天下，收四方勁兵，列營京畿，以備宿衛，分番屯戍，以捍邊圉。」在宋代，再無藩鎮之患，趙家安享江山三百二十年。

宋代脫胎五代，深曉五代積弊，武人弄權，導致天下大亂。宋朝吸取了教訓，但有些矯枉過正。宋朝十八帝，真正可以稱為軍事家的也只有趙匡胤一人，趙光義自詡「通曉軍事」，可毛澤東一句「此人素不知兵」，就給蓋棺定論了。

不管怎麼說，宋朝都是中國歷史一個極端重要的時代，宋朝建立的一些制度直到現在還為我們所熟用，說宋朝影響了一千年的中國歷史並不過分，甚至在一定程度上影響了世界史的走向。一代大儒陳寅恪先生也說過：「唐之世近於古，宋之世近於今。」宋朝對於歷史來說，是具有劃時代意義的，無論是它的正面影響還是負面影響。

關於趙匡胤之死，千餘年來風言不斷，「燭影斧聲」是宋史第一大疑案，趙匡胤死得非常突然，宋史只稱：「開寶九年（西元九七六年）十月癸丑（十日），帝崩於萬歲殿。」野史傳言，趙匡胤死前，是大雪之夜，趙匡胤急召趙光義來見，將太監宮女全都屏出殿外。只見綽綽燭影中，趙匡胤舉斧大言道：「好做！好做！」然後趙光義大哭，帝崩矣。

趙匡胤如何死的，歷來說法不一，但大多數人是傾向於趙匡胤不是善終，而且趙光義即位有些不明不白。雖然趙光義繼位後說什麼杜太后曾有「金匱之盟」，讓趙匡胤傳位於光義，光義傳光美，光美再傳回趙匡胤子德昭。

但金匱之盟的真實性實在不高，而且現實中的操作性太低。杜太后如何知道趙匡胤早死？按正常活法，趙匡胤活到七十歲不成問題，此時趙德昭也快五十歲了，無論如何都算不上幼主。即使金匱之盟只是應急措施，但為什麼在趙匡胤健在時沒有把金匱之盟公之天下？只是憑趙光義之口說出來，真實性有多高？只有天知道！

按正史說法，趙匡胤死後，宋皇后曾經讓太監王繼恩急召趙德芳入宮，但王繼恩卻跑到晉王府叫來了趙光義。趙光義猶豫不決，王繼恩急了：「事久，將為他人有矣。」趙光義這才入宮，宋皇后見趙光義突至，知道大勢已去，泣不成聲：「吾母子之命，皆託於官家。」

不明白王繼恩區區一個內侍太監怎麼會有天大的膽量做這樣滅九族的勾當？如果王繼恩身後沒有一個強大的政治集團，他怎敢如此？

放眼當時宋朝政界，除了趙匡胤之外，天下最有勢力的就是晉王開封尹趙光義。趙光義主政開封十五年，編織了一條龐大的政治網。但趙匡胤總是這麼健康的活著，趙德昭早晚要長大，那時還有他趙光義什麼事？而且趙光義即位後，開始打擊趙德昭、趙德芳和趙廷美，以及趙普被趙光義拋棄，無論從哪方面看，趙匡胤的死都和趙光義脫離不了干係。

關於宋朝的事情，先就說到這吧，這次主要寫的是五代，宋朝點到為止。五代已經寫完了，下面開始折回頭來，我們回顧一下十國的歷史。

在寫十國之前，還是先將宋朝統一的進程大致說一下吧。

宋太祖趙匡胤

乾德元年（西元九六三年），宋滅荊南。

乾德三年（西元九六五年），宋滅後蜀。

開寶四年（西元九七一年），宋滅南漢。

開寶八年（西元九七五年），宋滅南唐。

宋太宗趙光義

太平興國三年（西元九七八年），宋滅吳越。

太平興國四年（西元九七九年），宋滅北漢。

五代十國風雲錄——五代卷／姜狼豺盡著. -- 一版.-- 臺北市：大地, 2011.10
面：　公分. --（History：43）

ISBN 978-986-6451-33-1（平裝）
1. 五代史

624.2　　100019362

五代十國風雲錄——五代卷

HISTORY 043

作　　者	姜狼豺盡
發 行 人	吳錫清
主　　編	陳玟玟
出 版 者	大地出版社
社　　址	114台北市內湖區瑞光路358巷38弄36號4樓之2
劃撥帳號	50031946（戶名　大地出版社有限公司）
電　　話	02-26277749
傳　　真	02-26270895
E - mail	vastplai@ms45.hinet.net
網　　址	www.vasplain.com.tw
美術設計	普林特斯資訊股份有限公司
印 刷 者	普林特斯資訊股份有限公司
一版一刷	2011年10月

大地

本書原出版者為：中國三峽出版社 簡體版書名：五代十國風雲錄
版權代理：中圖公司版權部。
經授權由大地出版社在台灣地區獨家出版發行。
定　　價：280元